Engagementförderung: innovativ und doch im Sprung gehemmt?

Bernd Hillebrand (Hg.)

Engagementförderung: innovativ und doch im Sprung gehemmt?

Ein Forschungsbeitrag zur ekklesiologischen Dimension von Engagement

Matthias Grünewald Verlag

VERLAGSGRUPPE PATMOS

PATMOS
ESCHBACH
GRÜNEWALD
THORBECKE
SCHWABEN
VER SACRUM

Die Verlagsgruppe
mit Sinn für das Leben

Gedruckt mit finanzieller Unterstützung durch die Erzbischof Hermann Stiftung (Freiburg).

Die Verlagsgruppe Patmos ist sich ihrer Verantwortung gegenüber unserer Umwelt bewusst. Wir folgen dem Prinzip der Nachhaltigkeit und streben den Einklang von wirtschaftlicher Entwicklung, sozialer Sicherheit und Erhaltung unserer natürlichen Lebensgrundlagen an. Näheres zur Nachhaltigkeitsstrategie der Verlagsgruppe Patmos auf unserer Website www.verlagsgruppe-patmos.de/nachhaltig-gut-leben

Bibliografische Information der Deutschen Nationalbibliothek
Die Deutsche Nationalbibliothek verzeichnet diese Publikation in der Deutschen Nationalbibliografie; detaillierte bibliografische Daten sind im Internet über http://dnb.d-nb.de abrufbar.

Verlagsgruppe Patmos in der Schwabenverlag AG, Ostfildern
www.gruenewaldverlag.de

Umschlaggestaltung: Finken & Bumiller, Stuttgart
Umschlagabbildung: © Lydia Weis
Gestaltung, Satz und Repro: Schwabenverlag AG, Ostfildern
Druck: CPI books GmbH, Leck
Hergestellt in Deutschland
ISBN 978-3-7867-3374-4

Inhalt

Vorwort 7

I. Forschungsbericht: »*Servicestellen Engagement* im Erzbistum Köln«

Evaluation von *Servicestellen Engagement* im Erzbistum Köln
Bernd Hillebrand/Annika Klages 13

II. Theologie des Engagements

Engagement als theologiegenerativer Ort
Postheroische Dimensionen einer Theologie des Engagements
Bernd Hillebrand 75

III. Diskussion des Forschungsberichts

Fördert Engagementförderung Kirchenentwicklung?
Eine soziologische Relecture der Evaluationsstudie
Michael N. Ebertz 99

Diversitätssensible Engagementförderung
Annika Klages 123

Compassion
Schlüssel zum Verständnis christlichen Engagements
Lothar Kuld 135

Ermöglichen und vernetzen
Die *Servicestellen Engagement* als pastorale »Orte« der Erneuerung
Alfred Lohmann 151

»Lass mich dich lernen«
Engagementförderung als strategischer Ort einer in der Begegnung lernenden Kirche
Theresa Reinke 173

Autor:innen 183

Vorwort

Engagement scheint das Zauberwort für die Zukunft von Gesellschaft und Kirche zu sein, weil es Beteiligung ermöglicht. Die spätmoderne Gesellschaft funktioniert nicht mehr nach dem Prinzip der Versorgung, sondern nach dem Prinzip der Beteiligung. Dennoch bleibt Engagement ambivalent, da es in Organisationen nicht nur im Sinne eines Beteiligungs- und Gestaltungsprinzips, sondern auch funktional zur eigenen Systemerhaltung genutzt wird. Daher sucht dieses Buch in den unterschiedlichen Beiträgen nach den Möglichkeiten und Grenzen von Engagement, nach Spuren von institutions- und existenzorientiertem Engagement und nach Engagement, das im Gefüge von Kirche einen genuinen Platz hat.

Diese Suche findet in diesem Buch ausgehend von der Präsentation und Diskussion der Ergebnisse eines praktisch-theologischen Forschungsprojekts statt, das von September 2022 bis Juli 2023 die sogenannten »Servicestellen Engagement« im Erzbistum Köln evaluierte. Das Besondere an dem Konzept des Erzbistums Köln liegt darin, dass die Fachaufsicht über die Engagementförder:innen nicht bei den Pfarrern der Pfarrgemeinden liegt, sondern bei der diözesanen Fachstelle für Engagementförderung. Ob sich durch diese besondere Verortung die Art und der Bezug des Engagements verändern, war ein wichtiger Aspekt, der erforscht werden sollte. Außerdem war bereits vor der Untersuchung bekannt, dass sich die *Servicestellen* z. T. in Räumen der Pfarrgemeinde und z. T. außerhalb derer befinden und dass Engagement sowohl innerhalb der Pfarrgemeinde als auch außerhalb von ihr gefördert wird. Auch wichtige Ansätze von Engagementförderung lagen bereits vor, wie die Charismenorientierung oder das Generieren von Projekten des Engagements aus dem unmittelbaren Austausch mit Engagierten. Ein wichtiges Ziel der Untersuchung bestand dann darin, die Wirkung der Engagementförderung in die Gemeinde hinein und über sie hinaus in kommunale und andere Vernetzungen zu untersuchen.

An dieser Stelle sei auch dem Erzbistum Köln für die unkomplizierte Zusammenarbeit und den Evaluationsauftrag gedankt, im Besonderen den beiden Ansprechpersonen Claudia Schwartmann und Marianne Komp. Sie eröffneten uns den Zugang zum Feld und waren uns stets kritische Gesprächspartnerinnen.

Das vorliegende Buch gliedert sich in drei Teile. Im ersten Abschnitt wird der Forschungs- und Abschlussbericht zur Evaluation der *Servicestellen Engagement* veröffentlicht. Der zweite Abschnitt versucht eine Theologie des Engagements zu entwickeln, die ausgehend von der Entäußerung Gottes als inkarnatives Engagement den Auftrag des christlichen Engagements neu bestimmt. Der dritte Abschnitt schließlich erweitert und vertieft die Diskussion um die Wirkung von Engagement durch kommentierende Beiträge – soziologisch, pädagogisch, mehrperspektivisch.

Doch zunächst zum Forschungsbericht. Er gibt einen Einblick in den Ansatz und das Erleben von Engagementförderung an den *Servicestellen*. Dennoch bilden die Ergebnisse nur bestimmte Aspekte einer immer größeren Wirklichkeit ab. Der Schwerpunkt der Untersuchung liegt auf der Interaktion der *Servicestellen* nach außen und nach innen und hat weniger das Gesamtsystem von Kirche im Blick, das nur im lokalen Kontext zur Sprache kommt. Aber es gelingt dennoch, die Chancen und Grenzen der momentanen Verortung von *Servicestellen* in Blick zu nehmen und daraus wesentliche Erkenntnisse für Engagement und Engagementförderung zu gewinnen.

Im zweiten Teil wird das Wagnis einer Theologie des Engagements entwickelt, das ausgehend von einem schwachen Gott als schwaches Engagement bestimmt wird. Daraus folgt ein Vorschlag für eine postheroisch engagierte Kirche. An diesen zweiten Teil schließt ein dritter an, in dem fünf Fachkolleg:innen die empirischen Ergebnisse multiperspektiv kommentieren und diskutieren, denen ich von Herzen danke, dass sie diesen Band mit ihren Beiträgen bereichern. Der Theologe und Religionssoziologe Michael N. Ebertz macht den Anfang mit einer soziologischen Relecture der Studie. Daran schließt ein Artikel von Annika Klages an, die als wissenschaftliche Mitarbeiterin die Evaluation mitverantwortete und die Studie auf dem Hintergrund von Diversität, Exklusion und Marginalisierung reflektiert. Der Religionspädagoge Lothar Kuld betrachtet im Folgenden die Forschungsergebnisse mit seinem Ansatz der Compassion und fragt, wie Engagement und Mitgefühl sich gegenseitig bedingen. Alfred Lohmann, der viele Jahre für die *Servicestellen* im Erzbistum Köln verantwortlich war und sie aufbaute, betrachtet sie im Rückblick als Ermöglichungs- und Vernetzungsorte einer neuen Kirche. Schließlich bringt Theresa Reinke, die schon vor Jahren eine Untersuchung zu Typologien von Engagierten machte, den Aspekt der Begegnung und des Lernens in der Engagementförderung zur Diskussion.

Insgesamt wird in den Beiträgen immer wieder deutlich, dass sich Engagementförderung stets ihres eigenen Auftrags vergewissern muss, der primär den Menschen gilt. Wo dies überzeugend gelingt, entstehen Ideen von Kirche und Engagement im Zusammenwirken von Zielgruppen und Engagierten und inspiriert aus dem Evangelium.

Zuletzt bedanke ich mich zunächst bei Annika Klages, die mit viel Engagement die Studie durchführte und auswertete. Ebenfalls geht ein Dank an Christina Engler, die alle Interviews transkribierte. Außerdem möchte ich mich bei Ingrid Hable und der studentischen Mitarbeiterin Agnes Pfefferkorn vom Grazer Institut für Pastoraltheologie und Pastoralpsychologie bedanken, die in der Endredaktion wichtige und wertvolle Dienste leisteten. Auch sage ich Dank an den Lektor Volker Sühs im Grünewald Verlag für die gute und zuverlässige Zusammenarbeit sowie an die Erzbischof Hermann Stiftung für die großzügige Unterstützung.

Im Juni 2024

Bernd Hillebrand

I. Forschungsbericht: »*Servicestellen Engagement* im Erzbistum Köln«

Evaluation von *Servicestellen Engagement* im Erzbistum Köln

Bernd Hillebrand/Annika Klages

1. Kurzzusammenfassung der Ergebnisse

Das Themenfeld Engagement ist in sich nicht konsistent, sondern bewegt sich zwischen verschiedenen Ebenen. Angesichts von Beschleunigungslogiken in der Spätmoderne ist Zeit ein noch geschützteres Gut geworden. Engagierte entscheiden sich ganz bewusst für Projekte, die ihnen Spaß machen oder in denen sie einen Sinn sehen. Gleichzeitig hat die Bindungsbereitschaft für langfristige Projektengagements stark abgenommen. Insofern hat sich Engagement in den letzten Jahren verändert. Es ist selbstbestimmter und kurzfristiger geworden. Vielleicht gerade deshalb entstanden professionelle Konzepte für die Förderung von Engagement, wie beispielsweise die Akademie für Ehrenamtlichkeit in Deutschland, aber auch in ausgeprägter Weise innerhalb der Kirchen.
Einen ganz eigenen Weg innerhalb der Engagementförderung ging das Erzbistum Köln. Sogenannte *»Servicestellen Engagement«* wurden systemisch nicht an die Pfarrgemeinden angebunden, sondern an die Diözese. Dadurch entstanden Freiräume, die sich mehr charismen- als bedarfsorientiert ausrichten konnten. Die Ergebnisse der Evaluation konnten zeigen, dass die *Servicestellen* ein Laboratorium innovativer Kirche darstellen, aber in einer noch starken binnenkirchlichen Abhängigkeit von den Pfarrgemeinden im Sprung gehemmt sind.
Durch ihren strukturellen Außenort gelingt es der *Servicestelle*, besser mit Menschen außerhalb von Kirche in Kontakt zu kommen. Daher ist sie ein Brückenort zwischen Kirche und Welt. Außerdem ist sie ein starker Ort der Gastlichkeit. Sowohl an festen als auch an mobilen Orten wird eine Begegnung auf Augenhöhe deutlich, die sich vor allem sozial-

diakonisch versteht und die Menschen stärken möchte. Dabei spielt eine Atmosphäre des Willkommenseins eine wichtige Rolle.

Die Engagementförder:innen selbst weisen eine äußerst hohe und intrinsische Motivation auf und sind auch bereit, über eigene Grenzen zu gehen. Diese Grenzen stellen auch einen Teil der systemischen Bedingungen dar, die zu unterschiedlichen Spannungsverhältnissen führen. Die Engagementförder:innen nehmen eine Zwischenrolle von Haupt- und Ehrenamtlichen, von Binnen- und Außenkirche, von Professionalität und Situativität ein. Außerdem sind sie Motor und Gesicht der *Servicestelle* und noch größer gesprochen: einer Kirche von morgen. Auffällig hingegen ist, dass die Engagementförder:innen vor allem aus dem akademischen Milieu stammen und folglich vor allem Menschen aus diesem Milieu ansprechen. Marginalisierte Gruppen sollten darüber hinaus verstärkt von einer Engagementförderung in den Blick genommen werden.

Als wichtig für die befragten Engagierten im Blick auf die *Servicestellen* zeigte sich, dass sie unbedingt Unterstützung, aber auch eine übertragene Verantwortung brauchen. Aus der Sicht der Engagierten ist die Motivation und die Sorge für die Engagierten durch den/die Engagementförder:in unverzichtbar und existentiell notwendig. Bei der Gruppe der Engagierten wurde deutlich, dass sie vor allem aus dem gemeindenahen Bereich stammen und ein gemeindeorientiertes Gottesbild haben.

Insgesamt zeigen die quantitativen Ergebnisse, dass die *Servicestellen* und vor allem der/die Engagementförder:in noch in einer starken Abhängigkeit zur Pfarrgemeinde stehen. Sie sind deutlich an den Erwartungen der Pfarrgemeinde und deren Verantwortlichen orientiert. Dadurch gelingt ihnen häufig nicht und nicht radikal genug der Sprung in den außerkirchlichen Raum, die Welt.

Schließlich wird die *Servicestelle Engagement* als Einrichtung der katholischen Kirche bzw. der Pfarrgemeinde wahrgenommen. Die Ehrenamtlichen können nicht unterscheiden, ob ein Projekt der *Servicestelle* oder genuin der Pfarrgemeinde zuzuordnen ist.

Insgesamt kommt die Studie zu dem Ergebnis, dass in den *Servicestellen Engagement* ein großes Potential für eine zukünftige Kirche liegt, die auch außerhalb ihres Binnenraums mit Menschen in Kontakt tritt und dort ihren Auftrag sucht. Die Herausforderung der *Servicestellen* liegt allerdings darin, deutlicher ein eigener Kirchort zu sein, der mit der Pfarrgemeinde im Kontakt steht, sich aber stärker am jesuanischen Auftrag außerhalb von Kirche orientiert.

2. *Beschreibung des Forschungsprojekts*

2.1. *Forschungsfrage*

Die vorliegende Studie beschäftigt sich mit der Evaluation der *Servicestellen Engagement* im Erzbistum Köln. Im Rahmen der Studie wird der Frage nachgegangen, welche strukturellen Bedingungen zum Gelingen der *Servicestellen Engagement* beitragen und welche inneren Haltungen dafür eine Rolle spielen. Darüber hinaus wird untersucht, wie sich Kooperationen und Vernetzungen nach innen und außen gestalten und wie die *Servicestellen* in der jeweiligen Pfarrgemeinde sowie im Sozialraum wahrgenommen werden.

2.2. *Forschungsdesign und methodisches Vorgehen*

Das Forschungsdesign der Evaluation ist durch einen Methodenmix aus qualitativen und quantitativen Anteilen gekennzeichnet. Dadurch war es möglich, unterschiedliche Blickwinkel auf die *Servicestellen Engagement* zu erhalten. Eingeleitet wurde das Projekt mit einer qualitativen Datenerhebung, bei der das subjektive Erleben und die individuellen Erfahrungen der Befragten im Zentrum standen. Dafür führten wir sowohl Einzelinterviews als auch Fokusgruppengespräche. Im Anschluss an die qualitative Datenauswertung erfolgte eine Erhebung mittels standardisiertem Erhebungsinstrument, das u.a. aus den Erkenntnissen der qualitativen Untersuchung entwickelt wurde. Nachfolgend fand eine Zusammenführung und Triangulation der erhobenen Daten aus den qualitativen und quantitativen Studienteilen statt. Hilfreich war die enge Zusammenarbeit mit Akteur:innen des Erzbistums Köln, mit denen die Erhebungsinstrumente partizipativ entwickelt wurden. So konnten die Perspektiven und Erfahrungen der vor Ort tätigen Menschen im Forschungsprozess miteinbezogen werden.

Die Auseinandersetzung mit forschungsethischen Prinzipien und wissenschaftlichen Standards war fester Bestandteil im Rahmen des Forschungsprozesses.[1] So geschah die Durchführung der Evaluation auf der Grundlage der Bestimmungen des Gesetzes über den Kirchlichen Datenschutz (KDG).

2.2.1. *Sample*

Um verschiedene Perspektiven auf die *Servicestellen Engagement* zu ermitteln, wurden im qualitativen Teil der Studie Einzelinterviews und Fokusgruppengespräche mit unterschiedlichen Personengruppen geführt.

> »Evaluation wird [...] vor allem dann aufschlussreich sein, wenn es ihr gelingt, die unterschiedlichen – subjektiven – Bewertungen verschiedener Beteiligter zu erfassen und über deren Vergleich und Kontrastierung zu einer Bewertung zu gelangen.«[2]

Aus diesem Grund wurden an sechs verschiedenen *Servicestellen* leitfadengestützte Einzelinterviews mit der/dem Engagementförder:in sowie einer Person aus dem Pastoralteam geführt. Darüber hinaus fanden an den sechs Standorten Fokusgruppengespräche mit jeweils einer ehrenamtlich engagierten Person, einer Person aus dem PGR sowie einer/einem Kooperationspartner:in statt. Die Auswahl der Standorte geschah u. a. nach Kriterien unterschiedlicher Regionen (Land/Stadt) und verschiedener Phasen des Bestehens der *Servicestellen*.

Um die unterschiedliche Pluralität und Diversität der einzelnen *Servicestellen Engagement* in den Blick zu nehmen, fanden zusätzlich drei Fokusgruppengespräche mit vier bis fünf Engagementförder:innen der weiteren *Servicestellen* statt. Folgende Abbildung gibt einen Überblick über das qualitative Sample:

1 | Vgl. dazu z. B. Hella von Unger, Forschungsethik in der qualitativen Forschung. Grundsätze, Debatten und offene Fragen, in: Hella von Unger; Petra Narimani; Rosaline M´Bayo (Hg.), Forschungsethik in der qualitativen Forschung. Reflexivität, Perspektiven, Positionen, Wiesbaden 2014, 15–38, 16.

2 | Uwe Flick, Qualitative Evaluationsforschung zwischen Methodik und Pragmatik – Einleitung und Überblick, in: Uwe Flick (Hg.), Qualitative Evaluationsforschung. Konzepte – Methoden – Umsetzung, Hamburg 2006, 9–29, 19.

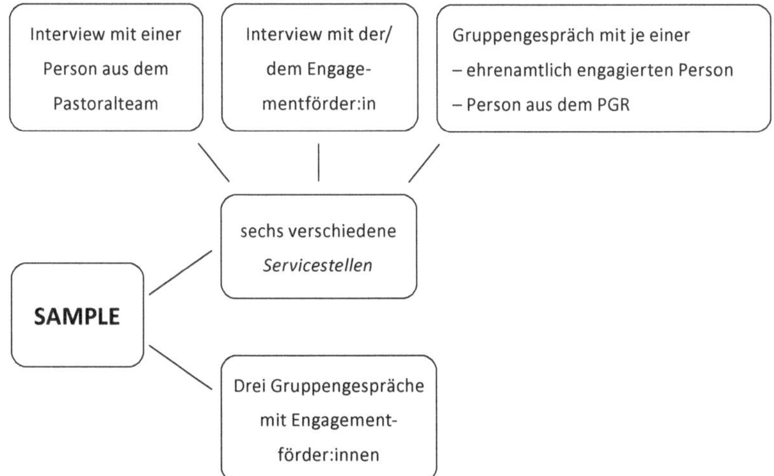

Die Auswahl der verschiedenen *Servicestellen* fand über die Stabsstelle Engagementförderung statt, die als diözesane Stelle zur Koordination von Engagementförderung eingerichtet ist. An den sechs Standorten stellten die jeweiligen Engagementförder:innen den Kontakt zu den weiteren Interviewteilnehmer:innen her. Mit den Befragten wurde vorab geklärt, ob sie zu einem ca. einstündigen Gespräch zu den *Servicestellen Engagement* bereit wären.

Für den quantitativen Teil des Projekts wurden die Zielgruppen der qualitativen Studie in der Breite aller zur Verfügung stehenden *Servicestellen* angesprochen. Die Verteilung des digitalen Zugangs zum Fragebogen fand durch die entsprechenden Engagementförder:innen statt. Durch die Perspektiven der in den *Servicestellen* sowie Pfarrgemeinden ehrenamtlich tätigen Menschen, der Engagementförder:innen, der Mitglieder der Pastoralteams und der Kooperationspartner:innen erhielten wir einen umfassenden Blick auf die *Servicestellen Engagement* im Erzbistum Köln.

2.2.2. *Qualitative Datenerhebung und -auswertung*

Der qualitative Forschungszugang der Studie hatte zum Ziel, individuelle Erfahrungen sowie für die Interviewteilnehmer:innen relevante Themen zu ermitteln:

> »Qualitative Forschung hat den Anspruch, Lebenswelten ›von innen heraus‹ aus der Sicht der handelnden Menschen zu beschreiben. Damit will sie zu einem besseren Verständnis sozialer Wirklichkeit(en)

beitragen und auf Abläufe, Deutungsmuster und Strukturmerkmale aufmerksam machen.«[3]

Als Methode für die qualitative Datenerhebung wurden leitfadengestützte Interviews sowie Fokusgruppengespräche in Anlehnung an das problemzentrierte Interview geführt.[4] Dies ermöglichte uns u. a., die unterschiedlichen Erfahrungen, Einschätzungen und Ansichten zu erfassen. Die Fragen wurden offen und erzählgenerierend formuliert. Dies hatte zum Ziel, dass eine Strukturierung des Forschungsgegenstandes von Seiten der Interviewteilnehmer:innen stattfindet und sie von ihren relevanten Erfahrungen und Themen erzählen konnten. Die Interviewleitfäden für die Einzelinterviews und Gruppengespräche dienten lediglich als »Gedächtnisstütze und Orientierungsrahmen«[5] für die Forscher:innen und wurden je nach Gesprächsverlauf flexibel angepasst. Thematisch deckten die Leitfäden unterschiedliche Schwerpunkte ab. Im ersten Themenblock fokussierte der Leitfaden hauptsächlich strukturelle Bedingungen, wie u. a. die Planung und die Zielsetzung der *Servicestelle* sowie Aufgabenfelder und Zuständigkeiten der Engagementförderung. Darüber hinaus wurden notwendige Ressourcen und Voraussetzungen für das Gelingen einer *Servicestelle* sowie mögliche Herausforderungen und Schwierigkeiten in den Blick genommen. Anschließend lag der Schwerpunkt der zweiten Themenkategorie auf den inneren Haltungen und insbesondere auf den individuellen Motivationen sowie dem Verständnis einer guten Engagementkultur und einer Charismenorientierung. Der dritte Themenschwerpunkt bezog sich auf Kooperationen und Vernetzungen der *Servicestelle*. Am Ende des Interviews gab es für die Interviewteilnehmer:innen Raum für Ergänzungen und weitere Anmerkungen.

Die Interviews fanden im November und Dezember 2022 statt. Anschließend wurden diese transkribiert und mittels qualitativer Inhalts-

3 | Uwe Flick; Ernst von Kardorff; Ines Steinke, Was ist qualitative Forschung? Einleitung und Überblick, in: Uwe Flick; Ernst von Kardorff; Ines Steinke (Hg.), Qualitative Forschung. Ein Handbuch, Hamburg 2015, 13–29, 14.

4 | Vgl. Andreas Witzel, Das problemzentrierte Interview, in: FQS Forum Qualitative Social Research 1 (2000), Art. 22, http://www.qualitative-research.net/index.php/fqs/article/view/1132/2519 (letzter Aufruf: 04.07.2023).

5 | Ebd.

analyse ausgewertet.[6] Dazu kodierten wir die Interviews und entwickelten ein Kategoriensystem. Die Kategorienbildung fand mittels induktiver als auch deduktiver Vorgehensweise statt. Das bedeutet, die Kategorien wurden »in einem Wechselverhältnis zwischen der Theorie (der Fragestellung) und dem konkreten Material entwickelt«[7]. Anschließend wurden die Erkenntnisse und das Kategoriensystem entlang des Forschungsinteresses analysiert, interpretiert und abstrahiert.

2.2.3. *Quantitative Datenerhebung und -auswertung*

Aufbauend auf den Ergebnissen des qualitativen Studienteils wurde ein standardisierter Fragebogen entwickelt. Das Ziel quantitativer Forschung besteht darin, numerische Daten mittels statistischer Auswertung zu analysieren, zu interpretieren und Schlussfolgerungen daraus zu ziehen.[8] Die Inhalte des Fragebogens orientierten sich an den Erkenntnissen der qualitativen Datenauswertung. Auch hier wurden ehrenamtlich Engagierte aus den *Servicestellen* und Pfarrgemeinden, Engagementförder:innen, Mitglieder der Pastoralteams sowie Kooperationspartner:innen thematisch u. a. zur *Servicestelle*, zu Engagementförderung, zu Kirchenbildern, dem ehrenamtlichen Engagement, Kooperationen und Vernetzungen befragt. Die Datenerhebung fand über eine Online-Umfrage zwischen dem 08.05.2023 und dem 09.06.2023 statt. Im Vorfeld testeten wir das Erhebungsinstrument im Rahmen eines Pretests. Der digitale Fragebogen wurde im Anschluss durch die *Servicestellen Engagement* mittels eines entsprechenden Links verbreitet. Durch vorgegebene Auswahlmöglichkeiten ließen sich die Antworten der Teilnehmer:innen systematisch erfassen, quantifizieren und statistisch auswerten. Neben standardisierten Fragen beinhaltete der Fragebogen ebenfalls offene Frageanteile, die im Rahmen der Auswertung nach inhaltsanalytischer Vorgehensweise kategorisiert wurden. Die Auswertung und Analyse fand mittels deskriptiver Statistik und Häufigkeitsverteilung statt. Insbesondere Lage- und Streuungsmaße, wie beispielweise Median, Mittelwert oder Standardabweichung, gaben Aufschluss über die Verteilung der Stichprobe. Die quantitativen Ergebnisse wurden im

6 | Vgl. Philipp Mayring, Qualitative Inhaltsanalyse. Grundlagen und Techniken, Basel [12]2015, 61ff.
7 | Ebd., 61.
8 | Vgl. Rainer Schnell; Paul B. Hill; Elke Esser, Methoden der empirischen Sozialforschung, Berlin – Boston [11]2018, 403ff.

Anschluss mit den qualitativen Ergebnissen zusammengeführt und trianguliert.

3. *Bezugsrelevante Theorien*

3.1. *Engagement postmodern gewendet*

Mit der sogenannten »vierten Medienkatastrophe«[9], der Digitalisierung, treten Individualisierung und die daraus resultierende Pluralisierung immer mehr in den Vordergrund. Dabei verändert sich die Kommunikation im Netzwerk. Das Systemprinzip des Netzes ist Partizipation und Teilhabe. Daraus entwickelten sich in den letzten zwanzig Jahren auch ganz neue Formen der Beteiligung, die sich vor allem im Kontext des ehrenamtlichen Engagements niederschlugen. Aber auch Unternehmen stehen vor der Herausforderung, Kommunikation und Dynamik des gemeinsamen Arbeitens unter die Prämisse der Partizipation zu stellen. Menschen leben nämlich immer mehr im Modus des Netzes, das es ihnen ermöglicht, sich allumfassend zu informieren und sich an Diskursen niederschwellig und unmittelbar zu beteiligen. Aus diesen Möglichkeiten entwickelte sich eine Selbstverständlichkeit der Beteiligung, die Symbol für Wertschätzung und Achtung wurde.

Diese soziologischen Transformationsprozesse wirken sich auch auf das Beteiligungsverständnis des ehrenamtlichen Engagements im kirchlichen Kontext aus. Zunehmend mehr Gläubige wollen an innerkirchlichen Prozessen beteiligt sein und identifizieren sich auch dadurch mit Kirche. Allerdings sehen sie sich nicht als »Lückenbüßer«, sondern wollen in ihrer Person gesehen werden und sich mit ihren Begabungen, Wünschen und Vorstellungen einbringen. Zu diesem veränderten Selbstverständnis kommt ein neues pastorales Verständnis hinzu, das seinen Ursprung bereits im Zweiten Vatikanum hat. In der Kirchenkonstitution *Lumen gentium* heißt es:

> »Die Getauften werden nämlich durch die Wiedergeburt und die Salbung mit dem Heiligen Geist zu einem geistigen Haus und einem

9 | Dirk Baecker, 4.0 oder Die Lücke die der Rechner lässt, Leipzig 2018, 6.

heiligen Priestertum geweiht [...]. Deshalb sollen alle Jünger Christi, indem sie im Gebet ausharren und Gott gemeinsam loben, sich als lebendige, heilige, Gott gefällige Opfergabe darbringen, überall auf Erden für Christus Zeugnis ablegen und denen, die es fordern, Rechenschaft geben von der Hoffnung auf das ewige Leben, die in ihnen ist [...].« (LG 10,1)

In diesen wenigen Zeilen macht das Konzil bereits deutlich, dass es eine gemeinsame Sorge aller Getauften ist, für die Auferstehungshoffnung in Wort und Tat Verantwortung zu übernehmen. Dieser Aspekt wird von Papst Franziskus in seinem Schreiben *Evangelii Gaudium* pointiert zum Ausdruck gebracht. »Ich bin eine Mission auf dieser Erde, und ihretwegen bin ich auf dieser Welt. Man muss erkennen, dass man selber ›gebrandmarkt‹ ist für diese Mission, Licht zu bringen, zu segnen, zu beleben, aufzurichten, zu heilen, zu befreien.« (EG 273) Deutlicher kann der je eigene Auftrag jedes/jeder Christ:in kaum ausgedrückt werden. Ehrenamtlich Engagierte können also aufgrund ihres Taufcharismas selbst Verantwortung für ihren Glauben und für Kirche übernehmen und werden somit selbst zu aktiven Gestalter:innen und Träger:innen der Seelsorge und der Pastoral. Es kann theologisch noch weitergedacht werden: Jeder Mensch ist mit seiner Geburt von Gott gewollt und ins Leben gerufen. Schon aus diesem Schöpfungsgedanken heraus können Menschen aus der verfassten Kirche nicht ausgeschlossen werden, sondern haben genuin die Möglichkeit, Kirche mitzugestalten. Daher braucht es eine neue Verhältnisbestimmung von Haupt- und Ehrenamt, die nicht nur organisational, sondern gerade als theologischer Haltungswechsel zu bestimmen ist. Ausdruck dieses Wechsels sind sogenannte »Engagementförder:innen«[10], die Engagement fördern und entwickeln sollen, indem sie ein neues Miteinander etablieren, Innovation und Kreativität in Kirche ermöglichen und den diakonischen Ansatz des Evangeliums be-

10 | Im Erzbistum Köln wurde mit dem Begriff »Ehrenamtskoordinator:in« begonnen. Seit 2017 veränderte er sich zum Begriff des/der Engagementförder:in, der/die Engagement fördert. Auch im Bereich des bürgerschaftlichen Engagements wird immer mal wieder der Begriff »Ehrenamt« diskutiert. In den ursprünglichen Bezeichnungen (Schöffe, ehrenamtlicher Bürgermeister etc.) ist dieser Begriff im strengen Wortsinn auch heute noch zutreffend. Für die meisten ehrenamtlichen Engagements ist der Begriff »Ehrenamt« die Chiffre für das gesamte Engagementfeld. Je nach gesellschaftlichem Kontext gibt es inzwischen eine Begriffsvielfalt: bürgerschaftliches Engagement, freiwilliges Engagement, Freiwilligentätigkeit etc. Das Institut der Bundesregierung arbeitet mit beiden Begriffen: Ehrenamt und Engagement.

wusster machen. Daher ist ihr Auftrag mehr ein aufgabenorientierter als ein organisationaler.

3.2. Angemessene Sozialstruktur

Das zunehmende Selbstbewusstsein von Engagierten und die Übernahme pastoraler Aufgaben durch Engagierte passen nicht zu jedem Kirchenbild und -verständnis. Ein Kirchenverständnis ist jedoch nicht einfach austausch- und an neue Gegebenheiten anpassbar. Kirchliche Sozialsysteme und Organisationsstrukturen wachsen über Jahrzehnte, z. T. Jahrhunderte und werden durch epochale Sozialformen geprägt und gebildet. Gesellschaftsstruktur und ekklesiologische Semantik finden ihren Ausdruck, indem sie sich zueinander und in Bezug aufeinander verhalten.

Das Netzwerk kann offensichtlich in der Spätmoderne am stärksten das *Beteiligungsprinzip* von Engagement aufgreifen und ermöglichen, da es relational und *beteiligend* agiert. Die Organisation als Sozialstruktur eröffnet eine Strategie und Professionalisierungswerkzeuge, um Rahmenbedingungen für das Engagement zu schaffen. Die verfasste Kirche als Institution hingegen ist aufgrund von Kontrolle und Macht kaum in der Lage, Beteiligungsstrukturen *bedingungslos* freizugeben. Daher führt das Nebeneinander der drei Sozialformen (Institution, Organisation und Netzwerk), die in ihren Logiken tabuisiert und nicht thematisiert sind, zu Konflikten, Frustrationen und inneren und äußeren Dilemmata. Paternalistisches Vorgehen der Institution, das nach dem Prinzip von Kontrolle und Macht funktioniert, entwertet ehrenamtliches Engagement, das für viele nur nach dem Prinzip der Beteiligung und Autonomie möglich ist. Auch ausschließlich strategisches und professionalisiertes Vorgehen der Organisation nimmt Menschen in ihrer Individualität und mit ihren Geschichten zu wenig ernst.

Menschen werden sich daher zukünftig in Kirche zunehmend nur dort engagieren, wo ihnen auf Augenhöhe begegnet wird, wo mit ihnen nicht kontrollierend, sondern relational umgegangen wird und wo sie eine dienende und demütige Kirche erfahren. Dazu bedarf es eines Haltungswechsels, der nur durch einen Systemwechsel möglich sein wird. Menschen können selten durch ihre Haltung Systeme prägen, sondern Systeme prägen die Haltungen der Menschen. Daher braucht es nicht nur einen Haltungswechsel von Haupt- und Ehrenamtlichen in den Pfarreien, sondern not-wendender in den Ordinariaten und Domkapiteln.

3.3. Theologische Implikationen des Engagements

Die Arbeit mit ehrenamtlich Engagierten ist oft nicht frei von innerkirchlichem Bedarf oder funktionalen Ausrichtungen. Begegnung und Beziehung zu Engagierten sollten hingegen von einer *bedingungslosen* Anerkennung geprägt sein. Mit dem eigenen Anliegen, mit dem eigenen Sosein und Dasein sollte Raum für Engagement sein. Diese Haltung ist eine genuin jesuanische, von der das Evangelium erzählt und die sich durch das ganze Leben Jesu zieht. Es ist eine hingebende Haltung, die den anderen *bedingungslos* anerkennt. Diese Haltung, von der Jesu Wort und Handeln gezeichnet ist, drückt sich verdichtet im Philipperhymnus (Phil 2,6–11) aus. Der Hymnus ist von einer geistlich-kenotischen Haltung und Handlungsweise geprägt. Die Inkarnation Jesu beginnt mit seiner Entäußerung, seiner Kenosis, und der Annahme der menschlichen Natur, der Physis. So ist sein Leben von der Hingabe für die Menschen gekennzeichnet, die von der Fülle, von der Beziehung zum Vater, getragen ist. Diese geistlich-kenotische (hingebende, freigebende) Haltung zieht sich durch die Reich-Gottes-Botschaft Jesu bis zu seinem Tod. In dieser Hingabe geht es Jesus um die Verwandlung der Herzen, die aufgrund der *bedingungslosen* Liebe Gottes in Jesu Handeln, Wirken und Heilen ermöglicht und erfahrbar wird.[11] Jesus tritt gerade dort solidarisch in Kontakt mit Menschen, wo deren eigene Möglichkeiten erschöpft sind. »In der Solidarität mit dem sündigen Menschen bricht Jesus durch seine Liebe dessen Kommunikations- und Beziehungslosigkeit auf und wendet dadurch das menschliche Todesschicksal.«[12]

Ausgangspunkt des Handelns und Wirkens Jesu ist das Annehmen der menschlichen Natur, der Physis. Was in seiner Inkarnation geschieht, wird zu Jesu Programm und ist Auftrag für Christ:innen. Seine Haltung ist eine hingebende, die *bedingungslos* anerkennt. Menschen *bedingungslos* anzuerkennen ist ein Beitrag des Glaubens zur Persönlichkeitsbildung,

11 | Vgl. Christoph Böttigheimer, Die Reich-Gottes-Botschaft Jesu. Verlorene Mitte christlichen Glaubens, Freiburg i. Br. 2020, 221ff.

12 | Ebd., 227.

wie Christoph Böttigheimer aufzeigt.[13] Wo dies geschieht, können Menschen Verwandlung und Solidarität erfahren, die sie stärkt gerade auch dort, wo die eigenen Möglichkeiten erschöpft sind. Ehrenamtsarbeit meint dann nicht mehr primär »Arbeiter:innen für den Weinberg« zu finden, sondern sie ist ein Dienst am Menschen, seiner Persönlichkeitsentwicklung und an seinem Leben.

Aus dieser Haltung heraus ist Engagementförderung ein Ort der Gastfreundschaft, an dem Menschen *bedingungslos* willkommen sind. Christoph Theobald beschreibt Gastfreundschaft als Stil des Christentums in einem zukünftigen Europa.[14] Ausgangspunkt in diesem Raum der Gastfreundschaft ist wiederum ein Begegnungs- und Beziehungsgeschehen, in dem Menschen in der Begegnung eine neue Beziehung zu sich selbst, zu den anderen und zu Gott ermöglicht wird. Jesus stellte dabei Menschen oft in die Mitte und machte in seiner freigebenden Haltung Raum und Platz für den/die andere:n. In solchen Begegnungsmomenten können Menschen ihren eigenen Lebenssinn als Lebensglauben entdecken. Voraussetzung für ein solches Geschehen sind Hinhören und Austauschen.

Als theologiegenerativer Ort eines Beziehungs- und Begegnungsgeschehens, der von einer *bedingungslosen* Anerkennung gekennzeichnet ist, könnte man im weiteren Sinne auch von einem sakramentalen Ort[15] sprechen, an dem Glauben und Leben geteilt wird. Die Synoptiker des Evangeliums sprechen von dem Auftrag Jesu: »Tut dies zu meinem Gedächtnis!« (Mt 26,26; Lk 22,19) Im Johannesevangelium hingegen steht der Auftrag: »Ich habe euch ein Beispiel gegeben!« (Joh 13,15) Greift man diese doppelte Präsenz Jesu im Evangelium auf, dann steht dieser doppelte Auftrag Jesu auch für jedes christliche Beziehungs- und Begegnungsgeschehen und vor allem für den Ort des christlichen Engagements.

13 | Vgl. Christoph Böttigheimer, Bedingungslos anerkannt. Der Beitrag des Glaubens zur Persönlichkeitsbildung, Freiburg i. Br. 2018.

14 | Vgl. Christoph Theobald, Christentum als Stil. Für ein zeitgemäßes Glaubensverständnis in Europa (Veröffentlichungen der Papst-Benedikt XVI.-Gastprofessur an der Fakultät für Katholische Theologie der Universität Regensburg), Freiburg i. Br. – Basel – Wien 2018.

15 | Vgl. Leonardo Boff, Kleine Sakramentenlehre, Düsseldorf 1989. Für Boff werden Zeichen und Orte zu Sakramenten, wenn in ihnen ein Gottesgeschehen und eine Gottesbeziehung mit der eigenen Geschichte zusammenkommen.

Engagement als ein Handeln, das aus sich heraustritt und gleichzeitig einen Freiraum anbietet, entgrenzt den Pastoralraum auf den Sozialraum und das liebende Engagement sogar auf die Feindesliebe hin. Christliches Engagement gibt also einen Menschen nie auf. Schließlich setzt Engagement aus dem Evangelium unmittelbar an den Möglichkeiten des Menschen an und nicht primär an der Notwendigkeit des vorliegenden Systems.

3.4. Vom defizitären zum interaktionalen Handeln

Geschieht im engagierten oder ehrenamtlichen Handeln wirkliche Begegnung mit den anderen, mit ihrer Person, dann kehrt sich die Hilfebeziehung um: »Es sind die Sterbenden (Trauernden), die den Lebenden stützende Therapie geben – nicht umgekehrt.«[16] Und was sich hier auf die Sterbenden bezieht, lässt sich auf alle Formen prekären Lebens übertragen.

> »[Diakonische] Seelsorge müsste dieses Defizitmodell verabschieden und fähig und bereit werden, das Andere, den Anderen zuzulassen, in ihm zugleich das Andere seiner selbst zu erkennen. Erst in dieser nicht abwehrenden, sondern empathischen Einstellung ist Solidarität mit den Betroffenen möglich.«[17]

Solidarisch-diakonisches Handeln »nimmt Abschied von dem herablassenden ›Für‹ (Andere) und bemüht sich um das wechselseitige ›Mit‹ (dem Anderen)«[18].

Eine solche nun beschriebene »Helfensbeziehung«, aus der jede:r als Lernende:r und als Betroffene:r herausgeht, versucht, in der Begegnung Verhindertes zu ermöglichen und das Potential der anderen zu stärken. Die klassischen Begriffe für diese Orientierung sind Empowerment und Ressourcenorientierung, die sich nicht nur auf den/die andere:n beziehen, sondern im Sinne einer Selbstsorge auch auf die eigenen Ressourcen und deren Stärkung. Insofern ist beim Ansatz des Empowerments nicht nur das Gegenüber im Blick, sondern die eigene Selbstsorge wird gleich-

16 | Henning Luther, Religion und Alltag: Bausteine zu einer praktischen Theologie des Subjekts, Stuttgart 1992, 236.

17 | Ebd., 237.

18 | Ebd., 237f.

sam zur Bedingung für die Stärkung anderer. Aus christlicher Perspektive kommt noch die Dimension göttlicher Zusage hinzu, die jedem und jeder eine ausreichende Lebensressource zusagt. Der Sozialwissenschaftler Norbert Herriger bezeichnet »Empowerment« als

> »das Kürzel für eine veränderte soziale Praxis, deren Ziel es ist, daß Menschen auch und gerade in Situationen des Mangels und der Belastung die Fallstricke von Abhängigkeit und erlernter Hilflosigkeit überwinden, daß sie eigene Kräfte und Stärken entdecken und die Ressourcen gewinnen, ein Leben in Selbstorganisation zu leben.«[19]

Hinter diesem Verständnis von Empowerment steckt die Überzeugung, dass in jedem Menschen alle Kraft und Möglichkeit liegt, mit den eigenen Ressourcen wieder in eine Selbstorganisation zu gelangen. Das Defizitmodell bleibt bei der Hilflosigkeit der Bedürftigen stehen und macht sich dadurch zum paternalistischen Modell, in dem die Betroffenen auf eine passive Rolle in den Händen von Professionellen festgelegt werden, die scheinbar die Besser-Wisser sind. Geübt wird dabei die eigene Hilflosigkeit.

Demgegenüber ist eine Haltung des Empowerments eine für die zu evaluierenden *Servicestellen Engagement* zentrale, um in ihrem *bedingungslosen* Ansatz das Engagement nicht für eigene Bedürfnisse zu funktionalisieren. Daher bedarf es einer besonderen Machtsensibilität in den *Servicestellen* und vor allem im Engagement mit anderen und für andere Menschen.

4. Darstellung der Ergebnisse

4.1. Ergebnisse des qualitativen Studienteils

Im Folgenden werden die zentralen Ergebnisse, Inhalte und Themen der qualitativen Datenerhebung dargestellt. Vorab muss betont werden, dass unter den *Servicestellen Engagement* eine große Heterogenität herrscht. So

19 | Norbert Herriger, Empowerment in der Sozialen Arbeit. Eine Einführung, 5. Auflage, Stuttgart 2014, 298.

hängt die *Servicestelle* von verschiedenen Faktoren, wie z.B. von den vor Ort gegebenen Rahmenbedingungen, dem Sozialraum sowie von den Menschen, welche die *Servicestelle* und die Pfarrgemeinde mitgestalten, ab.

4.1.1. Servicestellen Engagement: Heterogenität, Charakteristika und Wirkung

Die *Servicestellen Engagement* können als ein Begegnungs-, Vernetzungs-, Beziehungs- und Gestaltungsraum, als eine Art »Ideenschmiede« (FEF[20] 2, Pos. 25) und Anlaufpunkt für ehrenamtlich Engagierte verstanden werden. Sie sind ein Ort, an dem (sozialraumorientierte) Vernetzung stattfindet. In den *Servicestellen* kommen verschiedene Gruppierungen und Menschen miteinander ins Gespräch und tauschen sich aus. Dadurch entstehen neue Ideen und Initiativen. Die *Servicestelle* kann Zusammenhalt unterstützen und die Gemeinde lebendiger und vielfältiger machen: »Von daher glaube ich, dass die *Servicestelle* großen Einfluss darauf hat, wie Gemeinde lebendig sein kann.« (02_EF, Pos. 40)

Die *Servicestellen* bzw. die Engagementförderung werden von den Interviewten als notwendig und als eine Bereicherung in der Gemeinde verstanden, als etwas, das gebraucht wird. Für die große Mehrheit der Interviewpersonen ist die *Servicestelle* ein Teil von Kirche, zum einen, da die *Servicestellen* in die kirchlichen Strukturen vor Ort eingebunden sind, zum anderen wird im Kontext der Interviews immer wieder auf den christlichen Auftrag hingewiesen. Besonders der karitative, soziale und humanitäre Charakter und die Nächstenliebe, die durch die *Servicestelle* zum Vorschein kommt, sowie die seelsorgerische Arbeit sind Zeichen einer gelebten, gestaltenden und dienenden Kirche nah am Menschen. Die *Servicestellen* schaffen es, »Kirchenmauern zu durchbrechen« und einen Beitrag zur Kirchenentwicklung zu leisten. Sie werden als eine große Chance im Hinblick auf eine lebendige Kirche betrachtet, die sich nach außen öffnet (z.B. 01_F, Pos. 61). Ein Mitglied des PGRs beschreibt, dass ihr an der *Servicestelle* insbesondere gefallen habe, dass diese sich »nicht einigelt«, sondern »Teil der Gesellschaft« (05_F, Pos. 16) sein möchte.

20 | Diese Kürzel stehen für die folgenden Interviews: EF = Einzelinterviews mit Engagementförder:innen; P = Einzelinterviews mit Mitgliedern der Pastoralteams; F = Fokusgruppengespräche mit ehrenamtlich engagierten Personen, Mitgliedern der Pfarrgemeinderäte und Kooperationspartner:innen; FEF = Fokusgruppengespräche mit Engagementförder:innen.

Zwar wird im Rahmen der Interviews immer wieder deutlich, dass die *Servicestellen* keinen missionierenden Charakter aufweisen, dennoch ermöglichen sie (neue) Berührungspunkte zu Kirche und Gott. Ein Mitglied des Pastoralteams beschreibt dies wie folgt:

> »Und Menschen anzusprechen, die das Gefühl haben ›Ich möchte gerne einen Ort haben, wo ich mit meinen Sorgen hingehen kann, ohne dass ich erstmal das Glaubensbekenntnis aufsagen muss, und trotzdem für mich eine Entdeckung machen kann, dass ich, auch wenn ich vielleicht seit vielen Jahren oder Jahrzehnten von kirchlicher Praxis entfernt bin, in meiner Seele einen heiligen Ort habe, an dem Gott wohnt und wo ich Gott entdecken kann.‹ Das wäre so mein Wunschtraum, dass hier ein Ort ist, an dem Menschen das wieder neu entdecken können. Und ich finde, dass die ersten Erfahrungen uns da sehr ermutigen.« (06_P, Pos. 33)

Servicestellen können daher als ein Zeichen der Zeit, sozialraumorientiert und niedrigschwellig betrachtet werden. Darin bestehe das Potential, dass Kirche und das Erzbistum Köln verlorenes Vertrauen wiederaufbauen könne. Ein Mitglied des Pastoralteams spricht von einem »heilenden oder versöhnenden Charakter« (02_P, Pos. 42), den die *Servicestellen* haben können. Es bestehe das Potential, dass Menschen ihr Bild über Kirche reflektieren und Kirche und Glauben neu für sich entdecken können.

Eine Engagementförderin beschreibt, dass es keine einheitliche Definition von *Servicestellen Engagement* gebe, da diese »sehr abhängig von diesen äußeren Umständen« (FEF 3, Pos. 57) seien. Die Analyse zeigt, dass viele *Servicestellen* stark von der jeweiligen Pfarrgemeinde sowie von deren Unterstützung beeinflusst werden. Des Weiteren hat der Standort der *Servicestelle* einen Einfluss darauf, welche Menschen erreicht werden. So gibt es z. B. *Servicestellen,* die sich direkt an einer Kirche befinden, die sich in der Nähe einer Kirche befinden, die komplett außerhalb des kirchlichen Umfelds liegen oder die mobil unterwegs sind. Aus den Interviews geht hervor, dass *Servicestellen,* die sich außerhalb eines kirchlichen Gebäudes befinden, vermehrt Menschen außerhalb kirchlicher Strukturen ansprechen: »Wir erreichen zu 80% würde ich sagen oder mehr tatsächlich die Menschen, die vorher mit Kirche keine Berührung hatten.« (06_EF, Pos. 21)

Die *Servicestellen* werden insbesondere als niedrigschwellig und als Kontakt in die Welt wahrgenommen. So berichtet eine Engagementförderin, dass Angebote, die zuvor im Pfarrsaal und jetzt in zentralen Räumlichkeiten außerhalb eines kirchlichen Gebäudes stattfinden, deutlich häufiger frequentiert und wahrgenommen werden (06_EF, Pos. 7).
Auch von den Engagementförder:innen sind die jeweiligen *Servicestellen* abhängig. Die Engagementförder:innen werden als »Vertreter:innen« der *Servicestellen* betrachtet und von den Interviewteilnehmer:innen der Fokusgruppe (Kooperationspartner:innen, ehrenamtlich Engagierten und Mitgliedern des PGRs) als positiver Kontakt beschrieben. Auch die individuellen Professionen sowie die unterschiedlichen Arten, wie die Engagementförder:innen arbeiten, beeinflussen die *Servicestellen*. Die *Servicestellen* sind personenabhängig und stark gebunden an die jeweiligen Engagementförder:innen. Ein Mitglied des Pastoralteams fasst dies folgendermaßen zusammen: »Deshalb glaube ich, so gut wie diese Stelle ist, diese Engagementförderung, das hängt zentral von der Person ab.« (03_P, Pos. 14)
Die Engagementförder:innen bringen ihr eigenes Charisma, ihre Profession sowie ihr Vorwissen, das sie durch verschiedene Lebens- und Berufserfahrungen gesammelt haben, mit in die *Servicestelle* ein und setzen an den einzelnen *Servicestellen* unterschiedliche Schwerpunkte. Da die Engagementförder:innen in den *Servicestellen* eine so wichtige Rolle spielen, geht es nun im Folgenden um die Engagementförder:innen sowie deren Aufgabenfelder.

4.1.2. Engagementförder:innen und deren Aufgabenfelder

Die Engagementförder:innen bewirken in den *Servicestellen Engagement* Kirchenentwicklung, Ehrenamtsentwicklung, diakonisches Engagement und Netzwerkarbeit. Dies gelingt durch ein vielfältiges Aufgabenprofil sowie eine intrinsische Motivation der Engagementförder:innen, die in allen Gesprächen deutlich zum Vorschein kommt: »Ja, ich glaube auch, da muss das Herz dafür brennen. […] Ich brenne dafür, rauszugehen und mit den Leuten irgendwie ins Gespräch zu kommen.« (01_EF, Pos. 26)
Aus allen Interviews geht hervor, dass die Engagementförder:innen ihrer Arbeit mit Leidenschaft nachgehen. Sie werden von den Interviewteilnehmer:innen der Fokusgruppe sowie den Mitgliedern der Pastoralteams sehr geschätzt und u.a. als motivierende, empathische, kommunikative

und freundliche Personen beschrieben, die offen und vorbehaltlos auf Menschen zugehen und engagiert, herzlich, professionell und zuverlässig sind. Eine Kooperationspartnerin beschreibt die Engagementförderin als »Social Butterfly« der Pfarrgemeinde:

> »Also als Aufgabe würde ich dann wirklich für [die Engagementförderin] definieren, dass sie halt der Social Butterfly der Gemeinde ist, die halt so hier im Gebiet rumschwirrt, Dinge aufnimmt, hört, Dinge verknüpft und da irgendwie so eine Mischung aus Management und Menschenfreund.« (05_F, Pos. 19)

Von den Interviewteilnehmer:innen wird ein vielfältiges Aufgabenprofil beschrieben, dem die Engagementförder:innen nachgehen. Ist ein ehrenamtliches »Team Engagement« in der *Servicestelle* etabliert, unterstützt dieses oftmals den/die Engagementförder:in bei den Aufgaben.

4.1.2.1 Anlaufstelle: Beratung, Begleitung, Unterstützung

Die Engagementförder:innen sind hauptamtliche Ansprechpartner:innen. Sie begleiten und unterstützen ehrenamtlich Engagierte im Rahmen ihres Ehrenamts. Bei Fragen, Konflikten, Herausforderungen o. ä. nehmen die Interviewteilnehmer:innen die Engagementförder:innen als eine vertrauliche Anlaufstelle wahr (z. B. 03_F, Pos. 37). Darüber hinaus beraten Engagementförder:innen am Ehrenamt interessierte Menschen. Die Engagementförder:innen begleiten und unterstützen bei der Entwicklung von Projektideen. Die Analyse zeigt, dass die Engagementförder:innen den Standpunkt vertreten, dass sich eine Beratung für am Ehrenamt interessierte Menschen an den jeweiligen Bedürfnissen, Stärken und Charismen und nicht am Bedarf orientieren sollte:

> »Wir wollen im Endeffekt charismenorientiert arbeiten. Also ›Wofür brennt das Herz? Was hat vielleicht der Heilige Geist in das Herz der einzelnen Personen gelegt?‹ Zu schauen, ob man dann nicht irgendwie da eine Infrastruktur, […] ja einen Support leisten könnte, damit dieses Herzensanliegen dann gefördert wird und daraus etwas Neues entstehen kann.« (01_EF, Pos. 4)

Auch unterstützen Engagementförder:innen Menschen, die in Not geraten sind, Unterstützung oder eine:n Gesprächspartner:in benötigen. Engagementförder:innen führen seelsorgliche Gespräche und vermitteln bei Bedarf an Fachstellen weiter.

4.1.2.2 Kooperation und Vernetzung

Aus den Interviews geht hervor, dass eine *Servicestelle* nicht ohne Netzwerk- und Kooperationspartner:innen bestehen kann. Vernetzung ist ein zentrales Arbeitsfeld der Engagementförderung. Eine Engagementförderin beschreibt, dass ohne Kooperationspartner:innen für sie keine *Servicestelle* machbar gewesen wäre:

> »Damals als es hieß ›So, jetzt macht mal eine *Servicestelle* auf‹, da habe ich gesagt, ›Das kann ich so gar nicht aufbauen, es sei denn, ich suche mir Kooperationspartner, mit denen ich einfach schon so gute Erfahrungen gemacht habe‹. Und ähm das war mir einfach total wichtig.« (FEF 1, Pos. 151)

Zum einen können durch Netzwerke und Kooperationen Menschen, die in verschiedensten Lebenslagen Unterstützung benötigen, an entsprechende Fachstellen weitergeleitet werden. Zum anderen spielt Vernetzung auch bei der Weitervermittlung von ehrenamtlich Engagierten in Projekte eine bedeutende Rolle. Eine Engagementförderin berichtet, dass keine Parallelstruktur an Projekten entwickelt werden solle, sondern dass am Ehrenamt interessierte Menschen auch an bereits bestehende Angebote weitergeleitet werden (02_EF, Pos. 100).

Als Kooperationspartner:innen, die in den Interviews thematisiert werden, können beispielsweise die evangelische Kirche, Verbände der Wohlfahrtspflege, Kommunen sowie verschiedene Familienzentren, Bildungseinrichtungen und Vereine genannt werden. Die Engagementförder:innen berichten immer wieder von außerkirchlichen Kooperationspartner:innen. Dennoch besteht in einigen *Servicestellen* verstärkt eine inter- und innerkirchliche Vernetzung. So berichtet beispielsweise eine Engagementförderin, dass sie hauptsächlich mit kirchlichen Trägern vernetzt sei (FEF 2, Pos. 145). Auch im Hinblick auf eine Weitervermittlung von Engagierten in Projekte berichtet eine interviewte Person, zuerst kirchliche Einrichtungen im Blick zu haben:

> »Dass wenn sich jemand engagieren will, ich erstmal die katholischen Kindergärten z. B. im Blick habe, bevor ich die städtischen angehe. Also ich erstmal die katholischen Verbände im Blick habe,

> bevor ich ähm irgendwie noch anders weitervermittle. Schon die eigenen Gruppierungen im Blick habe und nicht außerkirchliche Gruppierungen.« (01_EF, Pos. 20)

Im Kontext der Interviews wird immer wieder deutlich, wie wichtig es ist, dass zwischen der *Servicestelle* und den Kooperationspartner:innen ein gutes Miteinander herrscht. Insbesondere die Kooperationspartner:-innen berichten in den Fokusgruppengesprächen, eine gute Vernetzung zur *Servicestelle* zu haben. Die Bedeutsamkeit von persönlichen Beziehungen wird in diesem Kontext immer wieder sichtbar. Dies hängt sehr von den einzelnen Personen ab. Neben der Beziehungsebene werden auch transparente Kommunikation, gute Absprachen, Vertrauen und Verlässlichkeit von den Interviewteilnehmenden als förderliche Faktoren für eine gelingende Kooperation und Vernetzung beschrieben. Förderlich wirken sich in diesem Kontext ebenfalls regelmäßige Informations- und Austauschtreffen aus. Dies beansprucht jedoch u. a. viel Zeit: »Das kostet aber auch viel Zeit, solchen Kontakten auch professionell zu begegnen.« (05_EF, Pos. 70) Immer wieder wird daher in den Interviews thematisiert, dass die Anzahl der Kooperationspartner:innen und Netzwerke »machbar« bleiben muss. Auch wird von Netzwerken profitiert, z. B. in Form von bereits bestehendem Wissen oder Projektideen sowie Schulungen von Kooperationspartner:innen, an denen ehrenamtlich Engagierte teilnehmen können.

Engagementförder:innen sind zum Großteil auch untereinander gut vernetzt. Dieses Netzwerk ermöglicht z. B. einen Austausch zu Projekten, Herausforderungen etc. Den Austausch mit den anderen Engagementförder:innen beschreibt eine Engagementförderin als »Energiequelle« (05_EF Pos. 42). Es werde viel aus den Treffen mitgenommen, auch an Motivation und Kraft. Gefördert wird die Vernetzung unter den Engagementförder:innen z. B. durch regelmäßige Treffen (Gesamtkonferenzen, Fachkonferenzen etc.). Den persönlichen Kontakt erschwert u. a., dass die Engagementförder:innen zum Teil eine große räumliche Distanz zueinander haben (FEF 2, Pos. 147).

4.1.2.3 Öffentlichkeitsarbeit

Öffentlichkeitsarbeit stellt ein weiteres zentrales Aufgabenfeld dar, das sich, so eine Engagementförderin, in den letzten Jahren stark entwickelt habe (03_EF, Pos. 61). Als Beispiel kann u. a. die Präsenz verschiedener *Servicestellen* in den sozialen Medien genannt werden (z. B. FEF 3, Pos. 88). Darüber hinaus wurde auch die Teilnahme an Straßenfesten oder Weihnachtsmärkten von den Engagementförder:innen thematisiert (z. B. FEF 3, Pos. 21). Hilfreich für eine gelingende Öffentlichkeitsarbeit sind attraktive Werbemittel, wie z. B. ansprechende Plakate, Flyer oder Stifte. Auch für diverse Zeitungen bzw. Nachrichten verfassen einige Engagementförder:innen Presseerklärungen sowie Informationen zu Projekten (z. B. 02_EF, Pos. 28).

4.1.2.4 Organisation und Verwaltung

Zum Aufgabenprofil der Engagementförder:innen gehören ebenfalls organisatorische und verwaltungstechnische Aufgaben. Darunter fällt beispielsweise die Organisation von Begegnungs-, Austausch- und Teamtreffen für ehrenamtlich Engagierte sowie zum Teil auch für Kooperationspartner:innen. Insbesondere das Schaffen von Rahmenbedingungen sowie der Aufbau eines Systems und einer Struktur für Engagement sind wesentliche Bestandteile des Aufgabenfelds einer Engagementförderung: »Diese Rahmenbedingungen sind halt ganz ganz wichtig.« (06_EF, Pos. 35) Dazu gehört z. B. auch das Bereitstellen von Arbeitsmaterialien für die ehrenamtlich Engagierten. Eine Engagementförderin betont darüber hinaus, wie wichtig sie es finde, dass den ehrenamtlich Engagierten bei Bedarf Zugang zu einem Computer bzw. zum Internet ermöglicht werde (ebd.). Mehrmals wurde ebenfalls – sowohl von Ehrenamtlichen als auch von Engagementförder:innen – das Thema »Schlüssel« und der Zugang zu den Räumlichkeiten der *Servicestelle* angesprochen. So berichtet eine Engagementförderin, wie wichtig es für sie sei, dass die ehrenamtlich Engagierten Zugang zur *Servicestelle* erhalten:

> »Das war eins der ersten Dinge, die ich sofort organisiert habe, weil ich gesagt habe ›Das hat was für mich mit Vertrauen zu tun‹ und bis jetzt hat sich das gezeigt, dass das wunderbar funktioniert. Dass die Leute sich dann auch mehr verantwortlich fühlen.« (FEF 1, Pos. 187)

Die Weitergabe des Schlüssels bedeutet zum einen, dass den Ehrenamtlichen Vertrauen entgegengebracht wird und sie Verantwortung übernehmen müssen. Zum anderen bedeutet dies auch, dass den Ehrenamtlichen Flexibilität und Selbstständigkeit ermöglicht wird.

Ebenfalls ein Teil des Aufgabenfelds ist eine Sozialraum- und Bedarfsermittlung in der jeweiligen Pfarrgemeinde:

> »Und da mehr drauf zu gucken. Mehr gucken, was die Menschen brauchen und nicht, was man meint, was die brauchen. ›Ich weiß, was für dich gut ist – Nein!‹ ((lacht)) ›Sag du mir, was für dich gut ist.‹« (02_EF, Pos. 128)

Im Zentrum der Arbeit von Engagementförderung sollen die vor Ort lebenden Menschen mit ihren Bedürfnissen und Wünschen stehen.

4.1.2.5 Moderation und Kommunikation

Engagementförder:innen agieren als Moderator:innen, beispielsweise bei Konflikten, sowie als Vermittler:innen zwischen Haupt- und Ehrenamt, als Interessensvertreter:innen und »Anwalt bzw. Anwältin« der Ehrenamtlichen:

> »Und wir hatten die *Servicestelle* auch hier so konzipiert, in Absprache mit dem Pfarrer, dass es auch eine Stelle ist, dass wenn es zwischen dem Haupt- und Ehrenamt nicht läuft. Dann kann man zu mir kommen. Dann versuche ich da auch zu vermitteln, höre mir das an.« (02_EF, Pos. 40)

Auch an einer anderen *Servicestelle* betont ein Mitglied des Pastoralteams, dass die Engagementförderin im Rahmen der Zusammenarbeit die Perspektiven der ehrenamtlich Engagierten immer wieder »hartnäckig« (05_P, Pos. 12) einbringe.

Von den Interviewteilnehmer:innen wird thematisiert, dass Engagementförder:innen kommunikativ sein sollten. Sie sollten gut auf Menschen zugehen können, Menschen ansprechen können und freundlich auftreten (z. B. 03_P, Pos. 14).

4.1.2.6 Professionalisierung und Weiterbildung des Ehrenamts

Ein Aufgabenfeld der *Servicestelle* ist ebenfalls die Professionalisierung des Ehrenamts. Die Engagementförder:innen ermöglichen – je nach Bedarf – Qualifikationen und Weiterbildungen. Ein ehrenamtlich Engagierter erzählt von einem Qualifizierungsmodul, an dem er teilgenommen habe: »Die *Servicestelle* hat sich Zeit für mich genommen und ist auch an

meiner Qualifikation in dem Bereich weiter interessiert. Ich habe dieses ähm [Modul] mitmachen dürfen.« (03_F, Pos. 13)
Auch die Einarbeitung bzw. die Erschaffung einer Struktur für die Einarbeitung der ehrenamtlich Engagierten übernehmen Engagementförder:innen, sodass die Engagierten gut in ihr Ehrenamt begleitet werden.
Eine Engagementförderin spricht davon, Reflexionsgespräche für die ehrenamtlich Engagierten anzubieten: »Wo man doch noch was mit nach Hause nimmt, drüber nachdenkt und da bin ich natürlich auch immer für Reflexionsgespräche ›Komm lass uns drüber reden‹.« (06_EF, Pos. 19) Diese Gespräche werden auch von der ehrenamtlich Engagierten in der *Servicestelle* als wichtig beschrieben, um einen professionellen Umgang mit eigenen Unsicherheiten zu finden (06_F, Pos. 20).

4.1.3. Förderliche Ressourcen und Bedingungen

Damit die Arbeit der *Servicestellen* gelingen kann, werden von den Interviewteilnehmer:innen verschiedene förderliche Ressourcen und Bedingungen genannt, die im Folgenden näher betrachtet und erläutert werden.
Eine wichtige Bedingung, die von den Interviewten immer wieder thematisiert wird, ist der Rückhalt und die *Unterstützung aus der Pfarrgemeinde*. Eine Engagementförderin beschreibt dies wie folgt:

> »Also das Wichtigste eigentlich, dass das gewollt ist. Dass eine Engagementförderung in einer Gemeinde wirklich gewollt ist und eben auch die Notwendigkeit dafür gesehen wird. Das ist das Allerwichtigste.« (03_EF, Pos. 65)

In den Interviews wird die Unterstützung des Pfarrgemeinderats sowie des Kirchenvorstands als sehr förderlich für den Erfolg einer *Servicestelle* bezeichnet (FEF 1, Pos. 16). Um die Unterstützung der Gremien zu bekommen, muss sich z.T. aktiv dafür eingesetzt werden. Dies kann beispielsweise durch den regelmäßigen Besuch der Gremiensitzungen oder das aktive Einladen der Mitglieder der Gremien in die *Servicestelle* geschehen.
Darüber hinaus wird die Unterstützung des Pastoralteams und insbesondere des Pfarrers von den Engagementförder:innen als eine wichtige Voraussetzung für das Gelingen einer *Servicestelle* genannt. In einigen Interviews wird immer wieder beschrieben, dass sich die Engagement-

förder:innen häufig als gleichberechtigte und anerkannte Mitglieder im Pastoralteam fühlen (z. B. 06_EF, Pos. 15). Des Weiteren thematisieren einige Engagementförder:innen, dass sie es gut finden, wenn sie möglichst viel Freiraum und Freiheiten durch das Pastoralteam, insbesondere den Pfarrer, erfahren (z. B. 02_EF, Pos. 82). An dieser Stelle wird ein Spannungsfeld erkennbar, das in verschiedenen Interviews immer wieder zum Vorschein kommt: zum einen der Wunsch nach Unterstützung und Wertschätzung aus der Pfarrgemeinde und zum anderen der Wunsch nach Autonomie und Freiraum.

Auch *Strukturen*, die oftmals von den Engagementförder:innen geschaffen wurden, werden als förderliche Ressourcen genannt. Dazu zählen z. B. ein gutes Konzept sowie eine klare Zielsetzung, die zum Erfolg der *Servicestelle* beitragen können (z. B. 01_EF, Pos. 26). Hilfreich ist es, dass diese mit einer Gruppe von Ehrenamtlichen entwickelt werden, um deren Perspektiven, Wünsche und Bedürfnisse darin zu implementieren. Auch eine Absprache mit Kooperationspartner:innen sowie gute Netzwerkarbeit werden als förderlich betrachtet (z. B. FEF 3, Pos. 45). Aus den Interviews geht hervor, dass sich auch der Aufbau eines ehrenamtlichen Teams in der *Servicestelle* positiv auswirkt. Mit einem Team nehmen sich die Engagementförder:innen weniger als »Einzelkämpfer:innen« wahr:

> »Das habe ich echt, seitdem ich dieses Team oder diese Kleinteams um mich herum habe, ist es auch gut. Am Anfang habe ich mich so wie eine Einzelkämpferin gefühlt. Und das ist so wichtig. Und so eine *Servicestelle* ist halt ein Team, es sind viele Menschen. Und ich glaube, man kann ja halt nur zusammen.« (FEF 2, Pos. 162)

Eine Engagementförderin betont dabei, dass sie es als Bereicherung wahrnehme, dass verschiedene Altersklassen und auch unterschiedliche Verbundenheit zur katholischen Kirche im Team vertreten seien (FEF 2, Pos. 11). Als hilfreich werden ebenfalls kurze und transparente Kommunikationswege innerhalb der Pfarrgemeinde bzw. dem Seelsorgebereich betrachtet (z. B. FEF 1, Pos. 17).

Ausreichende *finanzielle Ressourcen* tragen ebenfalls zum Erfolg der *Servicestellen* bei. Finanzielle Ressourcen sind u. a. wichtig, um über gute Rahmenbedingungen zu verfügen. Auch wird immer wieder von den Engagementförder:innen der Wunsch nach *Räumlichkeiten* außerhalb eines kirchlichen Gebäudes beschrieben, um möglichst niedrigschwellig agieren zu können. Räumlichkeiten der *Servicestelle* sollten darüber hinaus möglichst an einem zentralen und gut erreichbaren Ort liegen. Sie sollten einladend gestaltet werden und die Privatsphäre der Menschen wahren, die Unterstützung in verschiedenen Lebenslagen suchen. Dies wurde u.a. von der ehrenamtlich Engagierten einer *Servicestelle* thematisiert:

> »Also ich finde die Gestaltung der Räume schön und einladend. [...] Für Personen, die wirklich zu uns kommen, die viele Sorgen haben und die sich hier, ich sag mal, in einer schönen Atmosphäre oder in einer einladenden Atmosphäre mit uns treffen und vielleicht auch einen Tee mit uns trinken, die haben glaube ich ein sicheres Gefühl hier in den Räumlichkeiten.« (06_F, Pos. 45)

Damit die Engagementförder:innen dem großen oben erläuterten Aufgabengebiet nachgehen können, werden ausreichend *zeitliche Ressourcen* benötigt. Dass insbesondere diese an vielen *Servicestellen* häufig nicht ausreichen, wird im Kapitel 4.1.5 näher erläutert.

Die *Ausbildung sowie die Fortbildungen für Engagementförder:innen* werden von einigen Interviewteilnehmer:innen als wichtig beschrieben, da diese auf die Arbeit als Engagementförder:in gut vorbereiteten (02_EF, Pos. 116). Insbesondere Weiterbildungen sollten weiterhin ermöglicht werden (06_EF, Pos. 53). Orientieren sollten sich diese an den Anliegen und Bedürfnissen der Engagementförder:innen.

Bedeutend ist ebenfalls die *Begleitung durch die Diözese*. Die Stabsstelle Engagementförderung dient als gut vernetzter Ansprechpartner, der die Interessen der Engagementförder:innen im Erzbistum vertritt sowie Unterstützung, Coaching, Begleitung und Impulse gibt (z.B. 02_EF, Pos. 108). Die Aufgaben der Ansprechpartner:innen in der Diözese stellen ein Spiegelbild zu den Aufgaben von Engagementförder:innen gegenüber den ehrenamtlich Engagierten dar.

4.1.4. Ehrenamt und Engagementkultur

Im Erzbistum Köln engagieren sich Menschen auf unterschiedliche Weise. Sie engagieren sich ehrenamtlich z.B. für soziale Anliegen, Angebote des Glaubens, Anliegen der Umwelt oder im Rahmen von kulturellen Veranstaltungen und Angeboten. Immer wieder wird der große Bedarf an ehrenamtlichem Engagement thematisiert. Als Gründe wurden vor allem gesamtgesellschaftliche Umbrüche genannt (z. B. 02_EF, Pos. 76). Vor allem der »Lotsenpunkt« ist an vielen *Servicestellen* ein oft genutztes Angebot, bei dem auch sichtbar werde, dass ein großer Bedarf an karitativem Ehrenamt bestehe:

> »Das Angebot, was eigentlich am häufigsten frequentiert wird, wir merken einfach die Not der Menschen vor Ort ist richtig richtig groß und die sind froh endlich mal eine Anlaufstelle zu haben.« (06_EF, Pos. 7)

So zeigt sich auch, dass häufig ein karitatives und soziales Ehrenamt vor Ort in den *Servicestellen* und Pfarrgemeinden überwiegt. Immer wieder wird im Rahmen der Interviews dieser Schwerpunkt hervorgehoben und thematisiert.

In einigen *Servicestellen* laufen viele Projekte weitestgehend selbstständig und die Ehrenamtlichen übernehmen z. T. viel Verantwortung (z. B. 03_EF, Pos. 53). Auch betonen einige Interviewpartner:innen, das Ehrenamt habe sich verändert und neue Engagementformen seien entstanden. So wird beispielsweise berichtet, dass es nun vermehrt ehrenamtliche Tätigkeiten gebe, die zeitlich befristet seien (01_P, Pos. 60). Darüber hinaus möchten Menschen mit ihrem Ehrenamt Sinnhaftigkeit und Wirksamkeit erleben. Die Menschen wünschen sich ein Ehrenamt, das Spaß und Freude bereite und sich an den individuellen Charismen orientiere. Ein Mitglied des Pastoralteams berichtet, dass es früher einen konkreten Bedarf gegeben hätte, für den dann vor Ort Menschen gesucht wurden. Heute jedoch stehen vielmehr die individuellen Interessen und Wünsche der ehrenamtlich Engagierten im Fokus (03_P, Pos. 22).

Aus den Interviews geht hervor, dass eine gute *Engagementkultur* wichtig für die *Servicestellen* ist. Insbesondere eine *Wertschätzungs-, Anerkennungs- und Dankeskultur* liegt den interviewten Engagementförder:innen am Herzen. Die ehrenamtlich Engagierten sollen sich wahrgenommen fühlen, ihnen soll respektvoll und auf Augenhöhe begegnet werden (z. B. 01_EF, Pos. 44; 04_EF, Pos. 61). Zu einer guten Wertschätzungs- und Anerkennungskultur gehört auch, so berichten einige Engagementförder:innen, dass Feste sowie Veranstaltungen (mit einem Essens- und Getränkeangebot) für ehrenamtlich Engagierte organisiert werden und diese Weihnachts-, Geburtstags- und bei Krankheit Genesungswünsche erhalten (z. B. FEF 3, Pos. 25; 02_EF, Pos. 56). Eine Engagementförderin berichtet beispielsweise von persönlichen Weihnachtskarten an Ehrenamtliche (02_EF, Pos. 52). Durch die Vielzahl von Ehrenamtlichen ist es jedoch kaum möglich, jeder ehrenamtlich engagierten Person persönlich zu danken. Daher gilt es für viele Engagementförder:innen vielmehr, eine Struktur zu entwickeln und aufzubauen, mit der es den Leitungen der jeweiligen Gruppierungen gelingt, eine Wertschätzungskultur zu den ehrenamtlich Engagierten zu tragen:

> »Also ich mache jetzt nicht, dass ich alle drei [Gruppierungen] dann jeweils dahin gehe und mich dort regelmäßig irgendwie bedanke. Sondern die Leitungen darin unterstütze oder sie frage, ob sie irgendwie Hilfe, Ideen brauchen zu einer Wertschätzungskultur. Oder ich werde eingeladen, wenn sich alle Mitarbeiter:innen treffen und dann bringe ich allen Schokoherzen mit. Und bedanke mich dann eben für das, was sie alles tun. Aber eher unter dem Jahr. Und so aber, dass ich jetzt nicht den Kontakt zu allen tausend Einzelnen irgendwie habe, sondern eher wieder auch strukturell versuche zu unterstützen.« (01_EF, Pos. 46)

Auch das ehrenamtliche »Team Engagement« bzw. die Multiplikator:innen in den *Servicestellen* sind u. a. dafür zuständig, eine Engagementkultur zu etablieren und die Engagementförder:innen darin zu unterstützen (z. B. FEF 3, Pos. 12).

Darüber hinaus wird in den Interviews immer wieder die Bedeutsamkeit einer guten *Willkommenskultur* hervorgehoben. Zu einer gelungenen Willkommenskultur gehört das Willkommenheißen in einer schönen Atmosphäre und an einem Ort, der Gastfreundlichkeit vermittelt. Ein weiteres Indiz einer guten Willkommenskultur ist, dass die ehrenamtlich Engagierten gut in das Ehrenamt eingeleitet und begleitet werden. Dies betrifft beispielsweise das Besprechen einer klaren Zeitvereinbarung für das Ehrenamt sowie einer klaren Aufgabenabsprache. Wichtig sei es zum einen, so betonen es Engagementförder:innen, dass die ehrenamtlich Engagierten nur so viel ehrenamtlich tätig sind, wie sie dies auch möchten (z. B. 01_EF, Pos. 40). Zum anderen sei auch das Absprechen der ehrenamtlichen Tätigkeit wichtig (z. B. 02_EF, Pos. 56). Ehrenamtlich Engagierte sollen Aufgaben übernehmen, die ihrem Charisma entsprechen und ihnen Spaß machen. Darüber hinaus wird immer wieder im Rahmen der Interviews thematisiert, dass die *Servicestellen* ein Ort sein sollen, an dem sich alle Menschen, unabhängig von z. B. der Konfession oder Herkunft, willkommen fühlen:

> »Was wir glaub ich entwickeln müssen ist, dass wir deutlich machen können, wir sind eher ein Ort, an dem alle Altersgruppen, alle sozialen Schichten und Menschen unterschiedlicher Herkunft willkommen sind.« (06_P, Pos. 57)

Eine *Abschiedskultur* wird – im Vergleich zur Willkommens-, Dankes- bzw. Wertschätzungskultur – von den Interviewteilnehmer:innen deutlich weniger angesprochen. Insbesondere eine Engagementförderin thematisiert jedoch die Bedeutsamkeit einer Abschiedskultur. Im Rahmen des Interviews berichtet sie, dass es für sie wichtig sei, die Entscheidung, wenn eine ehrenamtlich engagierte Person aufhören möchte, wertzuschätzen und zu respektieren. Dazu gehöre auch, die Ehrenamtlichen ohne schlechtes Gewissen gehen zu lassen (02_EF, Pos. 56). Eine andere Engagementförderin spricht darüber hinaus von einem Brief zur Verabschiedung, den sie den Menschen zukommen lasse (05_EF, Pos. 60).

Die Analyse zeigt, dass eine gute Engagementkultur viele *weitere »Kulturen«* enthält. Als Teil der Engagementkultur wird auch verstanden, dass keine »Verzweckung« oder »Rekrutierung« stattfinde und ehrenamtlich Engagierte Aufgaben übernehmen müssen, die für hauptamtliche Mitarbeiter:innen vorgesehen seien (04_F, Pos. 78). Es solle eine Kultur der Freiwilligkeit herrschen, in der Leidenschaft und Begeisterung im Fokus stehen:

> »Aber mir ist wichtig, quasi eine Offenheit und eine Freiheit quasi auch zu vermitteln und zu sagen ›Ja, was ihr tut, das ist ein Engagement. Ein freiwilliges Engagement, das muss passen. Ihr dürft euch da nicht unter Druck setzen und es dann irgendwie ungern tun. Sondern wenn ihr da seid, dann sollt ihr das mit Leidenschaft und Begeisterung tun‹.« (01_EF, Pos. 40)

Thematisiert wird ebenfalls, dass die Engagementförder:innen sowie die Mitglieder des Pastoralteams nicht kontrollierend sein sollen, sondern den ehrenamtlich Engagierten Freiraum und Freiheiten gegeben werden. Es solle eine Kultur des Zutrauens und des Vertrauens herrschen. Eine Person beschreibt dies wie folgt:

> »Also nicht zu sagen ›Ich muss aufpassen, dass hier alles funktioniert‹, sondern den Menschen zuzutrauen, dass sie das auch selber managen können. Das finde ich ganz ganz wichtig.« (04_F, Pos. 55)

Die ehrenamtlich Engagierten wünschen sich darüber hinaus klare Zuständigkeiten, um ihr Engagement ausüben zu können. Zuständigkeiten sollten möglichst transparent sein, sodass die Ehrenamtlichen wissen, an wen sie sich wenden können. Sie wünschen sich jemanden, der/die den Überblick hat und eine Engagementkultur fördert. Ein Mitglied des Pfarrgemeinderats erzählt, dass mit der *Servicestelle* eine klare Anlaufstelle gegeben sei, an die sich bei Fragen gewendet werden könne und die weiterhelfe bzw. -vermittele (06_F, Pos. 42). Die ehrenamtlich Engagierten wünschen sich darüber hinaus eine Kultur des Miteinanders, in der eine gute Zusammenarbeit und ein Gemeinschaftsgefühl besteht, bei dem niemand ausgeschlossen werde (04_F, Pos. 56).

4.1.5. Herausforderungen und Schwierigkeiten

Immer wieder sprechen die Engagementförder:innen von Herausforderungen und Schwierigkeiten, die ihnen im Kontext ihrer Arbeit begegnen. Als eine große Herausforderung wird die *fehlende Unterstützung aus der Pfarrgemeinde* – insbesondere des Pastoralteams und der Gremien – genannt. Gründe dafür können u. a. Konkurrenzdenken innerhalb der Pfarrgemeinde sowie die Angst vor Veränderung sein (z. B. FEF 3, Pos. 21), vielleicht auch fehlende Zeit. Darüber hinaus wird von einer Engagementförderin thematisiert, dass z. T. unterschiedliche Vorstellungen über eine gute Engagementkultur innerhalb der Pfarrgemeinde herrschen (05_EF, Pos. 24). Aus einem Fokusgruppengespräch mit den Engagementförder:innen geht hervor, dass auch innerhalb des Ehrenamts viel vom leitenden Pfarrer abhänge (FEF 2, Pos. 17). So seien einige ehrenamtlich Engagierte sehr darauf bedacht, die Zustimmung des leitenden Pfarrers für ihre Tätigkeit zu erhalten. Sollte sich das Pastoralteam und insbesondere der leitende Pfarrer gegen eine Idee aussprechen, sei diese »zum Scheitern verurteilt« (05_EF, Pos. 48), berichtet eine Engagementförderin. Darüber hinaus wünschen sich ehrenamtlich Engagierte teilweise mehr Präsenz von den Pastoren in der *Servicestelle* bzw. in den Projekten (02_F, Pos. 205ff.). Ehrenamtlich Engagierte möchten wahrgenommen und wertgeschätzt werden, berichtet eine Engagementförder:in:

»Also die Engagierten wollen auch wahrgenommen werden. Und zwar eben auch vom Pastoralteam. Also das ist das, was mir auch oft erzählt wird. ›Der Pastor kommt ja überhaupt nicht vorbei‹.« (FEF 2, Pos. 123)

Auch männerdominierte *Machtstrukturen* innerhalb der Gremien werden von einer Engagementförderin als Herausforderung thematisiert:

»Und [...] es [hängt] dann mitunter an meiner Person, weil ich bin jung und ich bin eine Frau, das will ich an der Stelle auch einmal betonen, das ist nach wie vor schwierig gerade im KGV [Kirchengemeindevorstand] [...], das sind alles ältere Männer und dann heißt es wieder, da kommt nä die junge Frau wieder und will wieder irgendetwas von uns die will eh alles anders machen und grundsätzlich ›Nein‹ ist dann einfach die Rückmeldung.« (FEF 3, Pos. 47)

Auch in den Gesprächen mit den ehrenamtlich engagierten Personen werden Machtstrukturen innerhalb von Gremien, wie z. B. dem Pfarrgemeinderat oder Kirchenvorstand, thematisiert. Darüber hinaus arbeiten die Gremien sowie die *Servicestelle* in einigen Pfarrgemeinden »unverbunden« nebeneinander (05_F, Pos. 28). Es werde nicht bzw. schlecht zusammengearbeitet. Besonders in den Fokusgruppengesprächen mit den Engagementförder:innen kommt zum Ausdruck, wie kräfteraubend hinderliche Strukturen innerhalb der Pfarrgemeinde sein können: »Dann geht da sehr viel Energie und Zeit drauf, die man eigentlich anders hätte nutzen können und wollen.« (FEF 2, Pos. 105f.) Neben der fehlenden Unterstützung aus der Pfarrgemeinde werden auch die *Institution »Kirche« sowie das Erzbistum Köln* immer wieder als eine Herausforderung benannt. Eine Engagementförderin erzählt beispielsweise: »Und in den Herzen vieler Menschen gibt es Verletzungen und schlechte Erfahrungen mit Kirche.« (FEF 3, Pos. 84) Auch ein Mitglied des Pastoralteams berichtet:

»Es tut einem Bistum nicht gut, wo Freunde aus der Kirche austreten, denen die Kirche immer wichtig war, wo Menschen, die ehrenamtlich engagiert seit klein auf in der Kirche tätig waren, ihr den Rücken wenden und austreten. Und nicht einzeln, sondern dutzendweise.« (04_P, Pos. 57)

Auch das *Label »Servicestelle Engagement im Erzbistum Köln«* wird als Hürde betrachtet, dem die Menschen z.T. kritisch und mit Abneigung gegenüberstehen. Häufig wird kritisiert, dass in der Bezeichnung die Verbindung zur eigenen Gemeinde beispielsweise auf verschiedenen Werbemitteln fehle. Aus den Interviews geht hervor, dass sich die Gemeindemitglieder nicht mit dem Erzbistum, sondern mit der eigenen Pfarrgemeinde identifizieren (FEF 3, Pos. 34). Auch der Städtename »Köln« im Label sorge, so einige Engagementförder:innen, bei den ehrenamtlich Engagierten teilweise für Verwirrung. Auch hier fehle der Bezug zur eigenen Gemeinde (FEF 3, Pos. 47). Darüber hinaus werden auch immer wieder Schwierigkeiten mit der Begrifflichkeit »*Servicestelle*« beschrieben, sodass die unterschiedlichen *Servicestellen* zum Teil unter anderen Namen unter den Gemeindemitgliedern bekannt sind, wie eine Engagementförder:in berichtet:

> »Also jeder hat versucht einen Namen zu finden, mit dem die Leute vor Ort was anfangen können. Mit dem Begriff ›*Servicestelle*‹ können die nichts anfangen, aber mit dem anderen Namen, ja. Und wenn ich sage ›Ich bin da, wenn ihr ein Engagement sucht‹, damit können die auch was anfangen. Aber mit dem Begriff ›*Servicestelle*‹, kann für alles sein. Das ist also schwierig.« (FEF 1, Pos. 99)

Insgesamt wünschen sich die Engagementförder:innen mehr Freiheiten in Bezug auf die individuellen Begrifflichkeiten sowie das Logo. Aus den Fokusgruppengesprächen mit den ehrenamtlich Engagierten und Kooperationspartner:innen zeigt sich darüber hinaus, dass sich teilweise eine Abgrenzung zu Projekten wie beispielsweise dem Lotsenpunkt schwierig gestaltet und Unklarheit und Verwirrung über unterschiedliche Begriffe innerhalb der Pfarrgemeinde herrschen. So berichtet eine ehrenamtlich Engagierte, die Bezeichnung »*Servicestelle Engagement*« sei ihr nicht geläufig gewesen, sodass sie sich vor dem Interview erst einmal zu der konkreten Begrifflichkeit informieren musste:

> »Erstmal gucken, wie hieß die denn noch genau? Und dann bin ich [...] extra am Wochenende hierher gegangen ((lacht)) ›Lotsenpunkt Engagement‹ irgendwie sowas. Also dieser Begriff ›*Servicestelle Engagement*‹ ist mir an sich nicht so geläufig gewesen. Ist mehr oder weniger da, wo [Engagementförderin] arbeitet.« (05_F, Pos. 4)

Zum jetzigen Zeitpunkt sind die *Servicestellen stark an die jeweiligen Engagementförder:innen gebunden.* Daher wird von Interviewteilnehmer:innen z.T. die Gefahr gesehen, dass einige *Servicestellen* keinen dauerhaften Bestand haben könnten, da diese – sollte die/der Engagementförder:in aufhören – wegbrechen (05_F, Pos. 108). Die *Servicestelle* solle daher, so ein Mitglied des Pastoralteams, auf Dauer personenunabhängiger werden (02_P, Pos. 18).

Als weitere Herausforderung werden in den Interviews mit den Engagementförder:innen fast durchgängig *fehlende zeitliche Ressourcen* als eine große Herausforderung und Schwierigkeit genannt. Mit einer halben Stelle sei die Vielfältigkeit der Aufgabenfelder nicht abdeckbar, wie ein Mitglied des Pastoralteams thematisiert: »Das sind ja Tätigkeiten, die gehen ins Unendliche hinein. Aber die Stelle ist begrenzt.« (05_P, Pos. 34) Eine deutliche *Überlastung* der Engagementförder:innen ist erkennbar. Hinzu kommt, dass es in vielen *Servicestellen* bei Urlaub oder Krankheit keine hauptamtliche Vertretung für die/den jeweilige:n Engagementförder:in gibt. Immer wieder ist erkennbar, dass Engagementförder:innen ein »schlechtes Gewissen« haben, sollten sie einmal nicht vor Ort sein können und die *Servicestelle* geschlossen werden muss bzw. Angebote nicht stattfinden können. Die Engagementförder:innen nehmen sich häufig als »Einzelkämpfer:innen« wahr:

> »Wenn ich mal ausfalle, dass dann schon einiges zusammenbricht [...] und gerade jetzt in so einer Zeit, wo viele krank sind, wo Urlaube noch genommen werden müssen, es ist halt auch unheimlich schwierig hauptberuflich eine Vertretung zu finden (.) das (unv.) schon als Engagementförderer Einzelkämpfer und macht das schwierig.« (06_EF, Pos. 31)

Die Aufgaben der Engagementförderung seien immer weiter gewachsen, der Stellenumfang jedoch nicht (FEF 1, Pos. 180ff.). Besonders der Wunsch nach einem Team bzw. (hauptamtlicher) Unterstützung wird im Rahmen der Interviews thematisiert:

> »Aber was für unsere Arbeit hilfreich wäre, wäre wirklich, wenn wir noch jemanden mit dabeihätten. Also wir sind ja immer alleine. Aber wenn wir noch einen Kollegen, Kollegin hätten, auch dass man sich mal austauschen kann. Dass man auch mal sagt ›Ich bin jetzt im

> Urlaub, du bist da‹ und ›Ich bin mal krank, aber da ist ja eine‹.« (FEF 1, Pos. 174)

Auch sehen Engagementförder:innen die Gefahr, dass sie zu viele Aufgaben und Projekte übernehmen, denen sie dann nicht mehr gewachsen seien. Eine Engagementförderin berichtet beispielsweise, viel in den einzelnen Projekten tätig zu sein. Sie befindet sich in einem Spannungsverhältnis, das sie als schwierig empfindet. Zum einen nehme die Präsenz in den Projekten »viel an Zeit und Ressourcen mit in Anspruch« (04_EF, Pos. 43), zum anderen gehe es auch nicht »ohne den Kontakt zu den Menschen« (ebd.). Hinzu kommt, dass einige *Servicestellen* auch von der Vergrößerung der Seelsorgebereiche betroffen sind und nun teilweise für noch mehr Menschen zuständig sind. Dies stellt eine weitere Herausforderung dar.

Aus den Interviews wird immer wieder deutlich, wie flexibel die Arbeitszeiten der Engagementförder:innen sind und dass sie z. T. durchgehend für die Ehrenamtlichen erreichbar sind. Dies wird beispielsweise durch folgende Interviewpassage deutlich, in der eine ehrenamtlich engagierte Person berichtet, die Engagementförderin sei unter ihrer privaten Telefonnummer »Tag und Nacht zu erreichen« (02_F, Pos. 18). Die (zeitliche) Flexibilität wird zum Teil auch erwartet, wie aus dem Interview mit einem Mitglied des Pastoralteams hervorgeht:

> »Wo einfach es notwendig ist, sich zu engagieren und nicht sofort immer auf die Uhr zu gucken und zu sagen ›So Moment jetzt habe ich Feierabend‹. Das kann nicht funktionieren. Nicht jetzt im Sinne von ›Ich nutz das jetzt aus. Du hast eine halbe Stelle und kannst aber eine ganze arbeiten‹, aber eben auch da (.) diese Offenheit und Bereitschaft mitbringen, was ja auch in der Seelsorge insgesamt ja notwendig ist.« (01_P, Pos. 90)

Die Analyse zeigt, dass in vielen *Servicestellen* ein funktionierendes ehrenamtliches Team aus Multiplikator:innen die Engagementförderung unterstützen kann. Ohne Team gelingt es kaum, dem Arbeitsumfang gerecht zu werden, wie eine Engagementförderin berichtet:

> »Ich hab leider kein Team wie manche anderen *Servicestellen*. Ich bin gerade dabei mir das auszubauen, weil es allein einfach gar nicht machbar ist. Also ich merke, dass ich gut an meine Grenzen komme,

was den Arbeitsaufwand angeht. Also (.) da stecken schon einige ((lacht)) Überstunden drin und viel Freizeit die ich da reinbutter.« (06_EF, Pos. 11)

Herausfordernd beim Aufbau eines Teams kann an dieser Stelle das charismenorientierte Vorgehen sein. So merkt eine Kooperationspartnerin kritisch an:

»Wenn man hergeht und sagt ›Das Konzept kann nur super funktionieren, wenn sich jetzt hier Leute engagieren dafür‹. Also wenn Leute auch die *Servicestelle* unterstützen, weil sonst haben wir nur die halbe Stelle.« (05_F, Pos. 120)

Das Ehrenamt in einem Team Engagement sollte für die Ehrenamtlichen und deren Charismen passen und sie müssen darüber hinaus auch bereit sein, Verantwortung zu übernehmen.

Neben den fehlenden zeitlichen Ressourcen werden von den Engagementförder:innen auch *fehlende finanzielle Ressourcen* als Herausforderung genannt. Eine Engagementförderin fasst die finanzielle Situation wie folgt zusammen: »Finanzielle Mittel, finanzielle Lage. Viel zu wenig und absolut unrealistisch.« (FEF 1, Pos. 22)

Die finanziellen Möglichkeiten der *Servicestelle* beeinflussen u. a. auch die Wahl der Räumlichkeiten sowie die Ausstattung der *Servicestelle* mit Materialien etc. Der Wunsch nach einer größeren finanziellen Unterstützung u. a. von Seiten des Erzbistums wird im Rahmen der Interviews thematisiert:

»Klar, es gibt dieses Startgeld über die Engagementförderung [...] aber (.) davon kann man jetzt keine großen Sprünge machen, das ist ganz nett, um ein paar Sachen zu kaufen, aber da wärs halt schon schön gewesen, wenn vom Bistum da andere Unterstützung möglich gewesen wären.« (06_EF, Pos. 9)

Darüber hinaus scheint z. T. die Rolle der *Servicestellen* bzw. der Engagementförderung noch nicht klar und transparent genug zu sein. Ein Mitglied des Pfarrgemeinderats sieht in diesem Kontext die Gefahr, dass die Stelle »missbraucht« werden könne:

»Und ein Stück weit Gefahr sehe ich, dass so eine Stelle so im Rahmen des gesamten Pfarrbetriebes auch leicht für diverse andere

Aufgaben missbraucht wird. (..) Eine gewisse Widerstandsfähigkeit noch entwickeln muss und nicht zu gutmütig da sein. Sondern man gucken muss, dass man dies und jenes alles hintereinander kriegt und (..) nicht selbst sozusagen dann Engagierte werden.« (03_F, Pos. 18)

Eine *Unklarheit über Position, Rolle und Aufgaben* der Engagementförderung bestand meist am Anfang, bis die Engagementförder:innen selbst Schwerpunkte für ihre Arbeit gefunden bzw. entwickelt haben, so eine Engagementförderin:

»Ich glaub das ist überhaupt nicht definiert im Bistum, weil wir ja eine neue Berufsgruppe sind. Und wenn Sie mit meinen anderen Kollegen und Kolleginnen sprechen werden Sie sehen, dass wir jeder (.) einen anderen Schwerpunkt haben.« (02_EF, Pos. 24)

4.1.6. Zusammenfassende Kurz-Optionen

Ein paar abschließende Kurz-Optionen sollen die Analyse des qualitativen Studienteils abschließen und ein paar Ergebnisse thesenartig zusammenfassen.

Aus der Analyse lassen sich drei Hauptthemen ableiten, die offensichtlich zutage treten: *Servicestellen* könnten als Veränderungsort von Kirche bezeichnet werden, dabei stehen die Engagementförder:innen in mehrfachen Spannungsverhältnissen und schließlich zeigen sich Aspekte, die als Inspirationen genutzt werden können. Diese drei Themen werden im Folgenden genauer ausgeführt.

Veränderungsort von Kirche im Kleinen

Auffällig ist, dass *Servicestellen* teilweise Themen des »Synodalen Weges« in Deutschland oder der Weltsynode 2021–2024 aufgreifen und umzusetzen versuchen, z. B. das Thema Macht durch flache Hierarchie und Partizipation anzugehen. Insofern sind sie zumindest am eigenen Ort *ein Veränderungsort von Kirche*. Zunächst ist Engagement nicht ohne Partizipation möglich. Durch das gemeinsame Entwickeln von Engagement zusammen mit Ehrenamtlichen findet in den *Servicestellen* ein Arbeiten auf Augenhöhe statt. Nicht hierarchische Positionen entscheiden über das Zustandekommen von Projekten, sondern die Notwendigkeit der sozialen Situation. Insofern ist der Grundansatz der *Servicestellen* ein an den Menschen, an dem für sie Notwendigen orientierter.

Konkret zeigen sich *Servicestellen* als …

- Orte zentraler Gegenwartsthemen von Kirche.
- Orte glaubwürdiger Kirche, die dient.
- Brücken zwischen Kirche und Gesellschaft, wie es das Zweite Vatikanische Konzil gefordert hat (vgl. die Pastoralkonstitution *Gaudium et spes*).
- Orte mit Transformationspotential. Sie brechen das hierarchische System auf und arbeiten subjektorientiert und stärkend.

Engagementförder:innen in Spannungsverhältnissen

Diese Pionierarbeit zwischen dem Alten und dem Neuen bringt Engagementförder:innen in *unterschiedliche Spannungsverhältnisse*. Sie …

- müssen professionelle und menschliche Persönlichkeitsqualifikationen miteinander verbinden.
- stehen in der Spannung von Freiheit in der Gestaltung der Projekte und gleichzeitiger kirchlicher Abhängigkeit und Rückendeckung durch die Pfarrgemeinde.
- sind zunächst oft »Einzelkämpfer:innen«. Auch wenn sie sich z. T. ein Team aufbauen, bleiben sie das Gesicht der *Servicestelle*.
- nehmen die Position einer Brücke zwischen Innovation und Tradition, zwischen Engagierten und Pfarrgemeinde, teilweise auch der Institution Kirche ein.

Inspirationen

Aus diesen beiden Themen ergeben sich *Inspirationen*, die Anregungen zur Weiterentwicklung von *Servicestellen* enthalten. Die Spannungsverhältnisse, in denen Engagementförder:innen offensichtlich stehen, führen zu besonderen Herausforderungen für die Personen in der Engagementförderung. Sie erzählen von fehlenden zeitlichen und finanziellen Ressourcen, was zu Überforderung oder auch Überlastung führt. Es stellt sich an dieser Stelle die Frage, ob ein *Angebot der Supervision* hilfreich wäre, um sowohl mit persönlichen als auch mit strukturellen Gegebenheiten selbstsorgender umgehen zu können. Allerdings wird ohne strukturelle Veränderungen bzgl. Stellenumfang und finanziellen Ressourcen das strukturelle Problem nur individualisiert.

Über die herausfordernde Situation von Engagementförder:innen hinaus zeigen sich *drei Klärungsfelder,* die es genauer anzuschauen lohnt. Das *Verhältnis zur Pfarrgemeinde* ist oftmals nicht ausreichend geklärt. Sowohl Erwartungen als auch Machtkonstellationen sind nicht explizit benannt. Auch im *Verhältnis zwischen Haupt- und Ehrenamt* gibt es zeitweise Frustrationen, da offensichtlich nicht beide Gruppen in gleicher Weise die Gesamtverantwortung übernehmen. Hier könnten delegierbare Teilverantwortlichkeiten geprüft werden. Schließlich kennen manche Ehrenamtliche den *Begriff der »Servicestelle«* nicht. Daher stellt sich grundsätzlich die Frage der Verbindlichkeit und der Funktion des Überbegriffs *»Servicestelle Engagement«*.

4.2. Ergebnisse des quantitativen Studienteils

Insgesamt füllten 434 Personen den Fragebogen vollständig aus. Davon waren 276 ehrenamtlich Engagierte, 60 Kooperationspartner:innen, 58 Mitglieder der Pastoralteams, 28 Engagementförder:innen mit *Servicestelle* und 12 Engagementförder:innen ohne *Servicestelle*. Hinzu kommen 104 Fragebögen, die teilweise ausgefüllt wurden. Diese wurden außer bei der Auswertung der Engagementförder:innen in die Analyse einbezogen. Die Befragten sind im Durchschnitt 56,19 Jahre alt. Die älteste teilnehmende Person ist 87 Jahre und die jüngste Person 20 Jahre alt. Darüber hinaus haben mehr weibliche (68,20 %) als männliche (30,65 %) Personen den Fragebogen ausgefüllt. Die große Mehrheit der Befragten gehört der römisch-katholischen Kirche (89,63 %) an, ein wesentlich geringerer Teil der evangelischen Kirche (4,38 %). Die meisten Teilnehmer:innen sind verheiratet (66,59 %). Des Weiteren weisen die Befragten überwiegend einen höheren Bildungsabschluss auf. Ein kleiner Teil der Befragten hat promoviert (4,61 %). Die meisten Befragten haben einen Hochschulabschluss (53,00 %) oder eine (Fach-)Hochschulreife (21,43 %). Weniger Befragte haben einen Realschulabschluss (14,06 %) oder einen Volks- bzw. Hauptschulabschluss (2,53 %) als höchste abgeschlossene Schulbildung. In der Stichprobe ist also ein hohes Bildungsniveau vorhanden.

4.2.1. Servicestelle Engagement

Die Atmosphäre in den *Servicestellen* wird von den ehrenamtlich Engagierten überwiegend als herzlich, einladend und menschlich erlebt, situativ jedoch auch als chaotisch und gestresst – insgesamt ein gastlicher und lebendiger Ort. Die *Servicestellen* sind an die jeweilige Person des/der Engagementförder:in gebunden. So trifft für 52,38 % der ehrenamtlich Engagierten die Aussage voll und ganz und für 32,65 % eher zu, dass die *Servicestelle Engagement* deckungsgleich mit der Person des Engagementförderers bzw. der Engagementförderin ist. Die Bezeichnung »*Servicestelle Engagement* im Erzbistum Köln« fungiert als strategischer Begriff. Er funktioniert vor allem auf Bistumsebene, ist jedoch z. T. nur wenig greifbar für die Menschen vor Ort. 7,14 % der Engagementförder:innen sind sehr zufrieden und 39,29 % sind eher zufrieden mit der Bezeichnung »*Servicestelle Engagement* im Erzbistum Köln«. Dem hingegen sind ebenfalls 39,29 % eher unzufrieden und 7,14 % sehr unzufrieden damit. Es zeigt sich, wie ambivalent die Bezeichnung von den Engagementförder:innen wahrgenommen wird. Im Rahmen einer offen gestellten Frage hatten die Engagementförder:innen die Möglichkeit, der übergeordneten Bezeichnung »*Servicestelle Engagement*« einen anderen Namen zu geben. Deutlich wird dabei vor allem, dass die Engagementförder:innen sich eine Bezeichnung wünschen, die ortsbezogen ist und mit der sich die Menschen vor Ort identifizieren können (n=3).

Auf die Frage, ob die *Servicestellen* im städtischen oder ländlichen Raum liegen, gaben 53,57 % der Engagementförder:innen an, dass sich ihre *Servicestellen* im städtischen Raum befinden. 21,43 % der *Servicestellen* liegen im ländlichen Raum und ebenfalls 21,43 % der Engagementförder:innen sagen, dass ihre *Servicestellen* sowohl den ländlichen als auch den städtischen Raum abdecken.

42,86 % der *Servicestellen* befinden sich darüber hinaus außerhalb eines kirchlichen Gebäudes, 32,14 % der *Servicestellen* sind mobil und 28,57 % befinden sich innerhalb eines kirchlichen Gebäudes. Es wird deutlich, dass viele *Servicestellen* den kirchlichen Raum verlassen, um so auch außerhalb des kirchlichen Umfelds agieren zu können.

Auf die Frage, welche Menschen durch die *Servicestelle* erreicht werden, gaben insgesamt 32,14 % an, dass die Aussage »Die *Servicestelle* erreicht Menschen innerhalb kirchlicher Strukturen« voll und ganz zutreffe. Dem hingegen stimmen nur 21,43 % der Aussage »Die *Servicestelle* erreicht

Menschen außerhalb kirchlicher Strukturen« voll und ganz zu. Die folgende Tabelle[21] zeigt vergleichend die weiteren Werte auf:

	Die Servicestelle erreicht Menschen innerhalb kirchlicher Strukturen.	**Die Servicestelle erreicht Menschen außerhalb kirchlicher Strukturen.**
Trifft voll und ganz zu	32,14%	21,43%
Trifft eher zu	46,43%	53,57%
Trifft eher nicht zu	21,43%	17,86%
Trifft überhaupt nicht zu	0,00%	3,57%

Die Analyse zeigt, dass die *Servicestellen* mehrheitlich mit der katholischen Kirche verbunden werden. So trifft die Aussage »Die ›*Servicestelle Engagement*‹ verbinde ich mit der katholischen Kirche« für 37,53 % der ehrenamtlich Engagierten, Mitglieder der Pastoralteams, Kooperationspartner:innen sowie Engagementförder:innen mit *Servicestelle Engagement* voll und ganz und für 40,67 % eher zu. Nur 4,04 % sagen, dass sie die *Servicestelle* überhaupt nicht mit der katholischen Kirche verbinden, wie in der folgenden Grafik deutlich wird:

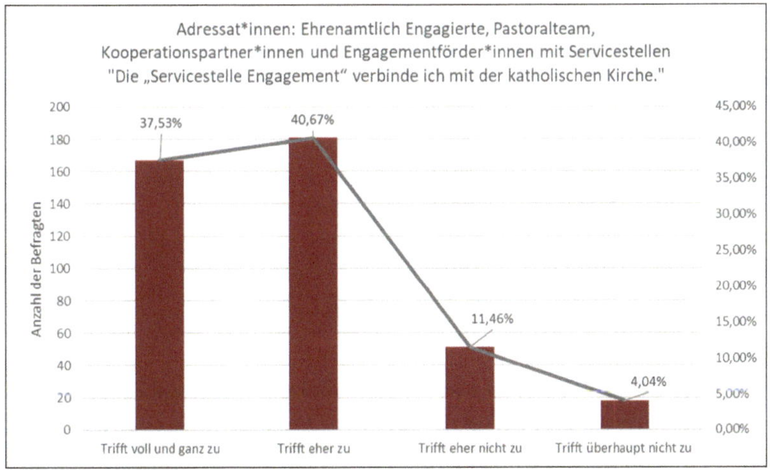

21 | Die Angaben in Tabellen und Grafiken enthalten die Antwortmöglichkeiten »Trifft voll und ganz zu/Trifft eher zu/Trifft eher nicht zu/Trifft überhaupt nicht zu« bzw. »Stimme voll und ganz zu/Stimme eher zu/Stimme eher nicht zu/Stimme überhaupt nicht zu«. Die Befragten hatten darüber hinaus noch die Möglichkeit »Weiß nicht« und »Keine Antwort« zu wählen. Diese beiden Antwortmöglichkeiten werden in der Darstellung der Ergebnisse größtenteils nicht weiter berücksichtigt.

52

4.2.2. *Engagementförder:innen*

Das durchschnittliche Geburtsjahr der Engagementförder:innen mit *Servicestelle* liegt bei ca. 1972. Bei den Engagementförder:innen handelt es sich überwiegend um weibliche und verheiratete Menschen. Ca. 75 % sind Akademiker:innen. Es wird deutlich, dass unter den Engagementförder:innen ein hohes Bildungsniveau herrscht und sie größtenteils aus einer gehobeneren sozialen Schicht stammen. Engagementförder:innen weisen darüber hinaus ein gemeindeoffenes und diakonisches Kirchenbild auf. Es handelt sich um Menschen, die veränderungsbereit sind und mit denen sich Kirche weiterentwickeln kann. Sie handeln charismenorientiert und innovativ. Dies verdeutlichen die Angaben der Mitglieder der Pastoralteams zu den Aussagen »Engagementförder:innen unterstützen Ehrenamtliche, ihre Charismen zu entdecken« und »Engagementförder:innen sorgen für Innovation in Kirche und Pastoral«, die den folgenden Grafiken entnommen werden können:

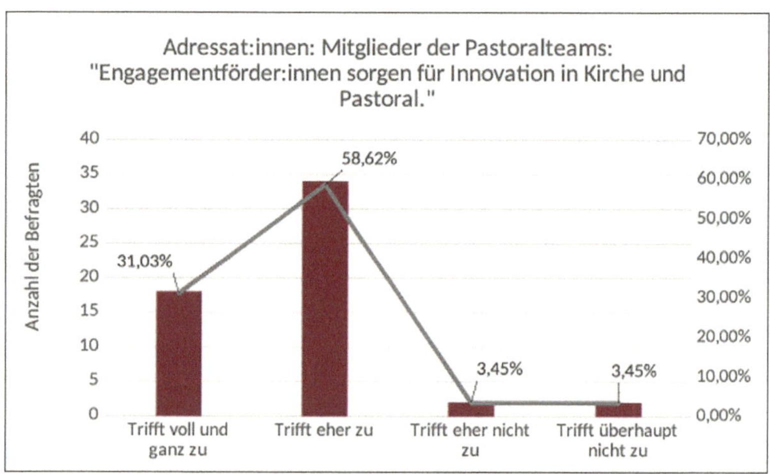

Die Aussage »Engagementförder:innen unterstützen Ehrenamtliche, ihre Charismen zu entdecken« trifft laut den Mitgliedern des Pastoralteams zu 55,17 % voll und ganz und zu 36,21 % eher zu. Nur ein geringer prozentualer Anteil gibt an, dass die Aussage eher nicht (1,72 %) bzw. überhaupt nicht (3,45 %) zutreffe.

Die Aussage »Engagementförder:innen sorgen für Innovation in Kirche und Pastoral« trifft laut den Mitgliedern des Pastoralteams zu 31,03 % voll und ganz und zu 58,62 % eher zu. Nur wenige geben an, dass die Aussage eher nicht (3,45 %) bzw. überhaupt nicht (3,45 %) zutreffe.

Die quantitativen Daten zeigen auf, dass Engagementförder:innen oftmals Projekte selbst leiten (n=18), häufiger jedoch die Leitung der einzelnen Projekte begleiten (n=24) oder die Projekte autonom ohne Begleitung (n=19) arbeiten lassen.

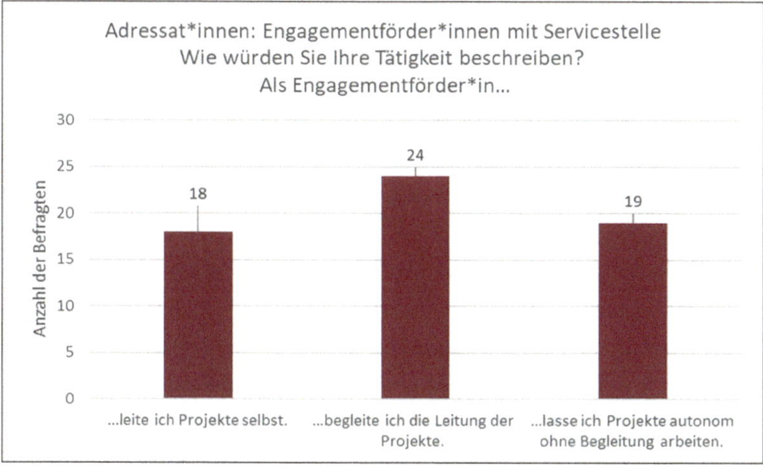

Aus den Daten geht eine große Heterogenität hervor, welche die Tätigkeit der Engagementförder:innen betrifft. Ihre Aufgabenschwerpunkte sehen die Engagementförder:innen vor allem in der Kooperation und Vernetzung und der Unterstützung von Engagierten, wie folgende Grafik verdeutlicht.

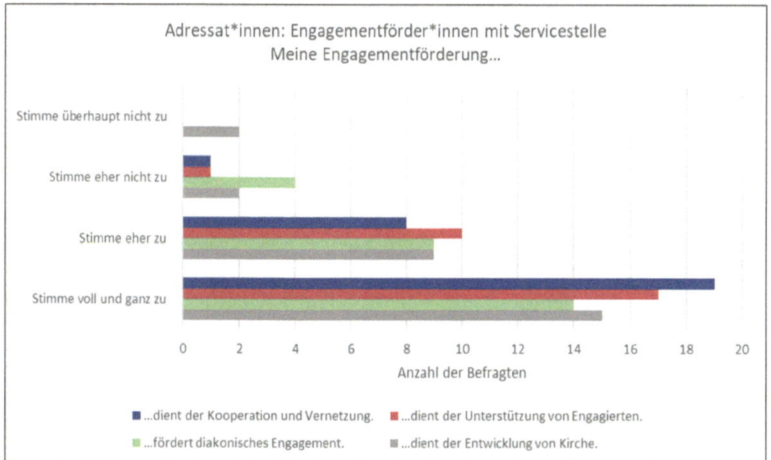

So stimmen der Aussage insgesamt 67,86 % voll und ganz und 28,57 % eher zu, dass ihre Engagementförderung der Kooperation und Vernetzung diene. Auch die Unterstützung von Engagierten steht im Zentrum der Engagementförderung. Dieser Aussage stimmen 60,71 % der Befragten voll und ganz und 35,71 % eher zu. Darüber hinaus stimmen 53,57 % voll und ganz und 32,14 % eher zu, dass ihre Engagementförderung der Entwicklung von Kirche diene. Insgesamt weniger priorisiert wird das Fördern des diakonischen Engagements. Dieser Aussage stimmen 50,00 % der Befragten voll und ganz und 32,14 % eher zu.

Die Unterstützung durch ein ehrenamtliches Team Engagement erweist sich als überaus wichtig für die Engagementförder:innen. Insgesamt gaben 67,86 % der Engagementförder:innen an, dass ein ehrenamtliches Team Engagement in der *Servicestelle* tätig sei. Bei den Hauptaufgabengebieten handelt es sich vor allem um Organisation und Koordination (78,95 %) und den Aufbau einer Engagementkultur (73,68 %). Insgesamt 28,57 % der Engagementförder:innen haben kein ehrenamtliches Team Engagement, wobei sich die Hälfte davon (n=4) ein solches wünscht.

Als Motivation gaben die Engagementförder:innen insbesondere an, Engagement fördern (67,86 % sehr wichtig; 32,14 % wichtig) und Menschen vernetzen (64,29 % sehr wichtig; 32,14 % wichtig) zu wollen. Dem hingegen steht als Motivation seelsorgerisch wirken (7,14 % sehr wichtig; 42,86 % wichtig) deutlich weniger im Vordergrund.

Die Engagementförder:innen wurden ebenfalls gefragt, inwiefern sie der Meinung sind, dass ihre Aufgaben und ihre Rolle als Engagementförder:innen eindeutig und klar seien, und ob Engagementförder:innen ein klares Berufsprofil haben.

	Meine Aufgaben und meine Rolle als Engagementförder*in sind eindeutig und klar.	**Engagementförder*innen haben ein klares Berufsprofil.**
Trifft voll und ganz zu	14,29%	3,57%
Trifft eher zu	64,29%	32,14%
Trifft eher nicht zu	17,86%	53,57%
Trifft überhaupt nicht zu	3,57%	7,14%

Es wird deutlich, dass insgesamt 78,58 % der Aussage »Meine Aufgaben und meine Rolle als Engagementförder:in sind eindeutig und klar« voll und ganz bzw. eher zustimmen. Im Gegensatz dazu stimmen nur insgesamt 35,71 % der Aussage »Engagementförder:innen haben ein klares Berufsprofil« voll und ganz bzw. eher zu. Dies bestärkt die bereits im qualitativen Ergebnisteil aufgegriffene Hypothese, dass die Engagementförder:innen sich ihr individuelles Aufgabenprofil erst aufbauen mussten und ein klares Berufsprofil für die Engagementförder:innen fehlt.

Dass insbesondere die Vernetzung und Kooperation im Aufgabenprofil eine bedeutende Rolle spielen, verdeutlichen die Daten in Bezug auf die Kooperations- und Netzwerkpartner:innen. So gaben die Engagementförder:innen an, mit folgenden Kooperationspartner:innen sehr viel bzw. viel Kontakt zu haben: 78,58 % mit dem Pastoralteam, 71,43 % mit dem Pfarrgemeinderat, 67,85 % mit der Caritas, 50,00 % mit der Kommune, 71,43 % mit der Stabsstelle Engagementförderung, 75,00 % mit den anderen Engagementförder:innen.

Interessant ist insbesondere die enge Vernetzung mit den anderen Engagementförder:innen, die 85,71 % der Engagementförder:innen als sehr wichtig bzw. wichtig beschreiben. Am wenigsten Vernetzung findet mit der Kommune statt. 28,57 % der Engagementförder:innen beschreiben den Kontakt als weniger wichtig. Insbesondere hier könnte noch eine stärkere (außerkirchliche) Kooperation und Vernetzung entstehen.

Aufgrund der im Rahmen der qualitativen Interviews immer wieder thematisierten Arbeitsanforderungen wurden die Engagementförder:innen auch dazu befragt. Die Daten zeigen, dass Engagementförder:innen häufig Überstunden (»Trifft voll und ganz zu«: 57,14 %; »Trifft eher zu«: 17,86 %) machen, unter Zeitdruck stehen (»Trifft voll und ganz zu«: 28,57 %; »Trifft eher zu«: 42,86 %) und oftmals auch außerhalb der Arbeitszeit erreichbar sind (»Trifft voll und ganz zu«: 21,43 %; »Trifft eher zu«: 39,29 %).

Die Engagementförder:innen gaben an, dass sie sich mehr zeitliche Ressourcen (67,86 %), mehr ehrenamtliche Unterstützung (60,71 %), mehr hauptamtliche Unterstützung (50,00 %) sowie mehr finanzielle Ressourcen (57,14 %) wünschen.

4.2.3. Ehrenamtlich Engagierte

Das durchschnittliche Geburtsjahr der ehrenamtlich engagierten Teilnehmer:innen der Studie liegt bei ca. 1964. Es handelt sich hauptsächlich um Menschen, die klassisch familienorientiert sind. Es haben mehr weibliche (72,03 %) als männliche Engagierte (27,33 %) den Fragebogen ausgefüllt. 89,07 % gaben an, der römisch-katholischen Kirche anzugehören. 48 % sind Akademiker:innen und 23,79 % haben (Fach-)

Hochschulreife. Wie auch schon bei den Engagementförder:innen zeigt sich, dass unter den ehrenamtlich Engagierten ein hohes Bildungsniveau herrscht. Personen mit höheren Bildungsabschlüssen sind unter den ehrenamtlich Engagierten der Studie überrepräsentiert.

Die ehrenamtlich Engagierten wurden ebenfalls nach der Art ihres Engagements befragt. Viele der Befragten gaben an, in einem Bereich bzw. Projekt in der Pfarrgemeinde (66,67 %) bzw. *Servicestelle* (22,01 %) tätig zu sein. Es zeigt sich, dass eine starke Identifikation der ehrenamtlich Engagierten mit den Pfarrgemeinden gegeben ist. Meist liegt der Fokus der Projekte auf sozialen Anliegen (46,80 %) oder Angeboten des Glaubens (40,80 %).

Darüber hinaus sind 8,74 % aller ehrenamtlich engagierten Teilnehmer:innen der Studie Teil eines ehrenamtlichen Team Engagement der *Servicestelle*. 23,62 % engagieren sich im Pfarrgemeinderat und 11,33 % im Kirchenvorstand.

Die Analyse zeigt, dass das Kirchenbild der ehrenamtlich Engagierten stark sozial-diakonisch, gesellschaftlich und menschenorientiert geprägt ist. Darüber hinaus weisen die befragten Ehrenamtlichen eine innere Nähe zur Pfarrgemeinde auf.

Häufig ist das Ehrenamt der Befragten zeitlich unbefristet (66,90 %). Deutlich seltener ist das ehrenamtliche Engagement der Teilnehmenden zeitlich befristet (25,62 %).

Die ehrenamtlich Engagierten wurden darüber hinaus gefragt, wie häufig sie ihrer ehrenamtlichen Tätigkeit nachgehen. Die Antworten können der folgenden Grafik entnommen werden:

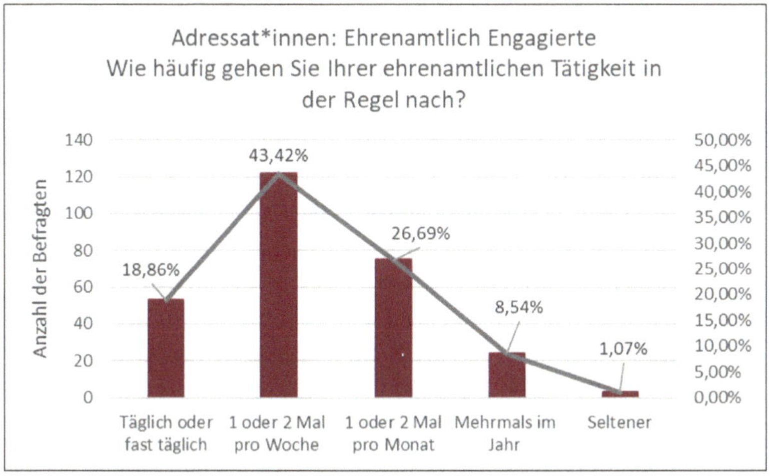

18,86 % gaben an, täglich oder fast täglich ihrer ehrenamtlichen Tätigkeit nachzugehen. Die Mehrheit, insgesamt 43,42 %, engagiert sich ein- oder zweimal pro Woche. 26,69 % der ehrenamtlich Engagierten üben ihre ehrenamtliche Tätigkeit ein- oder zweimal pro Monat aus. 8,54 % engagieren sich mehrmals im Jahr und 1,07 % seltener.

Für die große Mehrheit der Engagierten stellt der/die Engagementförder:in eine wichtige Unterstützung im Rahmen der Ehrenamtstätigkeit dar (»Stimme voll und ganz zu«: 44,77 %; »Stimme eher zu«: 31,77 %). Kaum jemand gab an, dass die Engagementförder:innen das Ehrenamt zu stark einschränken (»Stimme voll und ganz zu«: 1,81 %; »Stimme eher zu«: 2,89 %).

Des Weiteren wurden die ehrenamtlich Engagierten zu ihrer Motivation befragt. Das Ergebnis zeigt, dass ein ehrenamtliches Engagement vor allem Spaß machen soll (»Stimme voll und ganz zu«: 63,93 %; »Stimme eher zu«: 30,71 %). Darüber hinaus möchten viele mit ihrem Ehrenamt anderen Menschen helfen (»Stimme voll und ganz zu«: 55,00 %; »Stimme eher zu«: 36,79 %) und die Gesellschaft (»Stimme voll und ganz zu«: 47,14 %; »Stimme eher zu«: 41,43 %) und Kirche (»Stimme voll und ganz zu«: 49,64 %; »Stimme eher zu«: 33,21 %) mitgestalten.

Ambivalent sind die Angaben zum Ehrenamt als Form politischen Engagements. Der Aussage, dass das Engagement auch eine Form von politischem Engagement darstelle, stimmen lediglich 12,50 % voll und ganz und 31,07 % eher zu. Auch der Aussage »Mein Engagement ist eine Aufgabe, die gemacht werden muss und für die sich schwer jemand findet« stehen die engagierten Teilnehmer:innen der Studie ambivalent gegenüber. Der Aussage stimmen 11,79 % voll und ganz und 33,57 % eher zu. Die ehrenamtlich Engagierten gaben an, dass sie Anerkennung vor allem durch persönlich zugesprochenen Dank (67,87 %) bzw. allgemein ausgesprochenen Dank (58,48 %), Dankes-Feste (57,04 %) oder Geschenke bzw. Gutscheine (13,00 %) erfahren.

Auch gaben 23,10 % an, dass es Hürden für das Aufnehmen eines Ehrenamts gab. Die Hürden, die am häufigsten ausgewählt wurden, sind Zeitgründe sowie persönliche Probleme mit der katholischen Kirche.

4.2.4. Pfarrgemeinde

Die Engagementförder:innen fühlen sich zum Großteil gut in die Pfarrgemeinde bzw. in den Seelsorgebereich integriert (»Trifft voll und ganz zu«: 53,57 %; »Trifft eher zu«: 39,29 %). Ebenso gab die Mehrheit der Engagementförder:innen an, dass ihre Arbeit im Pastoralteam wertgeschätzt werde (»Stimme voll und ganz zu«: 46,43 %; »Stimme eher zu«: 35,71 %). Die Mehrheit der Engagementförder:innen fühlt sich ebenfalls als anerkanntes Mitglied im Pastoralteam (»Stimme voll und ganz zu«: 46,43 %; »Stimme eher zu«: 39,29 %). Zu einem kleinen Teil wird die *Servicestelle Engagement* jedoch von den Engagementförder:innen als parallele Struktur zur Pfarrgemeinde bzw. zum Seelsorgebereich wahrgenommen. Die Aussage, dass die *Servicestelle* als eine parallele Struktur zum Seelsorgebereich bzw. zur Pfarrgemeinde wahrgenommen werde, trifft für 10,71 % voll und ganz und für 28,57 % eher zu. Daher scheint in einigen *Servicestellen* das Verhältnis zur Pfarrgemeinde noch ungeklärt.

Die Engagementförder:innen wurden ebenfalls dazu befragt, inwiefern sie die Unterstützung des Pfarrgemeinderats bzw. des Pastoralteams benötigen. Die Antworten können der folgenden Grafik entnommen werden:

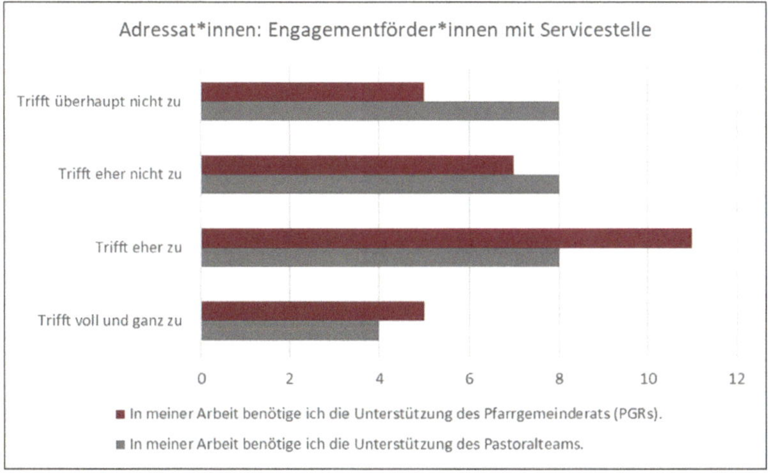

Auch hier zeigt sich, dass eine große Heterogenität herrscht, was die Notwendigkeit der Unterstützung aus der Pfarrgemeinde betrifft. Einige *Servicestellen* sind auf die Unterstützung der Pfarrgemeinde angewiesen, andere agieren vermehrt autonom.

Aus der quantitativen Studie geht eine große Verbundenheit mit der Pfarrgemeinde hervor:

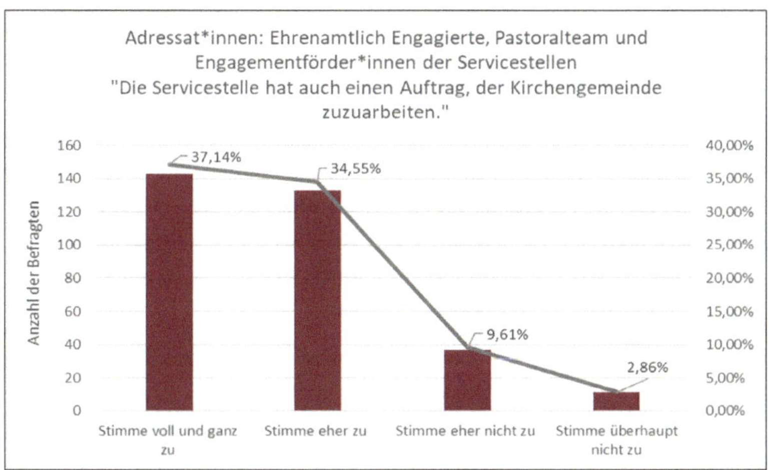

So stimmen der Aussage »Die *Servicestelle* hat auch einen Auftrag, der Pfarrgemeinde zuzuarbeiten« 37,14 % voll und ganz und 34,55 % eher zu. Die *Servicestelle* ist eng mit der Pfarrgemeinde verbunden. Darauf deutet auch hin, dass von den Mitgliedern des Pastoralteams und des Pfarrgemeinderats der Aussage »Die *Servicestelle* sollte Engagierte auch für ein

Engagement in der Pfarrgemeinde motivieren« insgesamt 35,43 % voll und ganz und 42,52 % eher zustimmen. Die Pfarrgemeinde erwartet von der *Servicestelle*, dass ihr zugearbeitet wird. Daher agieren die *Servicestellen* nicht frei, sondern befinden sich in einer ständigen Abhängigkeit zur Pfarrgemeinde. Es zeigt sich in den Pfarrgemeinden eine Binnenorientierung und eine Tendenz zum Eigennutz.

Die meisten Mitglieder des Pastoralteams befinden sich darüber hinaus nie (24,14 %) oder selten (39,66 %) in der *Servicestelle*. Des Weiteren beantworteten diese Frage auffällig viele der Teilnehmer:innen (13,79 %) nicht. Dem hingegen geben die Mehrheit der Mitglieder des Pastoralteams an, dass die Engagementförder:innen immer (70,69 %) bzw. oft (27,59 %) an Dienstbesprechungen teilnehmen. 86,21 % der Mitglieder geben an, dass sie mit der Präsenz der Engagementförder:innen im Pastoralteam zufrieden seien. Auch die Mitglieder des Pfarrgemeinderats geben an, dass die meisten Engagementförder:innen immer (47,83 %) bzw. oft (46,38 %) an den PGR-Sitzungen teilnehmen. Auch hier besteht bei den PGR-Mitgliedern eine große Zufriedenheit (85,51 %) mit der Präsenz der Engagementförder:innen im Pfarrgemeinderat.

Ein Großteil der Mitglieder des Pastoralteams und des Pfarrgemeinderats gab darüber hinaus an, dass die *Servicestelle* zur Lebendigkeit der Pfarrgemeinde beitrage. So stimmten der Aussage »Die *Servicestelle* belebt die Pfarrgemeinde« 38,58 % voll und ganz und 39,37 % eher zu.

4.2.5. Zusammenfassende Kurz-Optionen

Auch die Analyse der Daten aus der quantitativen Studie soll mit einigen prägnanten Schluss-Optionen abgerundet werden. Entsprechend der qualitativen Studie fällt der Fokus vor allem auf die *Servicestellen* als Einrichtung, auf die Engagementförder:innen und die Engagierten. Mit diesen drei Feldern hängen Vernetzungs- und Kooperationspartner:innen zusammen, die jeweils im Folgenden mit einfließen.

Begriff der *Servicestelle*

Der Begriff der *Servicestelle* wurde in der qualitativen Untersuchung ein Stück weit in Frage gestellt. Auch in der quantitativen Studie war der Begriff gerade bei Engagierten ziemlich unbekannt. Es zeigt sich, dass »*Servicestelle Engagement*« als ein strategischer Begriff auf diözesaner

Ebene fungieren kann. Im lokalen Bereich hingegen braucht es andere passende und situative Namen für die Anlaufstelle.

Servicestellen sind gastliche Orte

Atmosphärisch ist die *Servicestelle* offensichtlich ein herzlicher, willkommen heißender und menschlicher Ort, wo es auch mal chaotisch und von Stress geprägt zugehen kann. Sie ist ein lebendiger und gastlicher Ort.

Servicestellen müssten selbstständiger werden

In der nun anstehenden Konsolidierungsphase könnten sich *Servicestellen* von den Pfarrgemeinden ein wenig freischwimmen, um stärker in die Gesellschaft hineinwirken und die Probleme im Außen wahrnehmen zu können. Intensivere Kooperationen mit Kommune und Caritas würden den Eigenstand der *Servicestelle* stärken.

Anerkennung des primären Auftrags nach außen durch die Pfarrgemeinden

Der Eigennutz und die Belebung des Etablierten durch die *Servicestellen* stehen für die Pfarrgemeinden im Vordergrund. Dass der primäre Auftrag der *Servicestellen* für Menschen außerhalb der etablierten Kirche liegt, ist ein noch ausstehender Bewusstwerdungsprozess innerhalb der Pfarrgemeinden.

Engagementförder:innen sind Veränder:innen von Kirche

Sie fördern Charismen und handeln innovativ. Außerdem ist ihre intrinsische Motivation außergewöhnlich hoch.

Engagementförder:innen sind das Gesicht der _Servicestelle_

Die Identifikation mit der *Servicestelle* geschieht über die Person des/der Engagementförder:in. Sie wird vorrangig begleitend wahrgenommen, was mal aktive Leitung und mal freigebende Begleitung bedeutet. Ob die Person des/der Engagementförder:in stärker durch Delegation entlastet werden kann, wäre zu prüfen.

Engagementförder:innen stammen vor allem aus dem akademischen Milieu

Um auch Engagierte aus verschiedenen sozialen Schichten ansprechen zu können, wäre es eventuell hilfreich, dass auch Engagementförder:innen aus der gesellschaftlichen Mittelschicht eingestellt werden. Marginalisierte Gruppen sollten darüber hinaus vermehrt in den Blick einer Engagementförderung rücken.

Das Kirchenbild der Engagierten ist gemeindeorientiert

Trotz Gemeindeorientierung vertritt die Mehrheit der Engagierten ein gemeindeoffenes Kirchenbild, das sich stark diakonisch und veränderungsbereit zeigt.

Engagierte brauchen Unterstützung

Ein großer Teil der Engagierten gibt an, dass sie in ihrer Arbeit die Unterstützung des/der Engagementförder:in brauchen. Sie erleben ihn/sie als sorgende Stütze, durch die sie auch Bestätigung und Anerkennung erfahren.

Servicestellen zeigen sich als Orte von Kirche, die kreativ und innovativ sind und bei denen vor allem der Dienst am Menschen im Vordergrund steht. Die Engagementförder:innen sind meist starke Persönlichkeiten und daher in der Lage, sich durch Beziehung und Kontakte nach innen und außen von Kirche zu vernetzen. Dabei stehen sowohl die/der Engagementförder:in als auch die *Servicestelle* in einer starken Abhängigkeit und unter dem Erwartungsdruck der Pfarrgemeinde. Es wäre zu überlegen, wie sie strukturell und inhaltlich freier werden und einen eigenen Stand erhalten könnten, den die Pfarrgemeinden den *Servicestellen* als geisterfüllten Orten bewusst freigeben.

5. Zusammenführung und Triangulation der Erkenntnisse

Engagement und Engagementförderung sind nur als Netzwerk vorstellbar.[22] Die *Servicestelle* ist dabei ein zentraler Netzwerkpunkt, vielleicht ein zu zentraler mit einer ganz zentralen Person: der/dem Engagementförder:in. Dabei wird bereits deutlich, dass die *Servicestelle* teilweise zu festgelegt und noch zu wenig fluid ist. Mit ihrer momentan stark binnenkirchlichen Orientierung prägt vorrangig die Logik der Pfarrgemeinde Beteiligung und Engagementstruktur der *Servicestelle*. Dennoch gelingt es der *Servicestelle*, neue Engagementfelder zu eröffnen, die nicht nur bedarfsorientiert sind und den Verdacht von Engagement als »Lückenbüßer« entkräften.

Das Zweite Vatikanische Konzil öffnete den Begriff des Volkes Gottes auf alle Gläubige und sogar auf alle Menschen (vgl. LG 13). Besonders jedoch kommt allen Getauften die gemeinsame Sorge zu, die Auferstehungshoffnung in Wort und Tat zu verkündigen. Um diese Haltung zu ermöglichen, braucht es Formen der Beteiligung. Auch wenn die *Servicestellen* stark niederschwellig arbeiten, haben sie noch keine expliziten Standards von Beteiligungsstrukturen entwickelt. Dies wäre besonders wichtig, da die starke Position der/des Engagementförder:in in der Gefahr steht, im Netz eine zu exponierte Rolle einzunehmen. Insofern könnte das fluide Netzwerk eine wichtige Orientierungsgröße sein, um als Sozialform zum einen noch mehr Beteiligung zu garantieren und zum anderen mit dem außerkirchlichen Raum in Kontakt zu kommen.

Aus theologischer Perspektive nämlich steckt Engagement in der DNA christlichen Lebens. Gott entäußert sich und wird in Jesus Christus Mensch. Gott engagiert sich gleichsam, indem er aus sich heraustritt und Mensch wird. Somit beginnt alles beim und mit dem Menschen. Dieses Engagement Gottes ist durch *Bedingungslosigkeit* gekennzeichnet. Der Einsatz Gottes ist unabhängig von vorgängiger Leistung. Engagement müsste somit ebenso von *bedingungsloser* Anerkennung auf allen Ebenen geprägt sein. Absolute *Bedingungslosigkeit* ist jedoch kaum menschenmöglich. Allerdings lässt sich fragen, wo Engagementförder:innen diese Vorbehaltlosigkeit erfahren können, die von ihnen gegenüber den Engagierten erwartet wird. Diese *Bedingungslosigkeit* ist auch eine Anfrage an

22 | Vgl. dazu Baecker 2018.

den Modus des engagierten Helfens. Vor allem in der qualitativen Studie stellten Engagierte durchaus Bedingungen, welchen Dank sie von Klient:innen erwarten. Als wirksame Haltung einer *bedingungslosen* Anerkennung scheint sich Gastfreundschaft durchaus zu eignen, sowohl als Kultur und Stil von *Servicestellen*, als auch für eine Haltung des engagierten Handelns. Der Modus der Gastfreundschaft könnte bei den *Servicestellen* und bei den Engagierten noch deutlicher in den Fokus gerückt werden. Eine Gastfreundschaft, die dann noch *bedingungslos* ist, verschärft diese Haltung nochmals. Eine *bedingungslose* Gastfreundschaft hält nicht an vorgegebenen Hierarchien fest, sondern lässt sich auf eine Begegnung mit dem Gast ein, die den Gastgebenden verändert. Dadurch kommt es zu einem neuen Lernen und zu einer möglichen Rollenveränderung. Der/die Gastgeber:in wird zum Gast und umgekehrt.

In der Haltung und dem Stil der Gastfreundschaft klingt bereits eine Qualifizierung des interaktiven Handelns an. Henning Luther deckt ein oft defizitorientiertes Handeln von Engagierten auf. Das Problematische dieses Handelns liegt in der Asymmetrie der Begegnung. Dadurch ergeben sich Machtkonstellationen, die Abhängigkeiten und Bedingtheiten an das Geben und Nehmen herausbilden. Eine *bedingungslose* Gastfreundschaft könnte den Weg für ein interaktionales Handeln ebnen. Eine solche gegenseitige Begegnung im Engagement würde zu einer Stärkung und Erbauung beitragen. Ansätze von Empowerment und Ressourcenorientierung stecken hinter dieser Haltung. Das gegenseitige Lernen bei Engagementförder:innen und bei Engagierten spielte in den Interviews keine Rolle. Von Henning Luthers Sensibilisierung könnte ein wichtiger Impuls ausgehen. Begegnungen im Kontext von *Servicestellen* könnten zum einen vom Stil der Gastfreundschaft und zum anderen vom Ansatz des Empowerments geprägt sein, das vom überraschenden Potential im anderen ausgeht und daher in der Begegnung mit einem Lernen und einer sich daraus ergebenden Veränderung rechnet.

6. Optionen für Servicestellen Engagement als Laboratorien einer menschenorientierten Kirche: im Sprung gehemmt

Mit der sogenannten vierten Medienepoche (Dirk Baecker), der Digitalisierung, treten Individualisierung und die daraus resultierende Pluralisierung immer mehr in den Vordergrund. Kommunikation geschieht im Netzwerk. Das Systemprinzip des Netzes ist Partizipation und Teilhabe. Überall dort, wo Kirche sich als patriarchale Institution zeigt, ist gerade Beteiligung nicht möglich. Es stellt sich die Frage, wie ein meist systemorientiertes Handeln in ein relationales, am Menschen ausgerichtetes Handeln von Kirche transformiert werden kann, weil sich erst darin eine *bedingungslose* Haltung und Anerkennung im Handeln zeigt. Sie mündet dann in eine Form der Gastlichkeit, in der christlicher Stil erfahren werden kann. Die *Servicestellen Engagement* scheinen durch ihre Zwischenposition teilweise in der Lage zu sein, von einer systemimmanenten und patriarchalen zu einer dienenden und am Menschen orientierten Haltung wechseln zu können. Dadurch kommt Kirche ihrem Auftrag »für alle Menschen« auf neue Weise nach. Ob sie auch tatsächlich diese Wirkung haben, welche Haltungen Engagementförder:innen dazu brauchen und welche strukturellen Voraussetzungen dafür gegeben sein müssen, darauf wollte die vorliegende Studie eine Antwort geben. In einer Zusammenschau der Ergebnisse aus der qualitativen und quantitativen Studie werden nun Optionen formuliert, die für eine brückenbauende und verbindende Pastoral leitend sein können.

(1) *Servicestellen* als Brückenorte zwischen Kirche und Gesellschaft
Die *Servicestellen* befinden sich in einer Zwischenposition von Pfarrgemeinde und säkularer Gesellschaft. Durch ihre Ausrichtung nach außen stehen sie unmittelbarer mit Menschen und Kooperationspartner:innen in Kontakt als die meist nach innen ausgerichteten Pfarrgemeinden. Dadurch haben sie die Möglichkeit der Vermittlung, sind aber immer wieder auch zerrissen zwischen den Erwartungen der Pfarrgemeinden und denen der Engagierten und Kooperationspartner:innen. Vor allem in der quantitativen Erhebung wurde deutlich, wie stark die Engagementförder:innen in die Pfarrgemeinden involviert sind und innerlich in ihrem Handeln von ihnen nicht frei sind. Die Projekte der *Servicestellen* beispielsweise werden im Allgemeinen als Projekte der Pfarrgemeinden an-

gesehen. Daher wäre die Empfehlung, dass sich *Servicestellen* in der kommenden Konsolidierungsphase stärker von den Pfarrgemeinden freischwimmen, um stärker in die säkulare Gesellschaft wirken und die Probleme außerhalb der Pfarrgemeinden wahrnehmen zu können. Dazu müssten die Engagementförder:innen ihre Präsenz innerhalb der Pfarrgemeinden reduzieren und stärker in den Kontakt zur Kommune, zur Caritas oder anderen Träger:innen im Sozialraum investieren.

Umgekehrt schätzen die Vertreter:innen der Pfarrgemeinden die Arbeit der *Servicestellen* und der Engagementförder:innen, aber vereinnahmen sie zu sehr für binnenkirchliche Interessen. Die Pfarrgemeinden könnten sich deutlicher ihren Auftrag als Kirche nach außen bewusst machen und die *Servicestellen* in diesem Auftrag sehen und fördern (vgl. LG 13). Insofern empfehlen wir, dass die Erwartungen zwischen Pfarrgemeinden und *Servicestellen* deutlicher geklärt und offengelegt werden, damit die *Servicestellen* stärker in die säkulare Gesellschaft wirken können.

(2) *Servicestellen* sind sozial-diakonische Orte der Gastlichkeit

Die *Servicestellen* werden von den Befragten als ein herzlicher, einladender und menschlicher Ort beschrieben. Zuweilen kann es dort auch ein wenig chaotisch oder gestresst zugehen, was aber eher für die Lebendigkeit des Ortes spricht.

Die Projekte der *Servicestellen* sind vorrangig sozial-diakonisch ausgerichtet. Diese Ausrichtung könnte noch breiter angelegt sein. Im Fokus ihrer Arbeit aber stehen Menschen, die sich engagieren möchten. Menschen erfahren *Servicestellen* als eine Kirche, die dient und die subjektorientiert mit Menschen nach einem passenden Engagement sucht. Sowohl die Begleitung von Engagierten als auch ihre Arbeit stärken sie und machen *Servicestellen* zu einem Ort der Stärkung. Insgesamt folgen *Servicestellen* dem Prinzip der Gastlichkeit. Dementsprechend steht die Willkommenskultur im Vordergrund und die Türen der *Servicestellen* stehen *bedingungslos* ohne Voraussetzung offen. Gastlichkeit beschreibt Christoph Theobald als christlichen Stil jesuanischen Handelns, der das christliche Handeln in der Gegenwart prägen sollte und einen wichtigen Beitrag für den Frieden in Europa als gastlichen Umgang mit dem Fremden leisten könne.[23] An dem Prinzip der Gastlichkeit sollten sich die *Servicestellen* auch in Zukunft orientieren.

(3) Engagementförder:innen stehen in Spannungsverhältnissen

Engagementförder:innen stehen in vielfacher Hinsicht in einem »unsicheren« Dazwischen. Sie sind an der Schnittstelle von Hauptamtlichen und Ehrenamtlichen, von Kirche und Gesellschaft, von Erwartungen und Gegebenheiten. Außerdem stehen sie in ihrer Rolle ebenfalls in Spannungsverhältnissen. Auf der einen Seite ist ihre Arbeit als professionelle Dienstleistung ausgerichtet und auf der anderen Seite erfordert der Kontakt mit den Engagierten oft situatives Handeln, das in Professionalität und Dienstleistung hohe Flexibilität erfordert. Auch in der Begleitung von Engagierten bedarf es nicht nur der Ermöglichung, sondern zeitweise auch der Übernahme von Projektleitung. Außerdem stehen sie in einer besonderen Spannung zwischen den Erwartungen der Pfarrgemeinde und einem alternativen innovativen Ort, der frei von strukturellen Verpflichtungen ist. Aufgrund dieser Schnittstellen, an denen Engagementförder:innen häufig als Brückenbauer:innen agieren müssen, stehen sie unter einer großen Belastung. Sie erleben sich häufig als überfordert und ihnen fehlen zeitliche und finanzielle Ressourcen. Um mit dieser schwierigen Rolle besser umgehen zu können, empfehlen wir ein standardisiertes Coaching oder Supervisionsgruppen. Allerdings werden die strukturellen Probleme allein durch Supervision nur individualisiert. Daher braucht es auch Veränderungen im Bereich von strukturellen, zeitlichen und finanziellen Ressourcen.

(4) Engagementförder:innen sind Motor und Gesicht einer sich verändernden Kirche

Engagementförder:innen überwinden teilweise eine integralistische Systemorientierung und vernetzen sich partizipativ und menschenorientiert in den Sozialraum. Dabei fördern sie Stärken und Charismen von Menschen und suchen mit ihnen nach guten und notwendigen Orten des Engagements. Mit diesem Haltungswechsel verkörpern sie den ursprünglichen jesuanischen Auftrag einer relationalen und dienenden Kirche, die sich für das Heil der Menschen engagiert. Für diese Botschaft sind sie

23 | Vgl. Theobald 2018, 173ff.

das Gesicht in die Gesellschaft der Gegenwart und überzeugen nicht als Teil einer Institution, sondern mit der eigenen Person. Diese personale Vernetzung und Verbindung in den Sozialraum der Gesellschaft setzt ein relationales Handeln voraus, das sich machtsensibel in einen symmetrischen Kontakt mit den gesellschaftlichen Playern stellt.

Besonders und außergewöhnlich ist die hohe intrinsische Motivation der Engagementförder:innen, die inspiriert und andere ansteckt. Mit dieser Energie, die sich gerade durch *bedingungslose* und nicht funktionale Anerkennung auszeichnet, überzeugen sie Kooperationspartner:innen und lösen Vertrauen im kooperativen Verhältnis aus.

Auffällig ist, dass die Engagementförder:innen aus dem oberen Bildungsniveau stammen. Auch die Engagierten kommen mit einer großen Mehrheit aus dem akademischen Milieu. Auch wenn ein unmittelbarer Zusammenhang nicht unbedingt auszumachen ist, wäre es vielleicht sinnvoll und lohnend, in der Anstellung von Engagementförder:innen auf Milieupluralität zu achten und insbesondere auch marginalisierte Gruppen vermehrt in den Fokus einer Engagementförderung zu rücken.

(5) Engagierte brauchen Unterstützung und Verantwortung

Viele Engagierte beschreiben, dass sie durch die Engagementförder:innen eine wichtige Unterstützung erfahren. Sie zeichnet sich durch die Sorge für die Engagierten aus, indem eine passende Stellenkoordination stattfindet, aber auch indem eine Sorge im Sinne von Nachfragen und Zuhören stattfindet. Diese sorgende Haltung führt dann zu Motivation bei den Engagierten und zur Erfahrung der Anerkennung ihres Engagements.

Durch die Abfrage des Kirchenbildes der Engagierten sollten Haltung und Ausrichtung ihres Engagements bestimmt werden. Diejenigen Engagierten, die angaben, sich in Projekten der *Servicestelle* zu engagieren, vertraten im Prinzip das gleiche Kirchenbild wie die Engagierten der Pfarrgemeinde. Daher liegt nahe, dass alle befragten Engagierten, sowohl die der *Servicestelle* als auch die der Pfarrgemeinde, der Kirche nicht fernstehen und auch Projekte der *Servicestelle* als Projekte der Pfarrgemeinde ansehen. Es gibt also bei den Engagierten, die an der Studie teilgenommen haben, eine große Übereinstimmung im Kirchenbild. Es ist gemeindeorientiert, aber gemeindeoffen. Sie sehen die Zukunft von Kirche also in der Sozialform von Gemeinde, aber stellen sie sich nicht exklusiv, sondern milieu- und religionsoffen vor. Ihr Bild von Kirche ist stark diakonisch und veränderungsbereit. Die Befragten wünschen sich überwiegend, dass sich Kirche verändert. Auffällig ist, dass die Engagierten vorwiegend aus dem binnenkirchlichen Raum stammen und kirchenferne Menschen wenig erreicht werden.

Schließlich stellt sich noch die Frage nach dem Verhältnis von Hauptamtlichen und Engagierten. Bei den Engagementförder:innen lässt sich eine leichte Unzufriedenheit feststellen, dass an ihnen viel Arbeit und die Letztverantwortung hängen bleiben. Dabei stellt sich die nicht zu beantwortende Frage, ob die Engagierten mehr Verantwortung übernehmen würden, wenn sie sie übertragen bekommen würden. Bräuchte es also mehr Verantwortungsrollen für Engagierte oder liegt der Reiz des Engagements gerade darin, die Verantwortung nicht übernehmen zu müssen? Welche Modelle, beispielsweise im Team, zu zweit, zeitlich begrenzt …, sich dafür eignen oder funktionieren würden, kann nur in der jeweiligen Situation ausgehandelt und ausprobiert werden. Dazu möchten wir allerdings ermutigen.

(6) *Servicestellen* werden als Einrichtung der Pfarrgemeinde wahrgenommen

Mit dem Begriff »*Servicestellen*« sind vor allem die Engagementförder:innen nicht zufrieden. Er wird in der Praxis im operativen Geschäft nicht angewendet. Meist haben sich andere Namen oder Begriffe ergeben, die zum jeweiligen Ort besser passen. Dennoch scheint der Begriff der *Servicestellen* als strategischer Überbegriff ein wichtiger und guter zu sein. Im lokalen Kontext hingegen braucht es andere passende und situative Namen für die *Servicestelle*.

Auffällig ist, dass sich viele Engagierte schwergetan haben, zu unterscheiden, ob sie sich für die *Servicestelle* oder für die Pfarrgemeinde engagieren. Dadurch wird deutlich, dass die *Servicestellen* nicht nur als Einrichtung der katholischen Kirche wahrgenommen werden, sondern als Einrichtung der Pfarrgemeinde. Eine kategoriale Wahrnehmung von katholischer Kirche ist offensichtlich schwer zu vermitteln. Dennoch gibt es Felder wie Krankenhausseelsorge oder Caritaseinrichtungen, die Menschen nicht unmittelbar mit einer Pfarrgemeinde in Verbindung bringen. Daher stellt sich die Frage, ob sich die *Servicestellen* strukturell nicht deutlicher von den Pfarrgemeinden freischwimmen müssten, um ein unmittelbarer Kooperationsort für säkulare Träger:innen zu werden und um mehr Menschen anzusprechen, die nicht bereits in einem Bezug zur Pfarrgemeinde stehen. Vielleicht könnte hilfreich sein, dass das katholische Logo eines unter mehreren ist und dadurch ein pluralerer Ort signalisiert wird. Die Herausforderung für die *Servicestellen* besteht also darin, deutlicher und klarer »unter den Menschen« zu sein, im Sinne eines »Christseins unter Menschen«, das mehr als Kirchesein in der Gesellschaft meint.

Diese sechs Optionen lassen sich unter der Überschrift »Laboratorien einer menschenorientierten Kirche: im Sprung gehemmt« zusammenfassen. Es wurde deutlich und mehrfach beschrieben, dass *Servicestellen* wirkliche Grenzprojekte sind, die versuchen, den patriarchalen Rahmen der verfassten Kirche aufzubrechen und eine neue menschenorientierte und dienende Haltung zu etablieren. Insofern sind *Servicestellen* Aufbruchsorte, die ein Laboratorium für eine fluide Kirche von morgen darstellen. Diese Seite könnte in ihrer theologischen und spirituellen Dimension noch stärker entfaltet und sichtbar werden.

Dennoch scheinen die *Servicestellen* im Sprung gehemmt zu sein. Ihr Blick ist immer noch überwiegend binnenkirchlich orientiert. Die Engagementförder:innen sind mit einer hohen Präsenz in der Pfarrgemeinde anwesend. Die Engagierten der *Servicestellen* haben oft einen direkten Bezug zur Pfarrgemeinde und teilweise sind die Engagementförder:innen selbst in der Pfarrgemeinde engagiert. Dadurch hängen die *Servicestellen* strukturell zu eng an der Pfarrgemeinde und können den notwendigen Sprung aus der patriarchalen und binnenkirchlichen Struktur nicht wirklich machen. Für einen tatsächlichen Haltungswechsel bräuchte es mehr Distanz, um sich primär in außerkirchliche Strukturen zu vernetzen.

Servicestellen können dennoch Motor und Gesicht einer Kirche von morgen sein, da sie Orte sind, wo angezielt ist, menschenorientiert, partizipativ und nicht patriarchal zu handeln. Sie sollten deshalb weiter gefördert werden und ihnen sollte aus der Haltung des inneren Freigebens der Auftrag, in die säkulare Gesellschaft zu wirken, deutlicher aufgegeben werden.

Literaturverzeichnis

Baecker, Dirk, 4.0 oder Die Lücke die der Rechner lässt, Leipzig 2018.

Böttigheimer, Christoph, Bedingungslos anerkannt. Der Beitrag des Glaubens zur Persönlichkeitsbildung, Freiburg i. Br. 2018.

Böttigheimer, Christoph, Die Reich-Gottes-Botschaft Jesu. Verlorene Mitte christlichen Glaubens, Freiburg i. Br. 2020.

Boff, Leonardo, Kleine Sakramentenlehre, Düsseldorf 1989.

Flick, Uwe, Qualitative Evaluationsforschung zwischen Methodik und Pragmatik – Einleitung und Überblick, in: Uwe Flick (Hg.), Qualitative Evaluationsforschung. Konzepte – Methoden – Umsetzung, Hamburg 2006, 9–29.

Flick, Uwe; von Kardorff, Ernst; Steinke, Ines, Was ist qualitative Forschung? Einleitung und Überblick, in: Uwe Flick; Ernst von Kardorff; Ines Steinke (Hg.), Qualitative Forschung. Ein Handbuch, Hamburg 2015, 13–29.

Herriger, Norbert, Empowerment in der Sozialen Arbeit. Eine Einführung, Stuttgart [5]2014.

Luther, Henning, Religion und Alltag. Bausteine zu einer praktischen Theologie des Subjekts, Stuttgart 1992.

Mayring, Philipp., Qualitative Inhaltsanalyse. Grundlagen und Techniken, Basel [12]2015.

Schnell, Rainer; Hill, Paul B.; Esser, Elke, Methoden der empirischen Sozialforschung, Berlin – Boston [11]2018.

Theobald, Christoph, Christentum als Stil. Für ein zeitgemäßes Glaubensverständnis in Europa. Freiburg i. Br. 2018.

Von Unger, Hella, Forschungsethik in der qualitativen Forschung. Grundsätze, Debatten und offene Fragen, in: Hella von Unger; Petra Narimani; Rosaline M´Bayo (Hg.), Forschungsethik in der qualitativen Forschung. Reflexivität, Perspektiven, Positionen, Wiesbaden 2014, 15–38.

Witzel, Andreas, Das problemzentrierte Interview, in: FQS Forum Qualitative Social Research 1 (2000), Art. 22, http://www.qualitative-research.net/index.php/fqs/article/view/1132/2519 (letzter Aufruf: 04.07.2023).

II. Theologie des Engagements

Engagement als theologiegenerativer Ort

Postheroische Dimensionen einer Theologie des Engagements

Bernd Hillebrand

Engagement ist in den letzten Jahren nicht weniger geworden, sondern anders. Von einer appellativen und moralisch aufgeladenen Motivation des Engagements lassen sich immer weniger Menschen anstecken. Konkrete und aktuelle Situationen hingegen lösen bei vielen eine Bereitschaft des Engagements aus. Für traditionelle Formen des Engagements ist es oft schwer, Engagierte zu finden, nicht nur weil es vielleicht inhaltlich nicht passt, sondern auch weil das zeitliche Format eine zu lange Taktung der Bindung voraussetzt.

Es ist eben so, dass sich die postmoderne Gesellschaft nicht mehr als Versorgungsgemeinschaft versteht, die auf ein patriarchales Besserwissen wartet, sondern als eine, die Stabilität und Sicherheit durch Partizipation gewinnt. Man spricht von Beteiligungsgesellschaft als neuer Form gesellschaftlicher Kommunikation. Diese Transformation wurde durch die Digitalisierung noch forciert. Dirk Baecker, ein Schüler von Niklas Luhmann, spricht von der Digitalisierung als der vierten Medienrevolution der Menschheit nach Sprache, Schrift und Druck.[1] Durch diese außergewöhnliche und einschneidende Veränderung der Kommunikation wurde Partizipation noch selbstverständlicher zum gesellschaftlichen Teilhabeprinzip.

Aufgrund einer höheren Erwartung gesellschaftlicher Teilhabe entwickelte sich das Ehrenamt von einem früheren Zuarbeiten zu einem akti-

1 | Vgl. Dirk Baecker, 4.0 oder Die Lücke die der Rechner lässt, Leipzig 2018, 10.

ven Mitgestalten. Ehrenamtliche durchlaufen häufig zusätzliche Schulungen und Qualifizierungen, die sie auch fachlich kompetent machen. Dadurch hat sich das Verhältnis von Ehren- und Hauptamt wesentlich verändert. Die Zusammenarbeit fordert einen hierarchiefreien Umgang und einen kollegialen Austausch.

Auch aus theologischer Perspektive fand aufgrund von postkolonialen Reflexionsprozessen eine machtsensible Transformation der Theologie statt. Vor allem aufgrund von dekonstruktivistischen Überlegungen, die aus der französischen Phänomenologie Jacques Derridas hervorgegangen sind und in der Kombination mit Beschreibungen von Machtkonstellationen durch Michel Foucault geprägt wurden, entstand eine neue Sensibilität für patriarchale Gottesbilder, für eine schwache Erkenntnis und ein schwaches Denken eines Gottes, der selbst schwach und in seiner Beschreibung »relativ eindeutig«[2] ist. Diese neue Theologie oder entmachtete Theologie begann sich selbst zu relativieren, erkannte die Begrenztheit der eigenen Reichweite und öffnete so zu mehr interdisziplinärem Dialog, Differenzoffenheit und Partizipationsnotwendigkeit. Auf diesem Hintergrund muss dann auch eine Theologie des Ehrenamts entwickelt werden, die sich nicht mehr reproduktiv und rekonstruktiv versteht, sondern die eine Theologie aller Menschen, hier im Besonderen der Engagierten, im Sinne einer »ordinary theology« oder »Leutetheologie«[3] ernst nimmt, von ihr ausgeht und sie mit der wissenschaftlichen Theologie verknüpft.

Ein derart verändertes Ehrenamt hinsichtlich seiner soziologischen, sozialen und theologischen Konstitution soll nun Berücksichtigung und gedankliche Neuausrichtung erfahren. Dazu wird in einem ersten Schritt eine Theologie des Engagements entwickelt, die die angesprochenen soziologischen, sozialen und theologischen Veränderungen produktiv berücksichtigt. In einem zweiten Schritt stellt sich die Frage, welche Ekklesiologie pastoralen Handelns diese Theologie fordert und umsetzen kann. Schließlich münden die Überlegungen in eine Qualifizierung kirchlichen Engagements als gastfreundliche Haltung.

2 | Ottmar Fuchs, Momente einer Mystik der Schwebe. Leben in Zeiten des Ungewissen, Ostfildern 2023, 146.

3 | Monika Kling-Witzenhausen, Was bewegt Suchende? Leutetheologien – empirisch-theologisch untersucht, Stuttgart 2020.

1. Eine Theologie des Engagements

An dieser Stelle kann eine Theologie des Engagements nur in groben Zügen entwickelt werden. Es werden Spuren gelegt, die noch weitergedacht und entwickelt werden müssen. Allerdings bieten die Überlegungen mögliche Ansatzpunkte, die ein christliches Engagement theologisch qualifizieren.

1.1. Die schwache Stärke des Engagements Gottes

Die Leidenschaft Gottes am Menschen zeichnet den Gott im Neuen und im Alten Testament auf besondere Weise aus. In seiner Selbstoffenbarung am Dornbusch zeigt er sich Mose als ein Gott, der da ist und da sein wird. In den Personen vieler Propheten und der Offenbarung von Gesetzen geht der abrahamitische Gott in Beziehung mit den Menschen und mit seiner Schöpfung. Die christliche Gottesvorstellung radikalisiert die Hingabe Gottes in der Inkarnation seines Sohnes, Jesus Christus. Gott tritt aus sich selbst heraus (entäußert sich), aus der trinitarischen Communio, um seine leidenschaftliche Liebe in ihrer *Bedingungslosigkeit* als personales Beziehungsangebot in das Risiko der Beziehungsfreiheit des Menschen zu stellen. In der Inkarnation qualifiziert sich das Dasein Gottes als *bedingungslose* Liebe derart, indem es sich radikal unter die Bedingungen der Welt stellt und sich in sie hinein begibt. Diese Hingabe zeigt sich in der Annahme eines schwachen Menschseins, das sich in die Angewiesenheit auf andere und auf deren Freiheit riskiert. In der Erfahrung der Inkarnation Gottes wird die Logik des Menschwerdens und des Menschseins auf einmalige Weise sichtbar. In der riskanten Hingabe unter der Bedingung und Wahrung menschlicher Freiheit zeigt sich ein Hingabe- und Verschwendungsparadox[4], das darin liegt, dass Leben erst durch das Risiko einer verschwendenden Hingabe möglich wird, die aber ein Risiko und gleichzeitig eine Gabe des Lebens darstellt. Leben kann folglich nur entstehen, wo Engagement vorausgeht – ohne Engagement kein Leben.

4 | Vgl. Hildegund Keul, Schöpfung durch Verlust, Bd. II: Eine Inkarnationstheologie der Vulnerabilität, Vulneranz und Selbstverschwendung, Würzburg 2021, 127.

Aus diesen Überlegungen lässt sich dann folgern, dass grundsätzlich die Entstehung von Leben durch Gott, jeder Schöpfungsakt, eine Entäußerung Gottes darstellt, in der er aus sich heraustritt und Leben ohne Bedingung riskiert. Gott engagiert sich gleichsam in der *creatio continua* in das Leben der Welt. In diesem Engagement riskiert er sich unter den Bedingungen menschlicher Freiheit und setzt gleichsam in den Menschen das Prinzip des Lebens als *bedingungslose* Anerkennung[5]. Anders gesagt: Mit der Erschaffung des Menschen engagiert sich Gott im »Verschwendungsparadox« in das Leben des Menschen und verankert dieses Prinzip des Engagements im Menschen selbst. Deshalb ist Engagement so existentiell für den Menschen und wird als Sinnerfüllung erfahren. Dem Wesen des Menschen liegt aus dieser Perspektive des Schöpfungsakts Engagement genuin zugrunde. In der und durch die Gabe des Lebens geschieht Freigabe als Ohnmacht im Engagement für das Leben.
Durch die Freigabe des Engagements in Freiheit ist der verschwenderische Einsatz nicht nutzlos, aber für den eigenen Nutzen nicht zu gebrauchen. Das Nicht-gebrauchen-Können wird allerdings sinnerfüllend, weil die Nutzlosigkeit des Engagements gerade die Fülle und Freiheit des Lebens ausmacht. Diesen Zusammenhang beschreibt Karl Rahner als das Geheimnis Gottes:

> »Das Christentum gäbe sich selber auf, wenn es nicht den Mut hätte, von dieser seligen Nutzlosigkeit der Liebe zu künden, die insofern ja absolut ›nutzlos‹ ist, weil sie nicht sie selber wäre, wenn der Mensch darin seinen eigenen Nutzen, seine Selbstbehauptung, seine eigene Vollendung suchen würde.«[6]

Das Engagement Gottes generiert sich aus seiner *bedingungslosen* Leidenschaft der Liebe und hat davon keinen eigenen Nutzen. Die göttliche Liebe ist also frei von Nutzen. Engagement, das von dieser Nutzlosigkeit der Liebe berührt und durchdrungen wird, macht sich frei von einem moralischen Über-Ich, das appellativ zu sozialem Engagement drängt. Vielmehr drängt die erfahrene »nutzlose« Liebe zu einem Engagement, das sich frei von der Erwartung irgendwelcher Gegenleistungen macht.

5 | Vgl. Christoph Böttigheimer, Bedingungslos anerkannt. Der Beitrag des Glaubens zur Persönlichkeitsbildung, Freiburg i. Br. 2018.

6 | Karl Rahner, Die unverbrauchbare Transzendenz Gottes und unsere Sorge um die Zukunft, in: Schriften zur Theologie, Bd. 14, Einsiedeln 1980, 405–421, 414.

Dieses Verständnis eines »nutzlosen« Gottes und eines »nutzlosen« Engagements öffnet für ein reifes Engagement, das sich in eine freie und schwache Beziehung begibt, die nicht von »Wenn-Dann-Kategorien«[7] bestimmt ist. Dieses Engagement bleibt in der »Schwebe«[8], weil es voraussetzungslos, aber nicht frei von kontextuellen Bedingtheiten ist und weil es uneindeutig und unkontrollierbar ist. Ein Engagement, das nicht über moralischen Appell oder über Gegenleistung bedingt ist, bleibt dann eben in der Schwebe.

1.2. Konkretion der schwachen Stärke des Engagements Gottes in Jesus Christus

Das schöpferische Engagement Gottes konkretisiert sich als leidenschaftliche und unbedingte Liebe in der Inkarnation Jesu Christi. In seiner Person qualifiziert sich und wird performativ einmalig erfahrbar, was sich in jedem Schöpfungsakt der Hingabe und des Engagements Gottes vollzieht. Im Engagement von Gottes Schöpfungsakt empfängt alles Geschaffene seine Würde aus seinem Anerkannt- und Bejahtsein durch Gott. Diese Würde aus der Ähnlichkeit Gottes wird in Jesus Christus als Tiefe der menschlichen Existenz sowie als Erhabenheit seines Seins erst wieder richtig erkennbar. Nochmals: Gott treibt seine Liebe, sein grenzenloses Beziehungsinteresse zu seiner Schöpfung so an, dass er sich ihr *bedingungslos* zuwendet. »Bezogen auf die Inkarnation Christi wird aus der schöpfungstheologischen Idee der Gottebenbildlichkeit eine eschatologische Verheißung: Der Mensch ist zur personalen Gottesgemeinschaft, zur Teilhabe am Leben des dreifaltigen Gottes bestimmt.«[9]
In den Begegnungen Jesu wird immer wieder offensichtlich, wie sich die Heilsperspektive des anbrechenden Reiches Gottes in der Zusage und der Erfahrung von Bejahtsein ereignet. Beispielsweise in der Heilung eines Mannes mit einer verdorrten Hand sagt Jesus zu ihm: »Steh auf und stell dich in die Mitte.« (Mk 3,3) Jesus gibt ihm seine Würde zurück, indem er ihn bittet, sich in die Mitte zu stellen. Die Mitte ist der Ort von Würde und Anerkennung und gleichzeitig vollzieht sich dadurch die angesprochene eschatologische Verheißung, wieder zur Gemeinschaft zu

7 | Vgl. Fuchs 2023, 146.
8 | Ebd., 146.
9 | Böttigheimer 2018, 103.

gehören. Jesu Engagement für das Heil des Menschen drückt sich also in Wort und Tat als *bedingungslose* Anerkennung aus und wird als solche erfahren. Es ist jedoch mehr als eine Zusage. Jesus eröffnet in seinem Heilshandeln neues Leben und neue Gemeinschaftszugehörigkeit und bringt dadurch den Willen Gottes zum Ausdruck, dass er den Menschen nicht untergehen lässt.

Im Menschsein Jesu und seinem Heilshandeln zeigt sich eine neue Beziehungsqualität zwischen Mensch und Gott, die dazu einlädt, sich in die Nachfolge Jesu zu begeben. Diese christliche Persönlichkeitsbildung bedeutet,

> »die in Jesus Christus geschenkte *bedingungslose* Anerkennung Gottes anzunehmen und auch andere daran teilhaben zu lassen. Jeder der ›sich auf Christus einlässt, steht in einer Beziehung zu jedem Menschen und muss deshalb Ausschließungen vermeiden.‹ Wer aber die gottgeschenkte Würde des anderen missachtet und ihm die soziale Anerkennung verweigert, stellt sich gegen die Teilhabe an Jesus Christus und vergeht sich an seiner eigenen Würde.«[10]

Im Engagement Jesu als Mensch unter Menschen wird die *bedingungslose* Anerkennung zur unverwechselbaren Identität, die sich im Annehmen und Teilhabenlassen widerspiegelt. Es ist ein empfangendes Engagement, das zum gebenden Engagement werden kann und eschatologisch in ein *bedingungsloses* Beziehungsnetzwerk zwischen Gott und Menschen, zwischen Menschen und Menschen und der ganzen Schöpfung führt.

Diese Identität charakterisiert Christoph Theobald als christlichen Stil, der sich als Begegnungs- und Beziehungsgeschehen wiederfinden lässt.[11] Anerkennung bedarf der Begegnung und der Beziehung. Sie sind gleichsam der Bedingungsraum, in dem sich diese christliche Identität als *bedingungslose* Anerkennung ereignen kann – als Empfangen und als Geben. Theobald charakterisiert diesen Raum dann als heilige Gastfreundschaft. Diese Gastfreundschaft ist (als heilige) geprägt und charakterisiert von *bedingungsloser* Anerkennung. Sie entgrenzt die festen und üblichen Machtverhältnisse der Gastlichkeit. In einem gastlichen Engagement der

10 | Ebd., 106.

11 | Vgl. Christoph Theobald, Christentum als Stil. Für ein zeitgemäßes Glaubensverständnis in Europa, Freiburg i. Br. – Basel – Wien 2018.

Bedingungslosigkeit wird der Gast zum Gastgeber und der Gastgeber zum Gast.

Wo sich solche Momente und Orte der *bedingungslosen* Gastlichkeit als christliche Identität ereignen, werden sie als sakramentale Momente und Orte der unbedingten Würde erfahren. Im jesuanischen Kontext zeigen sie sich im Mahlhalten als Zeichen der unbedingten Zusage und des geteilten Lebens. Das Engagement des Mahlhaltens wird so zum solidarischen Zeichen der eschatologischen Zugehörigkeit der unbedingten Liebe Gottes unter den Menschen. Sowohl Gastlichkeit als auch Mahlhalten charakterisieren eine schwache Beziehung, die nicht erzwingt oder kontrolliert, und haben ihre Stärke in ihrer *bedingungslosen* Zusage der unverlierbaren Würde.

1.3. Die schwache Stärke des christlichen Engagements

Die gemeinsame Grundlage von helfendem Engagement ist meist eine humanistische Logik. Personaler Einsatz orientiert sich an dem für den Menschen Notwendigen – als »Ereignis des Menschlichen«[12]. Der Ausgangspunkt des Engagements ist der Mensch. Interessant wird es, wenn die unterschiedlichen Motivationen und Zielperspektiven des helfenden Handelns betrachtet werden. Dann spielen teilweise Erwartungen der Dankbarkeit, moralische Appelle oder gewisse Vorleistungen eine Rolle. Hinter Motivationen und Zielperspektiven stecken innere Haltungen, die sich in der Art und Weise des Handelns und den daraus erhofften Erwartungen ausdrücken. Nicht jede Motivation zu humanem Handeln ist jedoch ethisch gut, sondern es hängt von der inneren Haltung ab. Beispielsweise kann eine Geldspende für einen Menschen ohne feste Unterkunft sehr hilfreich sein, aber sie kann aus einer narzisstischen Perspektive oder einer moralischen Gewinnmotivation erfolgen und somit aus einer problematischen Haltung resultieren.

Motivationen für engagiertes Handeln scheinen zunächst harmlos zu sein. Allerdings führen einseitige Motive der Helfenden zu asymmetrischen Interaktionen, die in sich unbewusste Machtkonstellationen bein-

12 | Vgl. Andree Burke, Das Ereignis des Menschlichen. Menschenwürde und Seelsorge: Ein pastoraltheologischer Entwurf, Stuttgart 2020.

halten und ihren Ursprung nicht im Interesse an einer subjektiven und ressourcenorientierten Lösung der Not haben.

Zunächst stellt sich jedoch aus dieser komplexen Gemengelage die Frage, was eine christliche Haltung und Motivation für ein Engagement charakterisiert. Bei der Suche nach Kriterien eines christlichen Engagements dient die zuvor entwickelte schwache Stärke des Engagements Gottes in Jesus Christus als Orientierung. Ausgangspunkt der christlichen Haltung ist die *bedingungslose* Anerkennung und Bejahung jedes Menschen unabhängig von seiner Leistung, Zugehörigkeit oder Herkunft. Diese *bedingungslose* Haltung schließt Menschen nicht nur nicht aus, sondern sie handelt selbst *bedingungslos* ohne Rendite, ohne Gegenleistung. In dieser *bedingungslosen* Haltung zeigt sich eine besondere Beziehungsqualität zwischen Gott und Mensch, die sich in der Selbst-Gabe ohne Bedingung in die unvorhersehbare Bedingtheit der Beziehung riskiert. Aus dieser Beziehungshaltung heraus qualifiziert sich christliches Engagement. Es definiert sich aus einem Beziehungsgeschehen, das sich im Engagement bildet. Diese Beziehung gestaltet sich als *bedingungsloses* Engagement, das sich an alle Menschen richtet und in Gabe und Selbstgabe nicht mit Rendite und Gegenleistung rechnet. Dahinter steckt eine Haltung der *Bedingungslosigkeit*, die im christlichen Verständnis von einer *bedingungslosen* und verlässlichen Beziehung zwischen Gott und Mensch getragen ist. Sie geht von einer vorgängigen Verantwortung Gottes aus und stellt das eigene Handeln in das Größere Gottes hinein.[13]

Herbert Haslinger charakterisiert im Rückbezug auf Lévinas christlich-diakonisches Handeln als »Zeugnis vom Unendlichen«[14] und konkretisiert es in fünf Thesen. Eine erste ermöglichende These heißt »Achtung vor dem Anderen«[15]. An dieser unbedingten und unbegrenzten Achtung erst legitimiert sich diakonisches Handeln. In einer zweiten These fordert Haslinger nicht nur Alteritätstoleranz, sondern Alteritätsförderung, die die Lebensmöglichkeiten des anderen bis in dessen Anders- und Fremd-Sein unterstützt. Einen dritten Aspekt benennt Haslinger als Prinzip der Interessenlosigkeit und Zweckfreiheit. Dieses Prinzip sensi-

13 | Vgl. Emmanuel Lévinas, Jenseits des Seins oder anders als Sein geschieht, Freiburg i. Br. 1992, 317.

14 | Herbert Haslinger, Diakonie. Grundlagen für die soziale Arbeit der Kirche, Paderborn – München – Wien – Zürich 2009, 205.

15 | Ebd., 217.

bilisiert für subtile Vereinnahmungsinteressen und öffnet für die Unverfügbarkeit Gottes über das von der jeweiligen Bedürftigkeit des anderen gebotene Handeln hinaus. In einer vierten These formuliert Haslinger den Vorrang Notleidender und mündet in eine letzte These der Humanität, die christliches Handeln und Engagement nur als Einsatz für Menschen und für deren menschenwürdiges Leben verstehen kann. Im Kontext der kritischen Diskussion um den Anthropozentrismus müsste die These der Humanität unbedingt auf die ganze Schöpfung und den ganzen Kosmos erweitert werden.[16]

Diese Haltungen der *Bedingungslosigkeit* haben Konsequenzen für das Engagement im pastoralen Raum und vor allem dem pastoralen System, auf das im nächsten Kapitel noch ausführlicher eingegangen wird. *Bedingungslosigkeit* und Absichtslosigkeit entgrenzen nicht nur die Haltung, sondern auch den Raum. Der Ort der Diakonie und des christlichen Engagements begrenzt sich nicht auf den Pastoralraum des Binnenkirchlichen und der eigenen Mitglieder, sondern entgrenzt in und auf den Sozialraum und, wie eben angedeutet, auf den ganzen Schöpfungsraum hin. Diese lokale Entgrenzung meint jedoch keine neue Vereinnahmung von Territorium. Vielmehr geht es um den radikalen Blick und um die absichtslose Sorge (nicht patriarchales Versorgen) für den Vorrang der Notleidenden. Diese Sorge macht nicht bei Fremden, anderen oder gar Feinden halt, sondern es sind alle Menschen gemeint. Christliches Engagement entäußert sich in den Kontakt und die Beziehung zu anderen, die nie von der eigenen Seite aus aufgegeben werden. Deshalb geht es um den ganzen Menschen und nicht nur um eine unmittelbare Notwendigkeit, die hergestellt werden möchte. Der beschriebene christliche Engagementansatz entgrenzt die unmittelbare Notwendigkeit und erst recht die scheinbaren Notwendigkeiten des Systems Kirche auf die Pluralität von Ressourcen. Diese sind oft nicht freigelegt, aber finden sich schöpfungstheologisch in den Menschen und deren Mitwelt und in der Vernetzung mit anderen. Ein solches Verständnis kehrt die Perspektive des Engagements um. Nicht das helfende Engagement trägt die Lösung in den Menschen hinein, sondern es stärkt ihn, sie selbst zu finden.

Michael Schüßler spricht in diesem Zusammenhang von postheroischen Transformationen und zeigt auf, wie koloniales und eurozentriertes Den-

16 | Vgl. ebd., 216f.

ken ein heroisches Helfen gebildet und gefördert hat.[17] Daher sei an dieser Stelle nochmals an die schwache Beziehung des Engagements erinnert, die sich postheroisch von subtilen Vereinnahmungsinteressen verabschiedet und sich in die Unverfügbarkeit des Unendlichen wagt. Eine heroische Illusionierung hingegen geht zuerst vom Defizit aus, dem sie aus einer überlegenen Position heraus begegnet. Diese Defizitorientierung des Helfens kritisiert bereits Henning Luther.[18] Er schreibt: »Unter der Defizitperspektive verstehe ich jenen Ansatz, der die Adressaten der Seelsorge prinzipiell als mit einem Mangel/Defizit behaftet sieht, dem andere, die gleichsam defizitfrei sind, abzuhelfen suchen.«[19] Luther deckt mit diesem Blick Macht und Herrschaftsstrukturen auf, die vor allem nicht der Wirklichkeit aus der Perspektive Jesu gerecht werden. Christliches Engagement ist gerade keine Reparatur personaler Defizite, damit sie wieder zu einer gewissen Normalität passen. »Echte, d.h. wechselseitig ausgelegte Solidarität verliefe dann aber nicht einseitig als Hilfe *für* andere, sondern führte dazu, dass gerade auch von dem anderen her wir, die wir gesund, stark, lebend … sind, lernen können und in Frage gestellt werden.«[20] Ein subjekt- und ressourcenorientiertes Engagement würde eben an dem schöpfungstheologischen Prinzip ansetzen, damit die/der andere in seinen/ihren Kräften und Ressourcen gestärkt wird. Dahinter steht die Haltung und Überzeugung, dass die Betroffenen bereits in sich die Lösung tragen und sie dafür kein fachliches »Besser-Wissen« benötigen. Es würde dann nicht um den Blick auf die Probleme, sondern auf das subjektive Lebens- und Überlebenspotential gehen. Im Ansatz eines postheroischen Helfens werden Machtkonstellationen offengelegt, die Grenzen und Gefahren einer engagierten Hingabe aufzeigen. Ein Denken von den Betroffenen her entgrenzt ein engagiertes Retten-Wollen und macht sensibel für Abhängigkeits- und Machtmechanismen.

17 | Vgl. Michael Schüßler, Befreiung im Dazwischen. Postheroische Transformation von Caritas- und Diakonietheologie, in: ZPTh 39 (2019), https://www.uni-muenster.de/Ejournals/index.php/zpth/article/view/2730 (letzter Aufruf: 05.02.2024).

18 | Vgl. Henning Luther, Religion und Alltag. Bausteine zu einer praktischen Theologie des Subjekts, Stuttgart 1992, 224ff.

19 | Ebd., 234.

20 | Ebd., 237.

2. *Eine postheroisch engagierte Kirche*

Nach diesen Überlegungen zum christlichen Engagement als schwacher Beziehung stellt sich nun in einem zweiten Schritt die Frage, wie ein solches Verständnis von Engagement Kirche verändert, die einen sozialdiakonischen Auftrag als Solidarität mit allen Menschen nach innen und nach außen hat. Ausgehend vom Vollzug und dem Symbol der Taufe entsteht ein theologisches Motiv, das den unmittelbaren Zusammenhang von Kirche und Engagement bestimmen kann. Auf ihn wird in einem ersten Schritt eingegangen. Im Anschluss daran kommt die personale Ebene von Engagement in den Blick, die sich hauptamtlich, nebenamtlich und ehrenamtlich entfaltet und in eine ekklesiale Verhältnisbestimmung zu bringen ist. Nach diesem zweiten Schritt folgt ein letzter, der sich mit einem möglichen Perspektivenwechsel beschäftigt, der durch die neu bestimmte Engagementlogik ausgelöst wird und Kirche nicht mehr vom System, sondern vom Engagement her definiert.

2.1. *Engagement mit und ohne Taufe*

Zunächst ist der Taufbund der christlichen Kirchen Ausdruck und Erfahrungsraum für die unerschöpfliche Gnade Gottes. Dahinter steht »die Hoffnung auf eine gute Macht im Himmel und der Wunsch nach einem guten Leben, das sich auch für die anderen gut auswirkt.«[21] Die Gnade Gottes steht dann zuerst für ein gutes Leben, das seine Antwort im Auftrag für das Leben und möglicherweise auch für den Glauben findet. Daraus ergeben sich zwei Möglichkeiten des Taufauftrags.[22] Der eine Modus mündet in einen sakramentalen Tauf- und Engagementauftrag, der eine Glaubensgemeinschaft als Erinnerungsgemeinschaft voraussetzt und die Gemeinschaft als Quelle bzw. christliches Bewusstsein benötigt. Diese Motivation des Engagements nimmt das Engagement für und um die Gemeinschaft auf besondere Weise wahr. Ein zweiter Modus räumt der Taufe eine gewisse Eigenläufigkeit ein, die in der Nichtberechenbarkeit der Gnade begründet liegt. Dieser zweite Modus nimmt die Gnade primär als Zusage zum Leben wahr und versteht sie als ermögli-

21 | Ottmar Fuchs, Sakramente – immer gratis, nie umsonst, Würzburg 2015, 61.
22 | Vgl. ebd., 62ff.

chenden Lebensglauben. Dieses Engagement nimmt den Taufauftrag mehr als anthropologischen Auftrag wahr.

Nun gibt es aber Menschen, die mit Kirche in Verbindung stehen, aber nicht getauft sind und auch nicht getauft werden möchten. Auch sie sind nicht von der Gnade Gottes ausgeschlossen und erfahren einen inneren Antrieb zum Engagement, auch wenn sie es vielleicht nicht mit Gott und seiner Gnade in Verbindung bringen würden. Christoph Theobald würde vielleicht die Motivation zum Engagement mit dem Begriff des Lebensglaubens in Verbindung bringen.[23] Ein Engagementverständnis aus der Gnade Gottes versteht sich also als Motivation aus einem Lebens- oder einem Christusglauben.

Die Motivation aus der Taufe als Christusglauben steht entsprechend dem zweifachen Auftragsmodus, ekklesiologischer und anthropologischer Auftrag, in der Spannung von Engagement nach innen und nach außen, von ekklesial-erinnernd und persönlich-freigebend. Aus dem oben beschriebenen Gnadenverständnis muss jedoch das Engagement für ein Leben in Freiheit, also persönlich-freigebend und *bedingungslos*, den Vorrang haben. Die ekklesiale Dimension ergibt sich als Möglichkeit und Angebot des Engagements. Das andere Engagementverständnis, das sich allein aus dem Lebensglauben erschließt, ist natürlich nur der persönlich-freigebenden Ausrichtung verpflichtet. Allerdings steht es in einem anderen Spannungsverhältnis, das sich im Ringen zwischen persönlichen und zweckfreien Motiven bewegt. Auch hier müsste aus der Vorgabe eines christlich *bedingungslosen* Gnadenverständnisses und einem darauf aufbauenden Lebensglauben das zweckfreie Motiv im Vordergrund stehen.

Zusammenfassend lässt sich feststellen, dass ein christliches Engagement, ob mit einem oder ohne einen ekklesialen Auftrag, in Spannungsverhältnissen steht, die unter bedingten Konstellationen zu heroischem oder machtgeleitetem Engagement führen. Insofern bedarf ein Engagement, das aus einem Lebens- oder Christusglauben motiviert ist, stets einer kritischen Reflexion, die machtsensibel ein freigebendes und postheroisches Engagement einfordert.

23 | Vgl. Theobald 2018, 96ff.

2.2. *Amtlich und nicht-amtlich Engagierte*

Das kirchliche Amt verliert immer mehr an Bedeutung, weil zum einen immer weniger Menschen bereit sind, ein solches zu übernehmen, und zum anderen Zugangsbedingungen für das Amt vorausgesetzt werden, die diskriminierende Exklusionsmechanismen enthalten. Daher verliert das Amt quantitativ und qualitativ in seiner Verständlichkeit und Relevanz. Dafür gibt es vor allem geschichtliche Ursachen.

Über viele Jahrhunderte erfolgte eine schleichende »Autonomisierung der Kleriker« und ihre »Abspaltung von der Ekklesia«[24], die zugleich eine »religiöse Abwertung der Laien«[25] beinhaltete und förderte. Das Zweite Vatikanum eröffnete demgegenüber die Möglichkeit, wieder zu einer umfassenden Relationalisierung von Klerikern und Laien zu gelangen.[26]

In neutestamentlicher Zeit war eine Pluralität von Gemeinde- und Ämterstrukturen zu beobachten, die nachneutestamentlich allmählich aufeinander hin vermittelt wurden.[27] Das Werden des Amtes und eine je neue und sich zugleich verstetigende Ekklesiogenese gingen dabei Hand in Hand.[28] Der Epheserbrief beispielsweise gibt »Ansätze einer Stabilisierung gemeindlicher Funktionen im Sinne von auf Dauer angelegter Ämter zu erkennen«[29]. Er geht von der Sorge des auferstandenen Christus um seine Kirche aus. Dies und nicht beispielsweise vermeintliche Anweisungen des irdischen Jesus ist »Quellgrund«[30] der Ämter und Dienste. Die konkrete Ausgestaltung erfolgte aufgrund der nachösterlichen Gründung aus dem Zusammenspiel von Auferstehung und Erfahrung unter Berücksichtigung eines »Zeit- und Orts-Index«[31]. Zentrale Aufgaben waren »Moderation, Förderung der Kommunikation untereinander, Media-

24 | Hervé Legrand, Die Gestalt der Kirche, in: Peter Eicher (Hg.), Neue Summe Theologie, Bd. III: Der Dienst der Gemeinde, Freiburg i. Br. 1989, 120.

25 | Ebd., 121.

26 | Vgl. auch Peter Kohlgraf, Nur eine dienende Kirche dient der Welt. Yves Congars Beitrag für eine glaubwürdige Kirche, Ostfildern 2015, 86–96.

27 | Vgl. z. B. den Überblick bei Georg Kraus, Die Kirche – Gemeinschaft des Heils. Ekklesiologie im Geist des Zweiten Vatikanischen Konzils, Regensburg 2012, 63–93. Vgl. auch Bernd Hillebrand, Kontakt und Präsenz. Grundhaltungen für pastorale Networker, Ostfildern 2020, 218–222.

28 | Vgl. Michael Theobald, »Ekklesiogenese« im Neuen Testament – und heute? Vom Werden des Amtes in der Kirche, in: Theologische Quartalschrift 200 (2020), 51–68.

29 | Michael Theobald, Warum und wozu gibt es Ämter in der Kirche?, in: Biblische Zeitschrift 65 (2021), 62–85, 63f.

30 | Ebd., 79.

31 | Ebd., 80.

tion, Konfliktlösungsstrategien: Dergestalt lässt sich Gemeindeleitung als Dienst an der Einheit konkretisieren.«[32] Traditionsbildend ist vor diesem Hintergrund, dass sich der Epheserbrief anstelle kultisch-sazerdotaler Bezeichnungen der biblischen Metapher des Hirten (»Pastor«) bedient.

In der Alten Kirche entfalteten sich diese neutestamentlichen Grundlegungen. Im Zeugnis der Kirchenväter korreliert das Zusammenspiel von »allen«, »einigen« und »einem« mit dem Zusammenhang von Gemeindeleitung und Eucharistievorsitz, dem für die Rolle des Amtes eine zentrale Bedeutung zukommt.[33] Zu dieser Zeit lagen weder ein Kirchenrecht noch wissenschaftliche Ekklesiologien vor, vielmehr äußerte sich das kirchliche Selbstverständnis in der Liturgia: Entsprechend dem Axiom »lex orandi – lex credendi« war die gemeinschaftlich gefeierte Liturgie als Verdichtung gelebten Glaubens die Norm christlicher Wahrheit und theologischer Erkenntnis. Die Traditio Apostolica des Hippolyt von Rom (um 215) stellt in diesem Sinn ein »heuristisches Modell für die Charakterisierung der pastoralen Dienste und die solidarische Verantwortung aller Christen«[34] bereit. Sie beschreibt idealtypisch »die Bischofsweihe – wir würden heute sagen: Die Ordinierung eines Kleinstadtpfarrers«[35] – mit ihrem Zusammenspiel von »vier Instanzen«[36]: Erstens wählten alle Christen der Ortskirche (»alle«) zunächst den Bischof (»einer«) und versammelten sich nach der Bestätigung dieser Wahl (»einige«) zur sonntäglichen Eucharistiefeier, in der die Ordination erfolgte. Daran nahmen, zweitens, die Leiter der Nachbarortskirchen teil und brachten so die Verbundenheit der Ortskirchen untereinander zum Ausdruck. Drittens stand der Ordinierende nicht in erster Linie als Person im Zentrum der Feier, sondern mit Blick auf seine Rolle für den Aufbau der Kirche und ihr Zeugnis, was sowohl beinhaltete, dass er die Gemeinde nach außen vertritt als auch ihr nach innen als Vertreter der gesamten Kirche, wie sie in den Ortskirchen existiert, gegenübersteht. Viertens galt es sich zu

32 | Ebd., 82.

33 | Für eine Auswertung entsprechender Zeugnisse in der Didache, bei Klemens von Rom, Ignatius von Antiochien, Justin dem Märtyrer, Irenäus von Lyon, Hippolyt von Rom (Traditio Apostolica) u. a. vgl. Hervé Legrand, La présidence de l'eucharistie selon la tradition ancienne, in: Spiritus 18 (1977), 409–431; vgl. auch ders., Communion et eucharistie aux premiers siècles, in: L'Année canonique 25 (1981), 125–148.

34 | Legrand 1989, 126.

35 | Ebd., 127.

36 | Ebd., für deren ausführliche Darstellung ebd., 128–136.

vergewissern, dass nicht die eigenen Interessen der Beteiligten im Vordergrund standen, sondern dem Wirken des Geistes Raum gewährt wurde.

Aufgrund dieser Entwicklungsspuren wird deutlich, dass die Existenz eines Amtes nach wie vor sinnvoll ist, es allerdings in einer neuen und an der Alten Kirche orientierten Beziehungsstruktur auf der Basis der verschiedenen und pluralen Charismen und Engagements entwickelt werden müsste. Dabei geht es nicht unbedingt um eine Schaffung neuer Ämter. Amt ist das Charisma, das öffentlich und auf eine gewisse Dauer in das Leben der Menschen eingebracht wird. Das Amt definiert sich nicht über ein Wesen, sondern über eine Aufgabe, die öffentlich wahrgenommen wird – in der Frühen Kirche war es die Aufgabe der Einheit und des Gemeindeaufbaus. Solche Ämter haben sich relativ früh in der Geschichte der christlichen Gemeinden als unverzichtbar gezeigt. Deshalb eignet sich der Begriff des »Ehrenamts« denkbar schlecht, um kirchliches Engagement zu beschreiben. Bernd Jochen Hilberath fasst zusammen: »Bleibt etwas vom Amt? Nicht in der Kombination ›Ehrenamt‹, denn dieses ›Amt‹ wird ja durch Abgrenzung von den Haupt-amtlichen und Neben-amtlichen definiert. Und allzu oft entsteht der Verdacht, die ›Ehrenämtler‹ werden wichtig, weil die Zahl der Hauptämtler abnimmt.«[37] In dieser begrifflichen Unterscheidung liegt auch eine implizite Wertung, dass Engagement als Hauptsache und somit richtig, dann als Nebensache, was ein wenig nebenbei impliziert, und als Ehre vollzogen werden kann, was eher eine zufällige Qualität beinhaltet. Die Pluralisierung von Amt auch für das Ehrenamt war ein gut gemeinter Versuch, das klerikale Amt zu entklerikalisieren. Dieses Anliegen müsste jedoch zunächst den Charakter und das Verständnis des Amtes aus seiner ontologischen Bestimmung lösen und es stärker von seinem Auftrag als verbindliches Sprechen von Kirche in der Öffentlichkeit her definieren.

Insofern wäre dann die Aufgabe des Amtes, öffentlich und sichtbar an den Auftrag aller Engagierten zu erinnern. Dieser Auftrag ergibt sich wesentlich aus dem Doppelgebot der Liebe, der Gottes- und Nächstenliebe. Es geht um die Erinnerung an den diakonalen und martyrialen Auftrag von Kirche, der vom Paschamysterium, dem Durchgang vom Tod zum

37 | Bernd Jochen Hilberath, »Ich bin kein Ehrenämtler, sondern eine Mission«, in: Gabriele Denner (Hg.), Hoffnungsträger, nicht Lückenbüßer. Ehrenamtliche in der Kirche, Ostfildern 2015, 9–15, 11.

Leben, durchdrungen ist. Diesen Erinnerungsauftrag hat das Amt zunächst soziologisch zu erfüllen, indem es ihn als Dienst an den Menschen und den Engagierten vollzieht. Es ist ein hörender und begleitender Dienst, der eine Sorge aus der Haltung des Evangeliums für die Engagierten und alle Menschen übernimmt. In dieser doppelten Aufgabe kommt dem/der amtlich Engagierten ein doppelter Ortsauftrag zu. Zum einen ist er/sie selbst Engagierte:r an einem Ort in der Sorge für die Menschen und zum anderen ist er/sie Begleiter:in von Engagierten stets in der Erinnerung an das Evangelium in diakonaler und martyrialer Ausrichtung.

Die nicht-amtlichen Engagierten stehen in demselben Auftrag aus dem Taufcharisma wie die amtlich Engagierten, erfüllen ihn jedoch, ohne dass das Engagement amtlich, nämlich öffentlich, eingebracht wird. Beide haben also einen diakonalen und einen martyrialen Auftrag, die miteinander verzahnt und verbunden sind. Der/die Engagierte stellt sich in einen Dienst am Menschen, der nicht funktional verzweckt ist, sondern der eine Hingabe ohne erwartete Rendite darstellt (vgl. Kapitel 1). Dieser Dienst verkörpert die christliche Botschaft in der Erfahrbarkeit einer *bedingungslosen* Anerkennung, die sich letztlich erst eschatologisch im Rechnen mit Gott erfüllt. Es ist ein Dienst innerhalb der Kirche und entgrenzt sie gleichzeitig aufgrund der *Bedingungslosigkeit* des Engagements und dem Auftrag für alle Menschen. Daher geschieht das Engagement aus der ekklesialen Erinnerung an den christlichen Auftrag, kann aber primär nur subjektiv-persönlich vollzogen werden, was zum Verweis auf die ekklesiale Konstitution werden kann.

Sowohl die amtlich als auch die nicht-amtlich Engagierten stehen in Beziehungskonstellationen, die von Machtverhältnissen geprägt sind. Daher bedarf es partizipativer und machtteilender Strukturen und Interaktionsprozesse, die Diskriminierung, Defizitorientierung oder Formen des Klerikalismus aufdecken und verhindern können. Die große Problematik des Klerikalismus innerhalb der katholischen Kirche beschränkt sich nicht nur auf die amtlich Engagierten, sondern wird vielfach auch von den nicht-amtlich Engagierten übernommen. Dieses Thema kann an dieser Stelle nicht ausreichend entfaltet werden. Dennoch soll der Hinweis ein wichtiger Impuls sein, der zur Sensibilisierung von Macht in Engagementkontexten beitragen soll. Der Dienstcharakter jedes Engagements, der als *bedingungsloser* qualifiziert wurde, stellt jedoch bereits eine

Haltung dar, die präventiven Charakter gegen Machtmissbrauch im Engagement hat.

2.3. *Engagement als ekklesiologischer Perspektivenwechsel*

Die vielfachen Verlusterfahrungen der letzten Jahre innerhalb von Kirche lösten Trauer und vielleicht auch Wut darüber aus, dass es nicht mehr so ist, wie es war. Die Kirchengemeinde als »Familie« war für viele heute Engagierten eine gute Erfahrung der Glaubenskommunikation und der Gemeinschaft aus ihrer Kindheit und Jugend. Diese Erfahrung motivierte sie, sich selbst hauptberuflich oder in der eigenen Freizeit für die Kirchengemeinde zu engagieren. Angesichts dieser heute aufgrund von radikalen soziologischen Transformationen nicht mehr machbaren Erfahrungen entsteht ein möglicher Reflex, der versucht, den alten Zustand von früher wieder herzustellen. Es entsteht der Eindruck, Angebotslücken oder nicht mehr ausgefüllte Rollen wieder zu füllen, um das alte System zu erhalten oder wieder herzustellen. Zu dieser nachvollziehbaren Reproduktionslogik tritt eine kirchenrechtliche Macht- und Strukturbedingung, die aus einer hegemonialen Vormachtstellung von Klerikern besteht und zu institutionserhaltendem Verhalten führt.

Angesichts einer kirchlichen Reproduktionslogik und machtstruktureller Selbsterhaltungsbedingungen stellt sich die Frage, wie ein Perspektivenwechsel von einem institutionsorientierten zu einem existenzorientierten Engagement, wie es im ersten Kapitel beschrieben wurde, gelingen kann.[38] Wie kann also das System Kirche auf den Menschen hin, mit seiner Freude und Hoffnung, mit seiner Trauer und Angst (GS 1), entgrenzt werden? Engagierte könnten diesen Schritt vollziehen, wenn zwei Bedingungen für ihr Engagement gegeben sind. Die erste Bedingung besteht aus einem freiheitlichen Gestaltungsraum, der nicht von herrschaftlichen Macht- oder Kontrollmechanismen, wie Klerikalismen oder einseitigen und milieuverengten Gremienentscheidungen, bestimmt ist. Die zweite Bedingung fordert einen Haltungswechsel bei den Engagierten selbst, die sich von einem schwachen Engagement her verstehen müssten, das dienenden und diakonischen Charakter ohne Ren-

38 | Vgl. Simon Linder, Eine streitende Kirche in digitaler Gegenwart. Warum eine Theologie der Digitalität nach Synodalität und Streitkultur verlangt, Tübingen 2023.

dite hat. Die *Servicestellen Engagement* im Erzbistum Köln stellen ein Modell in der Engagementförderung dar, das sich diesen beiden Bedingungen verpflichtet fühlt, auch wenn sie sich in der Umsetzung im Prozess befinden. Strukturell sind die *Servicestellen* an den/die Referent:in des Erzbistums angebunden und stehen nicht in unmittelbarer Machtabhängigkeit von der Kirchengemeinde, auch wenn sie mit ihr kooperieren. Der/die Diözesanreferent:in nimmt die Dienstaufsicht der Engagementförder:innen zusammen mit einem Team von Engagementförder:innen wahr, was eine Form der Gewaltenteilung darstellt. Die Arbeit des/der Engagmentförder:in wiederum ist selbst partizipativ durch ein Team von Engagierten begleitet. Die Arbeitsweise findet in verschiedenen kontextgebundenen Formen statt, die jedoch immer ereignisbasiert und existenzorientiert entstehen. Engagementmöglichkeiten werden zwar zur Verfügung gestellt, aber eigentlich entstehen viele Engagementideen in Gesprächen und im Dialog in den *Servicestellen*. Der Ansatz einer Existenzorientierung, die theologie- und ekklesiogenerativ wird, findet hier einen Ort. Durch eine Verlagerung des Engagementorts in den Sozialraum wird das pfarrliche System entgrenzt und eine existenzorientierte Kirche ermöglicht. Ob diese Systemänderung bereits eine Strukturänderung und dann auch eine Haltungsänderung bewirkt, bleibt an dieser Stelle offen.

3. Gastfreundliche Kirche durch Engagierte

Ein postheroisch verstandenes Engagement gibt frei und macht Platz für das Unmittelbare und für das Existenzielle. In einem interaktionalen Begegnungs- und Beziehungsgeschehen finden gegenseitige Würdigung, Einfühlung, Respekt und Interesse statt, die nie ein volles Verstehen des/der anderen ermöglichen, die aber das menschenachtende Fremde willkommen heißen. Diese Beschreibung findet sich im Begriff der Gastfreundschaft. Steht die Gastfreundschaft unter dem christlichen Paradigma der *Bedingungslosigkeit*, dann radikalisiert sich Gastfreundschaft zu einer Form, in der Gast und Gastgeber:in sogar ihre Rolle wechseln, wie

Derrida es ausführlich darlegte.[39] Wie weit eine *bedingungslose* Gastfreundschaft möglich ist und wo die Grenze einer Gastlichkeit liegt, bleibt in der Spannung von *bedingungsloser* Nächstenliebe, im Extremfall bis zur Feindesliebe, und Selbstliebe in der Schwebe.

Interessant am Bild der Gastfreundschaft und vor allem der unbedingten Gastfreundschaft sind die zwei Ebenen, die sich in der Gastfreundschaft finden. Zum einen setzt sie einen Ort und eine Struktur voraus. Es handelt sich dabei nicht nur um eine Haltung, sondern um eine gastfreundliche Struktur. Zum anderen stellt eine *bedingungslose* Gastlichkeit eine Haltung dar, die sich aus einem postheroischen und interaktionalen Ansatz heraus versteht. Mit der Wahrnehmung der beiden Ebenen der Gastlichkeit wird deutlich, dass es keinen Haltungswechsel ohne Systemwechsel gibt. Vielmehr muss eine gastfreundliche Engagementkultur patriarchale und toxische Strukturen aufdecken und wird dann eine notwendige Strukturveränderung nach sich ziehen.

Eine so beschriebene gastliche Engagementkultur wird sich in einer wechselseitigen engagierten Gastlichkeit zeigen, die sich in mindestens fünf Arbeitsweisen niederschlagen könnte. Eine gastliche Haltung zeigt sich in einer *Beteiligung durch Begegnung*. Beteiligung ist mehr als Abstimmung über Informationen, sondern sie bedarf einer Begegnung, in der Kontexte, Bedürfnisse und Erfahrungen nicht nur ausgetauscht, sondern nachempfunden werden. Erst durch eine solche Begegnung kann eine wirksame personale Beteiligung stattfinden. Eine zweite Konsequenz aus einer gastlichen Haltung ergibt sich für die Art des Arbeitens. Gastlichkeit kann *nicht allein gelebt und gestaltet* werden. Sie erfordert ein Arbeiten im Team, das gegenseitig Raum und Platz schafft. Ein alleinkämpferisches Handeln als Engagierte:r ist im Kontext der Gastfreundschaft nicht mehr denkbar. Ein dritter Aspekt des engagierten Handelns betrifft *Kooperationen*. Eine freigebende und unbedingte Gastfreundschaft gibt auch eigene Räume frei. Kooperationen beschränken sich nicht nur auf Aktionen, sondern umfassen auch Räume und sonstige Ressourcen. Dieser Aspekt tangiert bereits ein sozialräumliches Denken. Eine *bedingungslose* Gastlichkeit entgrenzt das eigene Handeln über die eigenen Mitglieder hinaus. Es orientiert sich nicht nur an den eigenen Mitgliedern, sondern an einer *Verantwortung für den Sozialraum*, für das Gemein-

39 | Vgl. Jacques Derrida, Von der Gastfreundschaft, Wien [5]2018.

wohl. Schließlich wird aus den genannten Punkten deutlich, dass ein begegnungsorientiertes Engagement, das sich aus dem Ansatz der Gastlichkeit erschließt, eine Begegnung eröffnet, die im *gegenseitigen Hören und Lernen* zu einer Veränderung führt. Wer sich auf eine solche gastliche Begegnung einlässt, wird aus ihr verändert hervorgehen.

Eine gastfreundliche Haltung birgt jedoch immer auch blinde Flecken. Deshalb bedarf es einer steten kritischen Reflexion des eigenen Handelns und der Weiterbildung mit Impulsen zur eigenen Haltungsentwicklung. Diese Prozesse brauchen also eine Qualifizierung durch Fortbildungen, bei denen irritierende Aspekte eines christlichen Engagements zur Sprache kommen. Für die Umsetzung benötigen die Beteiligten Übungsräume, die am Experiment erfahren werden müssen. Allerdings sind die Bedingtheiten des Handelns meist stärker als der gute Willen oder vereinbarte Vorsätze. Eine gastfreundliche Haltung fordert also Bedingungen und Zeiträume, die eine Gastlichkeit ermöglichen.

Ein gutes Lernen wird auch durch Multiprofessionalität gefördert, weil dadurch auf die gleiche Situation aus unterschiedlichen Perspektiven geschaut wird. Daher sind multiprofessionelle Teams auf dem Hintergrund des Lernens und der Schulung eine wichtige Ressource. Zu den angesprochenen Bedingtheiten gehören auch Räume und Gelegenheiten, die zum Austausch der Engagierten oder Engagementförder:innen einladen und ihn ermöglichen, um über Haltungen, Grenzen und Möglichkeiten mit Personen zu sprechen, die in ähnlichen Situationen sind. Gemeinsame Schulungsveranstaltungen für Engagierte oder Engagementförder:innen schaffen oft Beziehungen und Kontakte, die zur ersten Adresse bei Fragen, Problemen oder Erfolgen werden können.

Eine gastfreundliche Kirche braucht Engagierte, die sich in das Risiko der Begegnung begeben und dabei selbst zu Lernenden werden. Diese postheroische Haltung liegt dem Handeln des Gottes Jesu Christi zugrunde, der sich in seinem schöpferischen Handeln selbst engagiert. Aus dieser theologischen Grundüberzeugung und dem Bild eines gastfreundlichen Engagements wäre eine neue Struktur von Kirche zu entwickeln, die sich in der Spannung von Institutions- und Existenzorientierung bewegt. Wo dies gelingt, stellen Engagierte Kirche vielleicht auf den Kopf und werden zu Evangelisten einer Kirche von morgen.

Literaturverzeichnis

Baecker, Dirk, 4.0 oder Die Lücke die der Rechner lässt, Leipzig 2018.
Böttigheimer, Christoph, Bedingungslos anerkannt. Der Beitrag des Glaubens zur Persönlichkeitsbildung, Freiburg i. Br. 2018.
Burke, Andree, Das Ereignis des Menschlichen. Menschenwürde und Seelsorge: Ein pastoraltheologischer Entwurf, Stuttgart 2020.
Derrida, Jacques, Von der Gastfreundschaft, Wien [5]2018.
Fuchs, Ottmar, Sakramente – immer gratis, nie umsonst, Würzburg 2015.
Fuchs, Ottmar, Momente einer Mystik der Schwebe. Leben in Zeiten des Ungewissen, Ostfildern 2023.
Haslinger, Herbert, Diakonie. Grundlagen für die soziale Arbeit der Kirche, Paderborn – München – Wien – Zürich 2009.
Hilberath, Bernd Jochen, »Ich bin kein Ehrenämtler, sondern eine Mission«, in: Gabriele Denner (Hg.), Hoffnungsträger, nicht Lückenbüßer. Ehrenamtliche in der Kirche, Ostfildern 2015, 9–15.
Hillebrand, Bernd, Kontakt und Präsenz. Grundhaltungen für pastorale Networker, Ostfildern 2020.
Keul, Hildegund, Schöpfung durch Verlust, Bd. II: Eine Inkarnationstheologie der Vulnerabilität, Vulneranz und Selbstverschwendung, Würzburg 2021.
Kling-Witzenhausen, Monika, Was bewegt Suchende? Leutetheologien – empirisch-theologisch untersucht, Stuttgart 2020.
Kohlgraf, Peter, Nur eine dienende Kirche dient der Welt. Yves Congars Beitrag für eine glaubwürdige Kirche, Ostfildern 2015.
Kraus, Georg, Die Kirche – Gemeinschaft des Heils. Ekklesiologie im Geist des Zweiten Vatikanischen Konzils, Regensburg 2012.
Legrand, Hervé, La présidence de l'eucharistie selon la tradition ancienne, in: Spiritus 18 (1977), 409–431.
Legrand, Hervé, Communion et eucharistie aux premiers siècles, in: L'Année canonique 25 (1981), 125–148.
Legrand, Hervé, Die Gestalt der Kirche, in: Peter Eicher (Hg.), Neue Summe Theologie, Bd. III: Der Dienst der Gemeinde, Freiburg i. Br. 1989, 87–181.
Lévinas, Emmanuel, Jenseits des Seins oder anders als Sein geschieht, Freiburg i. Br. 1992.
Linder, Simon, Eine streitende Kirche in digitaler Gegenwart. Warum eine Theologie der Digitalität nach Synodalität und Streitkultur verlangt, Tübingen 2023.
Luther, Henning, Religion und Alltag. Bausteine zu einer praktischen Theologie des Subjekts, Stuttgart 1992.
Rahner, Karl, Die unverbrauchbare Transzendenz Gottes und unsere Sorge um die Zukunft, in: Schriften zur Theologie, Bd. 14, Einsiedeln 1980, 405–421.
Schüßler, Michael, Befreiung im Dazwischen. Postheroische Transformation von Caritas- und Diakonietheologie, in: ZPTh 39 (2019), https://www.uni-muenster.de/Ejournals/index.php/zpth/article/view/2730 [letzter Aufruf: 05.02.2024].
Theobald, Christoph, Christentum als Stil. Für ein zeitgemäßes Glaubensverständnis in Europa, Freiburg i. Br. – Basel – Wien 2018.
Theobald, Michael, »Ekklesiogenese« im Neuen Testament – und heute? Vom Werden des Amtes in der Kirche, in: Theologische Quartalschrift 200 (2020), 51–68.
Theobald, Michael, Warum und wozu gibt es Ämter in der Kirche?, in: Biblische Zeitschrift 65 (2021), 62–85.

III. Diskussion des Forschungsberichts

Fördert Engagementförderung Kirchenentwicklung?

Eine soziologische Relecture der Evaluationsstudie

Michael N. Ebertz

Der offizielle Auftrag der vorliegenden Studie, deren Abschlussbericht mir vorliegt, war nicht prioritär zu untersuchen, ob und inwiefern die Engagementförderung im Erzbistum Köln zur Kirchenentwicklung beiträgt, sondern zu fragen, (a) »welche strukturellen Bedingungen zum Gelingen der *Servicestellen Engagement* beitragen« und (b) »welche inneren Haltungen dafür eine Rolle spielen«; darüber waren in der Studie die Fragen leitend, (c) »wie die Servicestellen in der jeweiligen Kirchengemeinde sowie im Sozialraum wahrgenommen werden« und (d) »wie sich Kooperationen und Vernetzungen nach innen und außen gestalten« (S. 6)[1]. Im letztgenannten Aspekt wie in der Unterstützung von Ehrenamtlichen sehen die Inhaber:innen der Engagementförderstellen ihre beiden Hauptaufgaben (vgl. S. 37), wenn auch der Vernetzungsbegriff im Unklaren bleibt. Tatsächlich ist für die Mehrheit der Inhaber:innen dieser *Servicestellen* damit kein klares Berufsprofil verknüpft (vgl. S. 30), und sie begreifen ihren Auftrag, den sie sich individuell erst einmal selbst aufbauen mussten (vgl. S. 38), allenfalls tertiär auch als ›Kirchenentwickler‹ (vgl. S. 37). Gleichwohl lässt die vorliegende Studie geradezu subversiv immer wieder die Frage durchblicken, ob diese neu eingerichteten Positionen im kirchlichen Stellengefüge – selbstverständlich auch die Unterstützungs- und Vernetzungsaufgaben ehrenamtlichen Engagements – zur Kirchenentwicklung beitragen. Und die Frage ist ja ver-

1 | Die eingeklammerten Seitenangaben im Fließtext verweisen auf die Originalstudie.

ständlich, ob und inwiefern durch den Ein- oder Anbau neuer Stellen nur Altes perpetuiert, Herkömmliches stabilisiert oder auch Innovation, d. h. bleibend Neues, generiert wird. Jedenfalls baten mich die Herausgeber:-innen der Studie darum, genau dieser Frage nachzugehen. Aber dies ist ein in mehrfacher Hinsicht riskantes Unterfangen.

Riskant ist es schon deshalb, weil »Kirchenentwicklung« kein geschützter Begriff ist. »Bewegung« steckt drin – aber wohin? »Veränderung« steckt drin – aber auch »Vorwärtskommen«? »Neugestaltung« steckt vielleicht drin – aber auch »Neuordnung«? Zu welcher Art und zu welchem Ziel von Entwicklung könnte die Engagementförderung beitragen? Regt sie Lernprozesse an, die das »Denken-und-Handeln-wie-üblich« irritieren, weil sie »Kirche« aus der Perspektive und den Erwartungen derer zu begreifen verhilft, die nicht zu »diesen frommen Seelen« gehören, »die es in jeder Gemeinde gibt«[2]? Im Abschlussbericht werden Metaphern der Bewegung verwendet, etwa Technometaphern, wenn die Engagementförderer und -förderinnen als »Motor« einer »Kirche von morgen« projiziert werden. Freilich gibt es auch Motoren, die stottern oder auf Leerlauf geschaltet sind und heute nicht voranbringen, weil niemand weiß, wo man morgen ankommen will. Wie lange reicht das unterstellte »Potential für eine zukünftige Kirche« (S. 5) aus, und wie sieht die Vision einer solchen Zukunft aus? Wer definiert sie – gibt es ein solches in die Zukunft gedachtes Bild überhaupt?

Riskant ist auch, sich darauf festzulegen, was »Kirche« meint, die sich – wohin auch immer – bewegen soll, darf oder muss. Als Formel lässt sich zwar – theologisch – sagen: »Kirche, das ist Gottes Werk und unser Beitrag«.[3] Aber: Geht es bei »Kirche« um die Institution (1), wie sie in Dogma und Recht verfasst ist, oder geht es um Organisation (2), genauer gesagt, um das vielschichtige Ensemble von Organisationen,[4] welches – zumal in Deutschland – »Kirche« ausmacht? »Kirche« realisiert sich bei soziologischer Betrachtung auch (3) in »Interaktionen« (»Wo zwei …«) und (4) »Gruppen« (»… oder drei in meinem Namen versammelt sind«),

2 | So Friedhelm Mennekes, Zwischen Freiheit und Bindung. Friedhelm Mennekes im Gespräch mit Brigitta Lentz über Kirche und Kunst, Köln 2008, 29f.

3 | Christian Bauer, Pastorale Andersorte. Eine kleine theologische Sprachkritik, in: Lebendige Seelsorge 66 (2015), 136–141, 139.

4 | Vgl. Michael N. Ebertz, Kirche als Organisation von Organisationen. Am katholischen Beispiel, in: Patrick Heiser; Christian Ludwig (Hg.), Sozialformen der Religionen im Wandel, Wiesbaden 2014, 169–184.

und zunehmend gewinnt man angesichts der öffentlich ausgetragenen innerkirchlichen Konflikte den Eindruck, sie sei in ihrer Komplexität auch mit den Begriffen »Interaktion«, »Gruppen«, »Institution«, »Organisation« nicht hinreichend begreifbar. Ist sie als »complexio oppositorum« gar eine »Gesellschaft«, ein System kommunikativer Erreichbarkeit eigener Art – »societas perfecta« oder »societas imperfecta«?

Laufen Prozesse der sogenannten Kirchenentwicklung vielleicht sogar auseinander, je nachdem, von welcher der vier Ebenen gerade gesprochen wird? Oder greifen die vier Ebenen ineinander? Offensichtlich ist kirchliche Organisationsentwicklung institutionsgesteuert, geht in Führung, ohne die priesterkirchliche Institutionsentwicklung mitzuziehen. Welche Folgen hat eine institutionsgesteuerte Organisationsentwicklung für die Ebene der Interaktionen und Gruppen von Kirche, die – zumeist noch am Pfarrer orientiert – auf freiwilliger, ehrenamtlicher Basis sich für »die Kirche« oder in ihrem Sinne engagieren? Wie orientieren sie ihr Engagement, damit »Kirchenentwicklung« auch jenseits von Interaktions- und Gruppenbildung möglich ist? Auf welcher Ebene (1, 2, 3, 4), frage ich also, könnte die Engagementförderung zur Kirchenentwicklung beitragen?

Die Frage nach der »Kirche« und ihrer »Entwicklung« lässt sich nochmals anders stellen – von ihrer Funktions- und Leistungsseite her. Dann erscheint »Kirche« – egal ob auf der Ebene der Institution, Organisation, Gruppe oder Interaktion – ebenfalls als ein komplexes System. Es erbringt innerhalb des gesellschaftlichen Teilsystems der Religion, das – anders als das Wirtschaftssystem, das Rechtssystem, das politisch-administrative System oder das Straßenverkehrssystem – die kommunikative Unterscheidung von Immanenz und Transzendenz pflegt, neben (5) der geistlichen Kommunikation (Liturgie und Verkündigung) weitere Leistungen: Leistungen für die Einzelpersonen, »Seelsorge« (6) genannt; Leistungen für ein besseres Zusammenleben (»Gesellschaftssorge«) bzw. für andere gesellschaftliche Teilsysteme, etwa für Familien, das Gesundheitssystem, das Erziehungssystem, das Bildungssystem, die Kultur: »Diakonie« (7) genannt. Eine weitere Leistung ist die Reflexion der Kirche auf sich selbst, »Theologie« genannt (8). Wenn man diese – an Luhmann orientierte – Perspektive einnimmt, stellt sich die Frage nach der »Kirchenentwicklung« (durch Engagementförderung) noch einmal anders: Zu welchem Leistungsbereich leistet sie einen Entwicklungsbeitrag (5, 6, 7, 8)?

Entlang dieser acht Gesichtspunkte soll im Folgenden auf der Textbasis der vorliegenden Studie sondiert werden, in welcher Hinsicht von einer »Kirchenentwicklung« ernsthaft gesprochen werden kann.

1. Kirchenentwicklung als Institutionsentwicklung

Die vorliegende Studie trifft die Unterscheidung von Kirche als Institution und Kirche als Organisation. Allerdings sieht sie den Beitrag der Engagementförderung offensichtlich weniger auf der Ebene der Institution, sei diese doch »aufgrund von Kontrolle und Macht kaum in der Lage, Beteiligungsstrukturen *bedingungslos* freizugeben« (S. 11). Mit den Engagementförderern und -förderinnen werden zwar neue Berufe, aber keine neuen Ämter kirchenrechtlichen Charakters kreiert, weshalb sie hinsichtlich einer Kirchen*entwicklung* auf *dieser* Ebene völlig bedeutungslos erscheinen. Eher bremst, so die Studie, die kirchliche Institution ehrenamtliches Engagement auf dieser Ebene aus, entwerte es sogar, weil dieses »nach dem Prinzip der Beteiligung und Autonomie« (S. 11) funktioniere. Die Kirche als Institution zeige, so heißt es weiter, ein »paternalistisches Vorgehen« (S. 11), das den für die Moderne typischen Prozessen der »funktionalen Demokratisierung«[5], wie Norbert Elias diese massive Verschiebung im gesellschaftlichen Machtgefüge nennt, nicht gerecht wird. Prozesse der funktionalen (nicht: institutionellen) Demokratisierung bestimmen inzwischen das Verhältnis von Eltern und Kindern (Aushandeln statt Gehorsam), zeigen sich zwischen Regierenden und Regierten (Anhörungen und Abstimmungen) und – seit der Zulassung von Mädchen zur Volksschule und zu weiterführenden Schulen – in deutlichen Verschiebungen in der überkommenen Geschlechterordnung. Kardinal Höffner, einer der Vorgänger des jetzigen Erzbischofs von Köln, hatte die Emanzipation der Frauen einmal auf eine Bedrohungsstufe mit der Atombombe gesetzt. So sind – auch mangels Zugangs zu den geweihten kirchlichen Ämtern seit der zweiten Hälfte der 1960er Jahre – Frauen

5 | Norbert Elias, Was ist Soziologie. Eine Einführung, München [5]1986, 70; vgl. Michael N. Ebertz, Entmachtung. 4 Thesen zu Gegenwart und Zukunft der Kirche, Ostfildern 2021.

im kirchlichen Ehrenamt im Vormarsch,[6] was von den Kontrolleuren der institutionellen Ebene der Kirche mit Argwohn beobachtet wird, wenn jene sich nicht mehr mit den Untergeschossen im kirchlichen Institutionengefüge abspeisen lassen und dem Klerus in der Belle Etage »auf die Pelle rücken«[7] wollen. So puffert sich die institutionelle Ebene der Kirche gegenüber den aufstrebenden Ehrenamtlichen ab und eröffnet ihnen Spielräume auf der Ebene des kirchlichen Organisationsbetriebs, solange sie die institutionellen Strukturen nicht in Frage stellen – Grenzkonflikte zwischen Kirche als Institution und als Organisation nicht ausgeschlossen.

2. Kirchenentwicklung als Organisationsentwicklung

Der Einbau der hauptberuflichen Stellen für Engagementförderung ist also im *organisationalen* Stellengefüge des Erzbistums erfolgt, wird allerdings arbeitsrechtlich und finanziell von der diözesanen Spitzenebene der Kirchenverwaltung aus gesteuert, offiziell nicht von den Pfarreien und deren Leitungsteams aus. Doch glaubt die Studie auch auf diesen beiden Ebenen kirchlichen Organisationsgeschehens Tendenzen eines »ausschließlichen strategischen und professionalisierten Vorgehens« (vgl. S. 11) zu beobachten, das »Menschen in ihrer Individualität und mit ihren Geschichten zu wenig ernst« (S. 11) nimmt. Das Leitungs- und Führungspersonal der beiden Ebenen kirchlicher Organisation scheint von habituellen Einstellungen geprägt zu sein, welche die Bedingungen ehrenamtlichen Engagements erschweren, postuliert die vorliegende Studie doch »einen Haltungswechsel von Haupt- und Ehrenamtlichen in den Pfarreien« und »in den Ordinariaten und Domkapiteln« (S. 12). Nicht nur auf der Institutionsebene von Kirche, sondern auch auf ihren Organisationsebenen scheint es somit einige negative Anreize für ehrenamt-

6 | Vgl. Michael N. Ebertz, Vormarsch und Rückzug. Frauen in den deutschen Kirchengemeinden, in: Herder Korrespondenz – Spezial April 2016, 9–12. – Auch in der quantitativen Befragung der vorliegenden Studie stellten Frauen mehr als zwei Drittel der Befragten (S. 32); knapp drei Viertel der Engagierten sind weiblich (S. 39), auch unter den Engagementfördernden überwiegt der weibliche Anteil (S. 34).

7 | So die Benediktinerin Philippa Rath auf einer Veranstaltung der Katholischen Frauengemeinschaft (KFD) am 23.02.2024 in Freiburg; siehe Badische Zeitung vom 27.02.2024, 5.

liches Engagement und dafür, Kirchenentwicklung in Richtung Autonomisierung und Partizipation zu dynamisieren, zu geben. Und diese Erschwernisse, wenn nicht Blockaden scheinen so verfestigt zu sein, dass die im Inkarnationsgeschehen angelegte ureigene Programmatik des Christentums, »Menschen *bedingungslos* anzuerkennen« (S. 12), nicht vermag, die versteinerten Verhältnisse in Bewegung zu bringen.

Aber eröffnet die Kirche auf der Organisationsebene nicht vielleicht doch – möglicherweise »hinter dem Rücken« ihrer tendenziell autonomiefeindlichen Institutions- und Organisationslogik – günstige »Rahmenbedingungen für das Engagement« (S. 11)? Immerhin wurden die *Servicestellen Engagement* – offensichtlich gegenläufig zu den üblichen kircheninternen Organisationserwartungen – administrativ »nicht an die Pfarrgemeinden angebunden, sondern an die Diözese« (S. 4), wodurch »Freiräume« geschaffen worden sein könnten, »die sich mehr charismen- als bedarfsorientiert ausrichten« (S. 4). Zunächst mag die Vorstellung vielleicht irritieren, dass durch Zentralisierung – durch die »Begleitung der Diözese« (S. 23) – mehr an Autonomie ehrenamtlichen Engagements ausgelöst werden könnte. Aber tatsächlich verfügen Organisationen mit steiler Entscheidungshierarchie zwar über hochrangige Positionen, allerdings haben deren Inhaber »nicht die Möglichkeit, alle Kommunikationen in der Organisation zu regulieren«[8], alle Unsicherheitszonen zu kontrollieren, und schon gar nicht können sie in einem großflächigen Territorium überall und jederzeit leibhaftig präsent sein. Und vielleicht wird ja durch die eine oder andere kleine Änderung im Stellengefüge an der Basis der Hierarchie eine Dynamik freigesetzt, welche die Spitze positiv überrascht und aus ihrer Sicht legitimierbar ist? Allerdings ist es kaum überraschend, dass die kirchliche Organisation an ihrer Peripherie Engagementförderung wie ehrenamtliches Engagement »gekapert«, d. h. unter dezentrale Regie genommen hat, wird doch deren »noch starke binnenkirchliche Abhängigkeit von den Kirchengemeinden« (S. 4) deutlich. Begünstigt werde diese kirchenorganisationsinterne Vereinnahmung durch den räumlichen Standort der *Servicestellen*, insbesondere dann, wenn sie sich direkt an einem Kirchengebäude oder sichtbar in seiner Nähe befinden (vgl. S. 16). Des Weiteren werde die Instrumentali-

8 | Stefan Kühl, Laterales Führen: Eine kurze organisationstheoretisch informierte Handreichung, Wiesbaden 2017, 25.

sierung der *Servicestellen* befördert durch die Organisations- und Ressourcenmacht der Leitenden Pfarrer (vgl. S. 26, 21) und der Pastoralteams vor Ort, aber auch durch die Engagementförder:innen selbst. Oft sind sie Mitglied der Pastoralteams (vgl. S. 22), arbeiten den Kirchengemeinden zu (vgl. S. 42f.), haben den Schwerpunkt ihrer Kooperationspartner:innen im kirchengemeindlichen Organisationsraum (vgl. S. 38) und setzen sich damit deren Erwartungen aus. Auch die Engagierten haben zumeist in den Kirchengemeinden ihre Ehrenamtskarriere durchlaufen, sind mit ihnen hoch identifiziert (vgl. S. 27), können die Maßstäbe ihres Engagements nicht selber setzen, müssen jedenfalls den Erwartungen der Haupt- und Ehrenamtlichen dort Rechnung tragen. So besetzt ein Drittel der Befragten weitere »Posten« der Kirchengemeinden (Pfarrgemeinderat, Kirchenvorstand), und zwei Drittel der Engagierten bespielen Projekte innerhalb der Kirchengemeinden (vgl. S. 39). Auch Projekte der *Servicestellen* werden als Projekte der Kirchengemeinden definiert (vgl. S. 50). Von den Engagierten wird die Zukunft der Kirche in den territorialen Kirchengemeinden und nicht an anderen, vielleicht neu zu entdeckenden oder zu kreierenden Orten gesehen. Der Effekt einer sozialen Öffnung kirchengemeindlicher Grenzziehungen oder einer Ausdehnung der Reichweite des kirchlichen Adressatenkreises durch engagementgeförderte ehrenamtliche Arbeit tritt so wohl kaum ein. Kirchenentwicklung entpuppt sich als Kirchengemeindeentwicklung. Die durch die Mehrheit der Kirchensteuerzahler:innen aufgebrachten Ressourcen scheinen wieder einmal – hier in Gestalt der diözesan gesteuerten Stellen der Engagementförderung – der schrumpfenden Minderheit von gemeindeinteraktiven Kirchenmitgliedern zugutezukommen, Spannungen und Konflikte zwischen diesen und den Hauptamtlichen vor Ort nicht ausgeschlossen. Geschieht also Kirchenentwicklung auf anderen Ebenen?

3. Kirchenentwicklung als Gruppenentwicklung

Die vorliegende Studie lässt das kirchengemeindliche Feld als Geflecht zahlreicher »Gruppierungen« (S. 15) erkennen, wobei informelle Gruppen hier und eine Vielfalt von Arbeitsgruppen dort unterscheidbar werden: unter den Letzteren z. B. Fachgruppen und Konferenzen zwischen den Engagementförder:innen (s. S. 19), Teams (Pastoralteams, Teams der *Servicestellen*), in denen sie Mitglied sind, und Projektgruppen. Den Engagementförderstellen wird zugeschrieben, ihren »Zusammenhalt« zu unterstützen »und Gemeinde lebendiger und vielfältiger [zu] machen« (S. 15). Generell sind soziale Gruppen für die jeweiligen Mitglieder überschaubare und dauerhafte soziale Beziehungen, die eine Präferenz für regelmäßige face to face-Kontakte haben, weshalb sich die Mitglieder auch zusammengehörig wissen und persönlich kennen. Dementsprechend stellt die vorliegende Studie ebenfalls »die Bedeutsamkeit von persönlichen Beziehungen« (S. 19) heraus, d. h. das Prinzip der Grenzziehung wird nicht in der Institution oder Organisation, sondern in der Person gesehen, genauer gesagt in der regelmäßigen Anwesenheit und Kooperation von Personen. Deshalb können Angehörige solcher Gruppenbeziehungen häufig voneinander erwarten, dass auch persönliche Angelegenheiten Thema werden. Gruppen sind auch insofern von Bedeutung, als formale Kooperationen und Kommunikationen an informellen Beziehungen zu Einzelpersonen festgemacht werden, und so hängt eine gelingende Zusammenarbeit in und mit den Kirchengemeinden »sehr von den einzelnen Personen ab« (S. 19). Dabei entsteht das Risiko, dass persönliche und formale Beziehungen verschwimmen, was manchmal euphemistisch als besonderes Engagement der Betreffenden bewertet wird. Auffällig ist außerdem, dass es den Charakterisierungen von Ehrenamtlichen als Mitgliedern von Arbeitsgruppen anscheinend fernliegt, sach- oder organisationsbezogene Beschreibungen (Kompetenzen, Zuständigkeiten, Aufgaben, Wirkungen) vorzunehmen. Ihre Personen – ihre »Charismen« – scheinen im Vordergrund zu stehen und nicht die Funktionen und Positionen, die sie innehaben. Je stabiler Gruppen sind, desto schwerer fällt es ihnen, Personen wieder loszuwerden, zu ergänzen und zu erweitern, wozu allerdings Prozesse der Kirchenentwicklung häufig – und häufig vergeblich – zu mobilisieren versuchen. Personen, die Gruppenmitglieder werden (wollen), müssen persönlich (nicht unbedingt fachlich) zueinander passen, weshalb zur Pflege solcher Passungen – so der Wunsch vieler Engagierter – auch noch ein »Gemeinschaftsgefühl« (S. 26) auf- und ausgebaut werden solle.

Es gibt mithin nicht nur die »Professionalisierungsfalle«, die ehrenamtliches Engagement verhindern kann, sondern auch die »Personalisierungsfalle«, die bestimmte Herausforderungen – auch informelle Rangordnungen zwischen den Gruppen der Kirchengemeinden, die als Bühnen der Selbstdarstellung genutzt werden – nicht anpacken lässt, obwohl man sich ihnen – etwa für eine »Kirchenentwicklung« – stellen müsste. Typisch für Gruppen ist auch, dass sie – anders als Organisationen – keine Verfahren zur Verfügung haben, Normen zu ändern oder zu erweitern.[9] Auffällig ist selbst bei den sachorientieren Arbeitsgruppen Ehrenamtlicher, dass sie eine binnengemeindliche Präferenz haben, die auch seitens der Engagementförderung bedient wird. Eine Stelleninhaberin bringt dies auf den Punkt, wenn sie betont, »die eigenen Gruppierungen« zu präferieren »und nicht die außerkirchlichen Gruppierungen« (S. 19). So entsteht der Eindruck, dass die durch die *Servicestellen Engagement*förderung angestoßene Kirchenentwicklung sich schwerpunktmäßig auf die Ineinanderverschachtelungen von kirchengemeindlicher Organisation und kirchengemeindlichen Gruppen bezieht und dieses Mit- und Ineinander steigert und verfestigt. Deshalb sind auch hier Spannungen und Konflikte zwischen den innergemeindlichen Gruppen und der Kirchengemeinde als dezentraler kirchlicher Organisation nicht ausgeschlossen. Der Einsaug- und Gravitationskraft dieses kirchengemeindlichen Feldes mit seinen Gruppen und Kreisen entspricht auch ein bei den Engagierten erkennbarer Pastoraler Habitus.[10] Genauer gesagt, lässt er sich als ein auf das kirchen*gemeindliche* Feld bezogener Habitus erschließen. Wie jeder Habitus (Sozialisationshabitus, Feldhabitus) erweist er sich zwar als System von Möglichkeiten, aber auch als ein »System von Grenzen«[11], wodurch zum Beispiel »marginalisierte Gruppen« (S. 4, 44, 50) oder ganze Felder kategorialer kirchlicher Aufgaben wie die Klinik- oder die Gefängnisseelsorge (vgl. S. 51) aus der Wahrnehmung ausgeblendet werden. Die *Servicestellen* dürften deshalb als »Laboratorium innovativer Kirche« (S. 4, vgl. 51) relativ rasch auch an habituelle Grenzen stoßen. Kirche jenseits der Parzelle der Kirchengemeinde und der Vielfalt ihrer speziellen Gruppen zu denken, fällt den zu fördernden Ehrenamtlichen

9 | Vgl. Hartmann Tyrell, Zwischen Interaktion und Organisation: Gruppe als Systemtypus, in: ders., Soziale und gesellschaftliche Differenzierung. Aufsätze zur soziologischen Theorie, Wiesbaden 2008, 39–54, bes. 47f.

10 | Vgl. im Detail: Michael N. Ebertz; Janka Stürner-Höld, Eingespielt – Ausgespielt! Vom notwendigen Wandel des Pastoralen Habitus in der Kirche, Ostfildern 2022.

11 | Pierre Bourdieu, Die feinen Unterschiede, in: ders., Die verborgenen Mechanismen der Macht, Hamburg 1992, 31–47, 33.

nämlich nicht ein. »Agenten« oder »Partisanen« der Kirche in der Fremde – die Studie spricht merkwürdigerweise von »Welt« (vgl. S. 4, 5, 16, 30, 44, 48, 49, 51) – zu sein, sich dort einzumischen und zu versuchen, etwas Neues auf die Beine zu stellen, Kirche auch in den Augen und Erwartungen von Menschen jenseits der Minderheit der interaktiven Kirchengemeindemitglieder, ja jenseits der Mehrheit der Kirchenmitglieder kennenzulernen, um daraus Inspiration und Perspektiven für eine Erneuerung der Kirche zu empfangen, kommt ihnen – und offensichtlich auch den Engagementfördernden – kaum in den Sinn. Von der Konfrontation mit den Sicht- und Lebensweisen außerhalb der Plausibilitätsstruktur des kirchengemeindlichen Geheges rund um den Kirchturm scheinen sie zurückzuschrecken. Der weise und immer wieder zu erinnernde Satz des früheren Bischofs des Kölner Nachbarbistums (Aachen) scheint sie nicht zu inspirieren, gar zu motivieren: »Lass mich dich lernen, dein Denken und Sprechen, dein Fragen und Dasein, damit auch ich die Botschaft neu lernen kann …«[12] Die überwältigende Mehrheit der befragten Ehrenamtlichen will Kirche »mitgestalten« (S. 40) – aber will sie sie auch verändern oder »entwickeln«?[13] Nur gut zwei Fünftel verbinden mit ihrem Engagement auch eine politische Motivation – auch eine »kirchenpolitische«? Zum Verständnis der Engagementförder:innen wie der Ehrenamtlichen scheint es, um ein Beispiel zu nennen, nicht zu gehören, Protestkommunikation zu pflegen, also sich an andere zu richten und deren Verantwortung anzumahnen. Zum Pastoralen Habitus gehört auch die paradoxe Fixierung auf den Leitenden Pfarrer. Seine Präsenz als Quelle der Entscheidung (Sachebene) und der Wertschätzung (Beziehungsebene) wird häufig vermisst, obwohl auf die Autonomisierung des ehrenamtlichen Engagements gepocht wird. Auch einige Merkmale des Sozialprofils der Engagierten – überdurchschnittliches Bildungsniveau, verheiratet, familienorientiert, mit 60 die Rente im Blick (vgl. S. 39) – indizieren eine gewisse Milieuverhaftung,[14] in der der Pastorale Habitus

12 | Klaus Hemmerle, Was fängt die Jugend mit der Kirche an? Was fängt die Kirche mit der Jugend an?, in: Internationale Katholische Zeitschrift 12 (1983), 306–317, 309.

13 | Der zum Einsatz gekommene Fragebogen enthält in der Liste »möglicher Gründe, sich für den Beruf des/der Engagementförder:in zu entscheiden«, auch das Item: … um »Kirche zu verändern« (vgl. Anhang ohne Seitenangabe). Die Auswertung der Antworten wird in dem vorliegenden Bericht nicht mitgeteilt.

14 | Und zwar vorwiegend im Konservativ-Gehobenen Milieu, d. h. einem von zehn empirisch unterscheidbaren Milieus. Vgl. hierzu Michael N. Ebertz, Sinus-Milieus, Kirchen, Religion und

gedeiht und immer wieder neu generiert wird. So wird durch die Ehrenamtlichen selbst kirchengemeindliche Milieuverengung repräsentiert und reproduziert. Zwar vermögen sie diese zu reflektieren, aber sie können nicht aus ihrer sozialen Haut heraus. Der Pastorale Habitus, der hier erkennbar wird, ist wie jeder Habitus unsichtbar, weil inkorporiert, und es braucht enorme Anstrengungen, ihn zu transformieren, nachdem man ihn (an anderen wie an sich selbst) überhaupt wahrgenommen hat.[15] Eine der größten Herausforderungen ehrenamtlicher (wie hauptamtlicher) Qualifizierungsmaßnahmen, wovon in der Studie nur nebenbei die Rede ist, dürfte diese Arbeit am Pastoralen Habitus sein.

4. Kirchenentwicklung als Interaktionsentwicklung

In der Evaluationsstudie werden die *Servicestellen Engagement* auch als – so wörtlich – »Anlaufpunkt für ehrenamtlich Engagierte« (S. 15) verstanden, also als Adresse für Interaktion. Die *Servicestelle Engagement* sei zumeist »deckungsgleich mit der Person des Engagementförderers bzw. der Engagementförderin« (S. 32). Sie sei, so wird dieser interaktionale Charakter metaphorisch und geradezu euphorisch bekräftigt, »das Gesicht« (S. 31, 44) dieser neuen Stelle der Kirche, ihr »Gesicht in der Gesellschaft der Gegenwart« (S. 50), das »Gesicht einer Kirche von morgen« (S. 50, 52; vgl. S. 4). Interaktionen entstehen, sobald mehrere Personen gemeinsam anwesend sind und einander face to face erkennen.[16] Es geht dabei um eine soziale Grenzziehung »sinnlicher Komplexität der Reflexivitätsverhältnisse: der wechselseitigen Wahrnehmung der Wahrnehmung des anderen auf die eigene Wahrnehmung und auf die gemeinsam wahrgenommene Außenwelt.«[17] In der vorliegenden Studie werden die *Servicestellen* als Schnittstellen beschrieben und die Interaktionen an den *Servi-*

Religiöses, in: Bertram Barth u. a. (Hg.), Praxis der Sinus-Milieus. Gegenwart und Zukunft eines modernen Gesellschafts- und Zielgruppenmodells, 2. Auflage, Wiesbaden 2023, 265–283.

15 | Vgl. hierzu mit detaillierten Anregungen Ebertz; Stürner-Höld 2022, 125ff.

16 | Vgl. Niklas Luhmann, Ebenen der Systembildung – Ebenendifferenzierung (unveröffentlichtes Manuskript), in: Bettina Heintz u. a. (Hg.), Interaktion – Organisation – Gesellschaft. Revisited. Sonderheft der Zeitschrift für Soziologie, Stuttgart 2015, 6–39, 7.

17 | Bettina Heintz u. a., Einleitung, in: dies. u. a. (Hg.), Interaktion – Organisation – Gesellschaft. Revisited. Sonderheft der Zeitschrift für Soziologie, Stuttgart 2015, IX–XVII, XVI.

cestellen als symmetrische und als asymmetrische Interaktion typisiert: als (erwünschter?) Ort der »Begegnung auf Augenhöhe« und als »ein starker Ort der Gastlichkeit« (S. 4, 15) mit einer »Atmosphäre des Willkommenseins« (S. 4; vgl. S. 24, 32). Die Metapher der Gastlichkeit bzw. der Gastfreundschaft, die einen alten biblischen (und außerbiblischen), religiösen und kulturellen Erfahrungs- und Erwartungshorizont repräsentiert,[18] fungiert hier als religiös gesättigte Leitidee der Öffnung (vgl. S. 49) und des Lernens gegen die Praxis der bewussten oder unbewussten sozialen Schließung. Obwohl die Positionen asymmetrisch verteilt sind (hier der übergeordnete Gastgeber, dort der untergeordnete Gast), vermag die Interaktion der Gastlichkeit vielleicht »den Fremden um seinetwillen« aufzunehmen, »ohne ihn für bestimmte Zwecke, und seien es auch kirchliche, in Anspruch zu nehmen«.[19] Bei diesem taktvollen Verzicht stellt sich Lernen eher nebenbei ein, indem sich der Gastgeber auf die Perspektive des Gastes einlässt. Ist es wahrscheinlich, dass es auf diese Weise, wie vage unterstellt, zu einer »möglichen Rollenveränderung« (S. 47) kommt? Der – berufliche und bezahlte – Gastgeber bleibt ja Gastgeber und der – nichtberufliche und unbezahlte – Gast(nehmer) bleibt Gast(nehmer). Und Letzterer weiß, dass er sich gerade nicht wie zu Hause benehmen und seinen Aufenthalt nicht grenzenlos ausdehnen darf. Wie dem auch sei: Ein radikales Lernen durch »Rollenveränderung« kann sich vielleicht auf der Interaktionsebene einstellen, garantiert jedoch noch lange nicht, dass die wachsende Dissoziation der kirchlichen Systemebenen (Interaktion, Gruppe, Organisation, Institution) überwunden wird.

Unklar bleibt mir als Leser der vorliegenden Studie, ob und inwiefern die jeweils anwesenden Beteiligten an den Interaktionen der *Servicestellen* zu den Mitgliedern der oben genannten Gruppen und der beiden Organisationsebenen (Kirchengemeinde; Erzbistum) gehören oder ob und inwiefern sie dieses Prinzip der Grenzziehung unterlaufen. Immerhin geben drei Viertel der Befragten an, dass die *Servicestelle* »Menschen außerhalb kirchlicher Strukturen [erreicht]« (S. 33). Allerdings sind es nur gut 20

18 | Vgl. die auch interaktionssoziologisch interessierte Studie von Heidrun Friese, Grenzen der Gastfreundschaft. Die Bootsflüchtlinge von Lampedusa und die europäische Frage, Bielefeld 2014.

19 | Rolf Gärtner, »Seid jederzeit gastfreundlich« (Röm 12,13) – ein Leitbild für heutige Gemeindepastoral. Dissertation an der Technischen Universität Dortmund, Dortmund 2010, 222.

Prozent von ihnen, für die diese Aussage »voll und ganz« zutrifft, während jede:r Dritte »voll und ganz« der Aussage zustimmt, dass die *Servicestelle* »Menschen innerhalb kirchlicher Strukturen« erreiche (S. 33). Abgesehen davon, dass nicht eindeutig ist, was der Ausdruck des »Erreichens« – zeitlich, sachlich und sozial – meint (und man nicht weiß, wie er von den Befragten verstanden wurde), scheint es *Servicestellen*, die räumlich nicht in der Nähe eines Kirchengebäudes platziert sind, besser zu gelingen, mit Kirchenorganisations- und Gemeinde(gruppen)-Fremden in Kontakt zu kommen (vgl. S. 16). Geht Kirchenentwicklung also interaktiv statt administrativ? Ungeregelt statt geregelt, unkontrollierbar und unverständlich, also »chaotisch« (S. 32, 44, 49), zumindest situativ? In ereignishaften Interaktionen scheinen jedenfalls eher als in auf Dauer gestellten, mehr oder weniger geschlossenen kirchlichen Gruppen, Organisationen und Institutionen diverse Mischungen von Mitgliedern und Nichtmitgliedern zu gelingen.

5. *Kirchenentwicklung als Entwicklung geistlicher Kommunikation*

Die (quantitative) Befragung der vorliegenden Studie sondierte unter anderem die Schwerpunkte des ehrenamtlichen Engagements und erkundigte sich dabei auch nach dem Engagement »für Angebote des Glaubens (z. B. Bibel, Gottesdienste, …)« und »für Angebote der Glaubensweitergabe (z. B. Kommunionunterricht, …)«. Etwa 40 Prozent der Befragten sehen den Schwerpunkt ihrer Projekte in »Angeboten des Glaubens« (S. 39), also wohl in katechetischen, liturgischen und Verkündigungsangeboten geistlicher Kommunikation. Dabei kann unterstellt werden, dass ihr Engagement vor der überkommenen und institutionell zementierten Domäne des Klerus, der für sich weitgehend das Monopol der Verwaltung der (sakramentalen) Heilsmittel und Heilswahrheiten in Anspruch nimmt, Halt macht. Neigungen zur Vergesellschaftung dieses geistlichen Kapitals, d. h. die Entmachtung des Klerus durch haupt- und ehrenamtliche Laien, kommen jedenfalls in der vorliegenden Studie nicht in den Blick, nicht einmal Grenzüberschreitungen oder Entwicklungsaufgaben hinsichtlich dieser Domäne, obwohl doch die sinkende Zahl sowie die Überalterung der Welt- und Ordenspriester signalisieren, die Funktion geistlicher Kommunikation zunehmend in die Verantwortung von (ehrenamtlichen) Laien zu überführen. Unter den Engagementförderinnen und -förderern wie unter den Ehrenamtlichen scheint überhaupt die religiöse Unterscheidung von Immanenz und Transzendenz und die kommunikative »Operation, die Transzendenz mit einem Namen versieht«, also »Gott ins Spiel«[20] bringt, nur schwach ausgeprägt zu sein, jedenfalls wird sie *von befragten Ehrenamtlichen und Engagementförder:innen* in der vorliegenden Studie nicht explizit zum Ausdruck gebracht. Auch der bereits erwähnte Wunsch nach Förderung des »Gemeinschaftsgefühls« (S. 26) scheint ohne ein Erleben, das die Immanenz ausdrücklich zu übersteigen sucht, ohne Suche nach Gott – ohne explizit Religiöses also – auszukommen. Zur Selbsteinschätzung ihrer Religiosität oder Spiritualität wurden die Befragten nicht befragt. Die (bloß rhetorisch gemeinte) Frage stellt sich, ob und inwiefern eine Kirche – als Interaktion, Gruppe, Organisation oder Institution – ohne Vitalisierung dieser Funktion der geistlichen Dimension überhaupt »entwickelbar« ist. Eine Kirchen*entwicklung* dieser spezifisch religiösen Funktion ist offensichtlich nicht Teil des Aufgabenspektrums der *Servicestellen* und der von ihnen geförderten Ehrenamtlichen, jedenfalls nicht von Höchstrelevanz.

6. Kirchenentwicklung als Seelsorgeentwicklung

Indem die Verfügung über die Seelsorge als Teil des umfassenderen Verständnisses von Pastoral im Gefolge des Zweiten Vatikanums aus dem Monopol des Klerus entlassen wurde, hat sich auch das Verständnis von Seelsorge sachlich wie sozial entgrenzt. An die Stelle der priesterlichen »Heilssorge«[21] ist heute ein theologisches Verständnis von Seelsorge getreten, zu deren Ausübung jeder Mann und jede Frau befähigt erscheint: »dass prinzipiell jeder Mensch in der Lage ist, sich als Ort des Wirkens Gottes zu erfahren; von daher«, so etwa Stefan Knobloch weiter, könne sie oder er »zu einem ›erfahrenen‹ Subjekt einer sowohl auf sich selbst

20 | Niklas Luhmann; Peter Fuchs, Reden und Schweigen, Frankfurt a. M. 1989, 80.
21 | Vgl. Michael N. Ebertz, Am toten Punkt: Wozu noch Seelsorge?, in: Lebendige Seelsorge 72 (2021), 429–432.

wie auf andere bezogenen Seelsorge werden«[22]. Seelsorge wird dann auf »Räume des Aufatmens«[23] bezogen, in denen das Leben »in der Schwebe«[24] sein darf, womit sie sich in einen Kontrast zu organisationskirchlichen Identitäts- und Erkennbarkeitsdiskursen setze. Seelsorge in diesem Verständnis stehe dann »nicht primär im Dienst kirchlicher oder religiöser Identität, sondern im Dienst der Lebensmöglichkeiten und der Lebendigkeit der sich begegnenden Menschen«.[25] Wie dem auch sei: Zu ihrem Aufgabenbereich zählen Engagementförderinnen und -förderer neben der allgemeinen »Sorge« (S. 4, 44, 50) für das Wohlergehen der Engagierten offensichtlich auch »Seelsorge« für diese. Sie vollzieht sich anscheinend im Modus der Beratung, denn die Engagementförderinnen und -förderer »führen seelsorgliche Gespräche und vermitteln bei Bedarf an Fachstellen weiter« (S. 18). Auch geben einige die Bereitschaft an, jenseits ihrer Arbeitszeiten »durchgehend für die Ehrenamtlichen erreichbar« zu sein (S. 29). Dagegen scheinen sich die Ehrenamtlichen selbst nicht, wie in der neueren Pastoraltheologie postuliert, als »Seelsorger« und »Seelsorgerinnen« zu verstehen. Niemand unter den Befragten zählt die Seelsorge*entwicklung* als Aufgabe der Kirchenentwicklung zum Portfolio der *Servicestellen*.

7. *Kirchenentwicklung als Diakonieentwicklung*

Kirchenentwicklung kann sich über die Entwicklung der geistlichen Kommunikation und der Seelsorge hinaus auch auf die diakonischen Leistungen beziehen, d.h. Leistungen für andere – nicht-kirchliche – gesellschaftliche Teilsysteme. Eine kirchlich verantwortete Erziehungsberatung oder Jugendfreizeit zum Beispiel, die Familien im Sommer entlastet, besteht nicht (nur) aus Gebeten und Lobgesängen, Meditationen

22 | Stefan Knobloch, Seelsorge – Sorge um das Menschsein in seiner Ganzheit, in: Herbert Haslinger (Hg.), Handbuch Praktische Theologie, Band 2: Durchführungen, Mainz 2000, 35–46, 39.

23 | Rainer Bucher; Karl Heinz Ladenhauf, Welche Seelsorge brauchen Menschen heute?, in: Rainer Bucher (Hg.), Die Provokation der Krise. Zwölf Fragen und Antworten zur Lage der Kirche, Würzburg 2004, 154–176.

24 | Klaus Kießling (Hg.), In der Schwebe des Lebendigen. Zum theologischen Ort der Pastoralpsychologie, Ostfildern 2012.

25 | Michael Schüßler; Dara Straub (Hg.), Seelsorgliche Ressourcen der Caritas. Ein Forschungsbeitrag zur Theologie christlicher Sozialunternehmen, Stuttgart 2022, 66f.

oder Prozessionen. Luhmann weist darauf hin, dass diakonische Leistungen sogar »nicht selten in Diskrepanz zur Funktionserfüllung«[26], also zur geistlichen Kommunikation im Religionssystem geraten könnten. Denn solche Leistungen liegen »nur vor, wenn sie von anderen Systemen angenommen und verarbeitet werden«. Und dies wiederum setze sogar, schreibt er weiter, »Übereinstimmung mit den normativen Strukturen« der aufnehmenden Teilsysteme voraus oder »die Fähigkeit, diese Aufnahmebedingungen im anderen System zu ändern«[27]. Beides wiederum habe ein »Vom-anderen-her-Denken«[28] zur Voraussetzung, wofür sich die christlichen Kirchen auch auf eine eigene Programm- und Legitimationsformel – »Liebe« – beziehen können. Nicht zuletzt deshalb sei für Diakonie »bezeichnend, dass *sozialstrukturelle* Probleme in *personalisierter Form*, also an Personen wahrgenommen werden (und das heißt natürlich in gewisser Weise auch: nicht als sozial*strukturelle* Probleme wahrgenommen werden)«[29]. Folgt man der vorliegenden Studie, setzen zwar nicht prioritär die *Servicestellen* für Engagementförderung (vgl. S. 37), allerdings die ehrenamtlich Engagierten in diesem diakonischen Leistungsbereich ihren Hauptakzent, der auch neutestamentlich hochgradig legitimiert ist: »Der Maßstab, an dem der Christ (der Mensch überhaupt) in Gottes Gericht gemessen wird, ist seine Gottes- und Menschenliebe und nicht der Grad seiner religiösen Erfahrung« oder seine Verfügung über außergewöhnliche Charismen, schreibt beispielsweise Hans Urs von Balthasar: Der all dies übersteigende Weg ist »für alle derselbe: die Liebe. Sie bleibt, während die Charismen vergehen (1 Kor 13,8).«[30] Allerdings zeigt die vorliegende Studie, dass die Engagementförderinnen und -förderer, so heißt es, »dem diakonischen Ansatz des Evangeliums ein neues Bewusstsein geben« (S. 11), und zwar dadurch, dass sie dem Prinzip der Gastlichkeit folgen und »die Menschen stärken« (S. 4). Diese »erfahren Servicestellen als eine Kirche, die dient und die subjektorientiert mit Menschen nach einem passenden Engagement sucht. Sowohl die Begleitung von Engagierten als auch ihre Arbeit stärken sie und machen Servicestellen zu einem Ort der Stärkung« (S. 49). Mithin beschei-

26 | Niklas Luhmann, Funktion der Religion, Frankfurt a. M. 1977, 58.
27 | Vgl. ebd., 58f.
28 | Ebd., 59.
29 | Ebd., 58.
30 | Hans Urs von Balthasar, Zur Ortsbestimmung christlicher Mystik, in: Werner Beierwaltes u. a., Grundfragen der Mystik, Einsiedeln [3]2009, 39–73, 68.

nigt die Studie den *Servicestellen*: Sie »sind sozial-diakonische Orte der Gastlichkeit« (S. 49), ihren – den Kirchengemeinden zugeschriebenen – Projekten: Sie sind »vorrangig sozial-diakonisch ausgerichtet« (S. 49, vgl. 39, 50), und den Stelleninhaber:innen, die ein »diakonisches Kirchenbild« (S. 34, vgl. 44, 50) haben: Sie »bewirken [...] diakonisches Engagement« (S. 17). Dies sehen offensichtlich auch die Ehrenamtlichen so. Worin dieses genau besteht, welchen Problemlagen und Adressat:innen es gilt und mit welchen Herausforderungen es konfrontiert wird, wird nicht erhellt. Es überrascht allerdings kaum, dass die Studie eine stärkere Kooperation der Ehrenamtlichen mit der verbandlichen Caritas anmahnt (vgl. S. 38, 44, 51), womit sie nicht nur auf eine Grenze des kirchengemeindlichen Pastoralen Habitus, sondern auch auf ein interorganisationelles Spannungsfeld innerhalb der Kirche (als Ensemble von Organisationen) aufmerksam macht.[31]

8. Kirchenentwicklung als Entwicklung theologischer Reflexion

Außer der geistlichen Kommunikation, der Seelsorge und der Diakonie hat die Kirche in Gestalt der Theologie noch ein eigenes – freilich höchst plurales – Reflexionssystem hervorgebracht. Versteht man die vorliegende Evaluationsstudie als einen integralen Bestandteil des »Projekts *Servicestellen*«, dann steht sie auch für diese kirchliche Eigenart der Selbstreflexion. Wenn ich recht sehe, wird sie im vorliegenden Fall von der für »Kirchenentwicklung« ja ganz grundlegenden kritischen Frage geleitet, die einmal Christian Bauer im Anschluss an Foucault so formuliert hat: »Ist dieser pastorale Ort [...] eine Repräsentanz der gegenwärtigen Ordnung der Dinge oder zeigt sich hier etwas, das diese überschreitet? Handelt es sich um einen Topos des kirchlich Gewöhnlichen oder um einen Heterotopos des pastoral Möglichen?«[32] Tatsächlich verfolgt

31 | Vgl. Michael N. Ebertz, Diakonie in der Perspektive religionssoziologischer Forschung, in: Andreas Lob-Hüdepohl u. a. (Hg.), Ökumenisches Kompendium Caritas und Diakonie, Göttingen 2022, 203–215.

32 | Bauer 2015, 137. – Vgl. über Utopien, Heterotopien und Heterochronien auch Michael N. Ebertz, Offene Kirchen – Ästhetische Schließung und Ausschließung, in: Freiburger Materialdienst für die Gemeindepastoral 2004, H. 2: »Offene Kirchen – Brennende Kerzen – Deutende Worte«, 13–18; vgl. auch ders., Neue Orte braucht die Volkskirche. Lebenszusammenhänge

die theologische Reflexion in der vorliegenden Studie genau diese Unterscheidung, indem sie Potential und Wirkung der *Servicestellen* als hochambivalent beurteilt. Im Zuge ihrer – strukturell und habituell begünstigten – Neigung, sich durch die Kirchen- oder Pfarrgemeinden vereinnahmen zu lassen, werden in der Arbeit der *Servicestellen* und der Engagierten »Kräfte der Beharrung« wirksam, welche die gegenwärtige kirchliche Ordnung repräsentieren, wenn nicht verfestigen. Andererseits lassen sich Anzeichen des Überschreitens dieser Ordnung erkennen. Sie manifestieren sich an den Orten der *Servicestellen* bereits in deren organisationskulturellen Zügen des »Unordentlichen«, des »Chaotischen« (vgl. S. 32, 44, 49). Durch die Brille einer Theologie der Entgrenzung[33] gesehen, der sich Autor und Autorin der Studie verpflichtet sehen,[34] lassen sich weitere Spuren, ja »Kräfte der Bewegung« erkennen, die pastoral Mögliches mehr als ahnen oder auch bloß wünschen lassen. Schon strukturell sind die *Servicestellen* als neue, andere »Zwischen«-Orte der Kirche ja tatsächlich platziert, womit sie auch »Orte für anderes« sein *könnten*: »Hoffnungsraum«, »Wandlungsraum«, »Raum neuer Möglichkeiten«.[35] Als neuartige Gelegenheitsstrukturen kirchlicher »Präsenz«[36] setzen sie sich – auch kritischen Anfragen – aus (expositiv), erkunden Bereitschaften und Kompetenzen ehrenamtlichen Engagements (explorativ) und können dieses in neue – vielleicht selbstaktive und solidarische[37] – Formen modellieren bzw. sich selbst modellieren lassen (experimentell). Als solche »Laboratorien« wären sie in der Lage, die »Kohärenz zwischen dem *Was*, um das es im Glauben geht, und dem *Wie* einer tatsächlichen Gestaltung erfahrbar«[38] zu machen. Das paradoxe »Was« des

wahrnehmen – Kirche differenziert gestalten, in: Ursula Pohl-Patalong (Hg.), Kirchliche Strukturen im Plural. Analysen, Visionen und Modelle aus der Praxis, Schönefeld 2004, 101–112.

33 | Vgl. jetzt Christoph Theobald, Entgrenzung als Identität. Christ und Kirche sein in Europa heute, in: Michael Quisinsky; Karlheinz Ruhstorfer (Hg.), Entgrenzung als Identität? Deutsch-französische Perspektiven für die Zukunft des Christentums in Europa, Freiburg 2023, 23–81.

34 | Bernd Hillebrand, Identität einer sich verlierenden Kirche. Pastorale Begegnungsräume als Entgrenzungsräume, in: Michael Quisinsky; Karlheinz Ruhstorfer (Hg.), Entgrenzung als Identität? Deutsch-französische Perspektiven für die Zukunft des Christentums in Europa, Freiburg 2023, 171–190.

35 | Hillebrand 2023, 183ff.

36 | Zu einem theologisch anspruchsvollen Begriff der Präsenz vgl. Bernd Hillebrand, Kontakt und Präsenz. Grundhaltungen für pastorale Networker, Ostfildern 2020.

37 | Zu einer Schärfung des inflationär gebrauchten Wert- und Strukturbegriffs vgl. Elisa Ebertz, Farben der Solidarität, Konstanz 2020; vgl. Michael N. Ebertz, Formen und Voraussetzungen von Solidarität heute, in: Johann-Baptist Metz u. a. (Hg.), Compassion. Weltprogramm des Christentums. Soziale Verantwortung lernen, Freiburg – Basel – Wien 2000, 37–52.

38 | Hillebrand 2023, 179.

christlichen Glaubens an den menschgewordenen Gott repräsentiert ja bereits religionsprogrammatisch eine Dynamik der Entgrenzung, die jeder Selbstabkapselung und Milieuverengung widerstreitet. Das »Wie«, das im jesuanischen Stil gesehen wird,[39] sich in Relation zu einem fremden Gegenüber zu setzen, ohne es in einer sozial eingeschliffenen Weise zu kategorisieren,[40] ja solche Kategorisierungen zu konterkarieren, das fremde Gegenüber wertschätzend anzublicken,[41] in seiner Diversität und Autonomie *bedingungslos* anzuerkennen, auf es zu hören und von ihm zu lernen und dabei die immer wieder neue Bereitschaft aufzubringen, die »Kohärenz von Wort und Tat«[42] zu überprüfen, überschreitet das typisch kirchliche (institutionelle) »Dispositiv der Dauer« (Rainer Bucher) in die Richtung eines eigendynamisch angestachelten Dauer-Ereignis-Dispositivs. Auch das Konzept der Gastfreundschaft, das die *Servicestellen* pflegen, könnte von einer bedingten in eine unbedingte Gastlichkeit transformiert werden,[43] sofern sie sich für den Sozialraum als »die zentrale Orientierungsgröße für eine zukünftige Pastoral der Gastlichkeit«[44] öffnen, sich mit seinen Akteuren vernetzen und von diesen lernen. Dabei wäre der »eigene Kirchraum«[45] nicht aufzugeben, sondern als Adresse diakonischer Gastlichkeit zu empfehlen.

9. Schluss

Da in der vorliegenden Studie die theologische Reflexion die Stärken der *Servicestellen Engagement* für eine lernende Kirchenentwicklung im Diako-

39 | Vgl. Christoph Theobald, Christentum als Stil. Für ein zeitgemäßes Glaubensverständnis in Europa, Freiburg i. Br. 2018; vgl. auch Theobald 2023, 34ff., 49ff.

40 | Anders als Alterität ist Fremdheit kein dem Gegenüber anhaftendes Attribut, sondern ein Relationsbegriff, d. h. eine Zuschreibung vom Standpunkt des Zuschreibenden; vgl. Alois Hahn, Die soziale Konstruktion des Fremden, in: Walter M. Sprondel, Die Objektivität der Ordnungen und ihre kommunikative Konstruktion, Frankfurt a. M. 1994, 140–163, 140.

41 | Vgl. Michael N. Ebertz, Auge in Auge. Das Christentum als Liebesgeschichte. Festvortrag am 24.10.2022 in der 40. Pädagogischen Woche des Erzbistums Köln: Im Angesicht des Anderen. Christsein ins Gespräch bringen in einer säkularen Welt, https://www.erzbistum-koeln.de/export/sites/ebkportal/kultur_und_bildung/schulen/.content/.galleries/ downloads/downloads_religionspaedagogik/KoelnPaedWo22ausfuehrlicheFassung.pdf (letzter Aufruf: 20.04.2024).

42 | Hillebrand 2023, 181.

43 | Vgl. ebd., 186f., 189.

44 | Ebd., 188.

45 | Ebd., 189f.

nischen und auf der Interaktionsebene in Gestalt der Gastlichkeit sieht, sei hier aus soziologischer Sicht angefügt: Die Wahrscheinlichkeit eines radikalen Umlernens durch die Erfahrung von Gastlichkeit, die mehr ist als diakonische Gastfreundschaft, könnte dann wachsen, wenn haupt- und ehrenamtliche Repräsentant:innen kirchlicher Institution, Organisation und Gruppenbildung die Position des Gastgebers – hin und wieder (und gecoacht) – verließen und sich selbst in die Rolle des Gastes an anderen Orten und innerhalb fremder Milieus begäben, »von denen die Kirche die untergeordnete Rolle des Gastes lernen kann«[46]. Wer sich zum Fremden macht, ist nämlich »andauernd dem Druck ausgesetzt, sich seine Umwelt interpretativ halbwegs zu erschließen, ohne jedoch trotz dieser Anstrengungen das Gefühl unmittelbar fragloser (und das heißt: deutungsentbundener) Präsenz erlangen zu können«[47]. In der Fremde vermag es einem zum Beispiel die übliche Sprache – pastorale Begrifflichkeiten und Phrasen – zu verschlagen. In der Rolle des/der Fremden bzw. des Gastes wird man gewissermaßen zum »Zwangshermeneutiker«, werden einem doch »andauernde Interpretations- und Übersetzungsanstrengungen abverlangt«[48] – und (damit) Korrekturen des eingespielten pastoralen Feldhabitus. Wichtig wäre dann auch für eine zweite Evaluation, Menschen aus den Sozial- und Lebensräumen zu fragen, wie aus ihrer »fremden« Perspektive das ehrenamtliche Engagement und die Engagementförderung der Kirche wahrgenommen werden. Vermag man die Rolle der kirchlichen Gastgeber:in erst dann zu entfalten, wenn dem die Erfahrung von Fremdheit, zumindest des öfteren Wechselns in die Gastrolle vorausgeht? Vieles spricht dafür, auch eigene Erfahrungen mit pastoralen Fortbildungen. Vielleicht kann »Kirche« tatsächlich erst dann

> »Gastgeberin für Menschen sein, wenn sie sich mit ihrer Gastrolle vertraut gemacht hat. Die Priorität des Gastes ermöglicht schließlich den Tausch der Rollen von Gast und Gastgeber, wie ihn das ekklesiale Leitbild des Lukasevangeliums in der Emmausperikope (Lk 24,13–35) darstellt: Der Eingeladene wird zum Einladenden und umgekehrt. Deshalb widerspricht eine Rollenfixierung der Kirche,

46 | Gärtner 2010, 222. Vgl. auch die vielfältigen pastoralen Erfahrungen in Michael N. Ebertz u. a. (Hg.), Lernen, wo die Menschen sind. Wege lebensraumorientierter Seelsorge, Mainz 2005.

47 | Christoph Schneider, Das Ferne, das uns nahe ist. Zur Phänomenologie der Fremdheit, in: Psyche 70 (2016), 923–948, 930.

48 | Ebd., 930, 932.

etwa auf einen wohltätigen Gastgeber, ihrem Wesen, weil sie darauf angewiesen bleibt, zu Gast zu sein. Für ihre Pastoral gilt dann, das Risiko einzugehen, ›nur‹ Gast bei Anderen und Fremden zu sein, von ihnen zu lernen und sich darin selbst neu zu verstehen.«[49]

Die Chancen zum Lernen durch Perspektivwechsel können in der Pastoral auch dadurch erhöht werden, dass sie sich nicht nur auf den Sozialraum hin öffnet, sondern auch für den Lebensraum bzw. die Lebensräume der Individuen, die nicht im Sozialraum aufgehen.[50]

Angefügt sei auch eine kirchensoziologische Skepsis: Unterscheidbar innerhalb des interaktiven Typs der Wahrnehmungskonstellation sind nicht nur Dyaden, Triaden, Gatherings usw., sondern auch mehr oder weniger repräsentative, mehr oder weniger einflussreiche, mehr oder weniger folgenreiche Interaktionen, was freilich schwer – und häufig erst ex post – einzuschätzen ist. Von daher bleibt abzuwarten, ob und inwiefern sich die Interaktionen der *Servicestellen* als erfolgreiche »Laboratorien« der Kirchenentwicklung erweisen. Von »Innovation« ist in einer sozialwissenschaftliche Begriffstradition erst dann zu sprechen, wenn Neues nicht nur gedacht (»Invention«), sondern auch etabliert ist. Aufmerksame Skepsis scheint allerdings insofern angebracht, als sich auch in anderen Bereichen kirchlicher »Entwicklung«, etwa in Sachen Ökumene, eine Verlagerung auf die Interaktionsebene beobachten lässt und damit zeitliche wie sachliche Verschiebungen weg von anderen Ebenen der Kirche – Reformverzögerungen und Reformverhinderungen – in Kauf genommen, wenn nicht (taktisch, strategisch) intendiert werden:

»›Sich begegnen (!), gegenseitig (!) das Gesicht sehen‹, das sind nach seiner [Papst Franziskus'] Überzeugung ›wesentliche Dimensionen‹ des Wegs (!) zur Einheit der Christen; ›echter Dialog‹ (!) sei nicht so sehr ein Austausch ›von Ideen‹ als vielmehr ›eine Begegnung (!) zwischen Menschen‹ (Ansprache in Istanbul, 30.11.14)«.[51]

49 | Gärtner 2010, 222f.

50 | Zur wichtigen Unterscheidung von »Sozialraum« und »Lebensraum«, die in der Pastoral häufig nicht getroffen wird, vgl. Michael N. Ebertz; Peter-Otto Ullrich, Lebensraum, sozialer Nahraum und Organisationsraum, in: Michael N. Ebertz u. a. (Hg.), Lernen, wo die Menschen sind. Wege lebensraumorientierter Seelsorge, Mainz 2005, 121–145.

51 | Papst Franziskus, Die Spaltung unter uns Christen ist ein Skandal, hg. von Stefan von Kempis, Stuttgart 2017, 9f.

Auf dem »Synodalen Weg« wurde Institutionelles verhandelt – und von der römischen »Konzernzentrale« des »Global players« ausgebremst, um sich auf ein weltweit gemeinsames Verständnis von »Synodalität« überhaupt erst einmal zu verständigen. In den Diözesen und Erzdiözesen geht es oft um Administratives, um Organisationelles, wenn – nach der einen oder anderen römischen Intervention (z. B. Trier) – das pastorale Betriebssystem durch Assoziationen und Fusionen zu größeren Einheiten so umgebaut wird, dass deren Leitung der derzeitigen und in der Zukunft erwartbaren Zahl von leitungsfähigen Priestern entspricht. Mit diesen »priesterkirchlichen« Vorgaben, die personelle Anforderungen und pastorale Raumstrukturen koppeln, kommt eine institutionelle Logik auch auf der Organisationsebene ins Spiel. Auf der Organisationsebene wird also beschleunigt »Kirchenentwicklung« nach der klerikalen Logik der kirchlichen Institution (nach Kirchenrecht) betrieben, die auf dem »Synodalen Weg« – etwa in der (priesterlichen) Machtfrage und in der Frauenfrage (soziale Schließung kirchlicher Ämter zugunsten zölibatärer Männer) – erheblich verändert, »entwickelt« werden sollte. Das (bisherige) Scheitern der »Kirchenentwicklung« auf der Institutionsebene (Kirchenrecht) engt somit den Spielraum kirchlicher Organisationsentwicklung auf der sachlichen und sozialen Dimension zwar ein, hat sie aber in zeitlicher Hinsicht beschleunigt. Kann es nicht sein, dass die durch Engagementförderung beschleunigte Engagemententwicklung auf der dezentralen Organisationsebene der Kirche schon recht bald an sachliche und soziale Grenzen stößt, weil in ihr der Primat der Institution verteidigt – und keine neue Vision von Kirche vertreten – wird? Deren Identität wird von ihren amtlichen Eliten an ihrer priesterkirchlichen, letztlich deutero-paulinisch legitimierten Verfasstheit festgemacht, und nicht – wie von den Verfassern der vorliegenden Studie – am paulinischen Bild einer Ekklesiogenesis, die sich spirituell aus den miteinander interagierenden Charismen von Engagierten und zu Engagierenden ergibt.

Literaturverzeichnis

Balthasar, Hans Urs von, Zur Ortsbestimmung christlicher Mystik, in: Werner Beierwaltes u. a., Grundfragen der Mystik, Einsiedeln [3]2009, 39–73.

Bauer, Christian, Pastorale Andersorte. Eine kleine theologische Sprachkritik, in: Lebendige Seelsorge 66 (2015), 136–141.

Bourdieu, Pierre, Die feinen Unterschiede, in: ders., Die verborgenen Mechanismen der Macht, Hamburg 1992, 31–47.
Bucher, Rainer; Ladenhauf, Karl Heinz, Welche Seelsorge brauchen Menschen heute?, in: Rainer Bucher (Hg.), Die Provokation der Krise. Zwölf Fragen und Antworten zur Lage der Kirche, Würzburg 2004, 154–176.
Ebertz, Elisa, Farben der Solidarität, Konstanz 2020.
Ebertz, Michael N., Formen und Voraussetzungen von Solidarität heute, in: Johann-Baptist Metz u. a. (Hg.), Compassion. Weltprogramm des Christentums. Soziale Verantwortung lernen, Freiburg i. Br. – Basel – Wien 2000, 37–52.
Ebertz, Michael N., Neue Orte braucht die Volkskirche. Lebenszusammenhänge wahrnehmen – Kirche differenziert gestalten, in: Ursula Pohl-Patalong (Hg.), Kirchliche Strukturen im Plural. Analysen, Visionen und Modelle aus der Praxis, Schönefeld 2004, 101–112.
Ebertz, Michael N., Offene Kirchen – Ästhetische Schließung und Ausschließung, in: Freiburger Materialdienst für die Gemeindepastoral 2004, H. 2: »Offene Kirchen – Brennende Kerzen – Deutende Worte«, 13–18.
Ebertz, Michael N., Kirche als Organisation von Organisationen. Am katholischen Beispiel, in: Patrick Heiser; Christian Ludwig (Hg.), Sozialformen der Religionen im Wandel, Wiesbaden 2014, 169–184.
Ebertz, Michael N., Vormarsch und Rückzug. Frauen in den deutschen Kirchengemeinden, in: Herder Korrespondenz – Spezial April 2016, 9–12.
Ebertz, Michael N., Entmachtung. 4 Thesen zu Gegenwart und Zukunft der Kirche, Ostfildern 2021.
Ebertz, Michael N., Am toten Punkt: Wozu noch Seelsorge?, in: Lebendige Seelsorge 72 (2021), 429–432.
Ebertz, Michael N., Diakonie in der Perspektive religionssoziologischer Forschung, in: Andreas Lob-Hüdepohl u. a. (Hg.), Ökumenisches Kompendium Caritas und Diakonie, Göttingen 2022, 203–215.
Ebertz, Michael N., Auge in Auge. Das Christentum als Liebesgeschichte. Festvortrag am 24.10.2022 in der 40. Pädagogischen Woche des Erzbistums Köln: Im Angesicht des Anderen. Christsein ins Gespräch bringen in einer säkularen Welt, https://www.erzbistum-koeln.de/export/sites/ebkportal/kultur_und_bildung/schulen/.content/.galleries/ down-loads/downloads_religionspaedagogik/KoelnPaedWo22ausfuehrlicheFassung.pdf (letzter Aufruf: 20.04.2024).
Ebertz, Michael N., Sinus-Milieus, Kirchen, Religion und Religiöses, in: Bertram Barth u. a. (Hg.), Praxis der Sinus-Milieus. Gegenwart und Zukunft eines modernen Gesellschafts- und Zielgruppenmodells, Wiesbaden [2]2023, 265–283.
Ebertz, Michael N. u. a. (Hg.), Lernen, wo die Menschen sind. Wege lebensraumorientierter Seelsorge, Mainz 2005.
Ebertz, Michael N.; Ullrich, Peter-Otto, Lebensraum, sozialer Nahraum und Organisationsraum, in: Michael N. Ebertz u. a. (Hg.), Lernen, wo die Menschen sind. Wege lebensraumorientierter Seelsorge, Mainz 2005, 121–145.
Ebertz, Michael N.; Stürner-Höld, Janka, Eingespielt – Ausgespielt! Vom notwendigen Wandel des Pastoralen Habitus in der Kirche, Ostfildern 2022.
Elias, Norbert, Was ist Soziologie. Eine Einführung, München [5]1986.
Friese, Heidrun, Grenzen der Gastfreundschaft. Die Bootsflüchtlinge von Lampedusa und die europäische Frage, Bielefeld 2014.
Gärtner, Rolf, »Seid jederzeit gastfreundlich« (Röm 12,13) – ein Leitbild für heutige Gemeindepastoral. Dissertation an der Technischen Universität Dortmund, Dortmund 2010.

Hahn, Alois, Die soziale Konstruktion des Fremden, in: Walter M. Sprondel, Die Objektivität der Ordnungen und ihre kommunikative Konstruktion, Frankfurt a. M. 1994, 140–163.

Heintz, Bettina u. a., Einleitung, in: dies. u. a. (Hg.), Interaktion – Organisation – Gesellschaft. Revisited. Sonderheft der Zeitschrift für Soziologie, Stuttgart 2015, IX–XVII.

Hemmerle, Klaus, Was fängt die Jugend mit der Kirche an? Was fängt die Kirche mit der Jugend an?, in: Internationale Katholische Zeitschrift 12 (1983), 306–317.

Hillebrand, Bernd, Kontakt und Präsenz. Grundhaltungen für pastorale Networker, Ostfildern 2020.

Hillebrand, Bernd, Identität einer sich verlierenden Kirche. Pastorale Begegnungsräume als Entgrenzungsräume, in: Michael Quisinsky; Karlheinz Ruhstorfer (Hg.), Entgrenzung als Identität? Deutsch-französische Perspektiven für die Zukunft des Christentums in Europa, Freiburg i. Br. 2023, 171–190.

Kießling, Klaus (Hg.), In der Schwebe des Lebendigen. Zum theologischen Ort der Pastoralpsychologie, Ostfildern 2012.

Knobloch, Stefan, Seelsorge – Sorge um das Menschsein in seiner Ganzheit, in: Herbert Haslinger (Hg.), Handbuch Praktische Theologie, Band 2: Durchführungen, Mainz 2000, 35–46.

Kühl, Stefan, Laterales Führen: Eine kurze organisationstheoretisch informierte Handreichung, Wiesbaden 2017.

Luhmann, Niklas, Funktion der Religion, Frankfurt a. M. 1977.

Luhmann, Niklas, Ebenen der Systembildung – Ebenendifferenzierung (unveröffentlichtes Manuskript), in: Bettina Heintz u. a. (Hg.), Interaktion – Organisation – Gesellschaft. Revisited. Sonderheft der Zeitschrift für Soziologie, Stuttgart 2015, 6–39.

Luhmann, Niklas; Fuchs, Peter, Reden und Schweigen, Frankfurt a. M. 1989.

Mennekes, Friedhelm, Zwischen Freiheit und Bindung. Friedhelm Mennekes im Gespräch mit Brigitta Lentz über Kirche und Kunst, Köln 2008.

Papst Franziskus, Die Spaltung unter uns Christen ist ein Skandal, hg. von Stefan von Kempis, Stuttgart 2017.

Schneider, Christoph, Das Ferne, das uns nahe ist. Zur Phänomenologie der Fremdheit, in: Psyche 70 (2016), 923–948.

Schüßler, Michael; Straub, Dara (Hg.), Seelsorgliche Ressourcen der Caritas. Ein Forschungsbeitrag zur Theologie christlicher Sozialunternehmen, Stuttgart 2022.

Theobald, Christoph, Christentum als Stil. Für ein zeitgemäßes Glaubensverständnis in Europa, Freiburg i. Br. 2018.

Theobald, Christoph, Entgrenzung als Identität. Christ und Kirche sein in Europa heute, in: Michael Quisinsky; Karlheinz Ruhstorfer (Hg.), Entgrenzung als Identität? Deutsch-französische Perspektiven für die Zukunft des Christentums in Europa, Freiburg i. Br. 2023, 23–81.

Tyrell, Hartmann, Zwischen Interaktion und Organisation: Gruppe als Systemtypus, in: ders., Soziale und gesellschaftliche Differenzierung. Aufsätze zur soziologischen Theorie, Wiesbaden 2008, 39–54.

Diversitätssensible Engagementförderung

Annika Klages

Ehrenamtliches Engagement spielt eine maßgebliche Rolle für gesellschaftliche Teilhabe sowie Zusammenhalt und setzt sich u. a. für wichtige soziale und gesellschaftliche Themen ein.[1] Dabei ist ehrenamtliches Engagement nicht nur für das Gemeinwohl von Bedeutung, sondern kann auch die individuelle Lebensqualität und -zufriedenheit von Engagierten steigern.[2] Eine ehrenamtliche Tätigkeit bietet häufig die Möglichkeit, neue Fähigkeiten und Kenntnisse zu erlernen und soziale Kontakte zu knüpfen. Zusätzlich erfahren ehrenamtlich Engagierte auch öffentliche Anerkennung: »Neben der ›Ehre‹, die das Amt mit sich bringt, belohnen viele Bundesländer und Kommunen Engagement bspw. durch Weiterbildungsangebote oder Vergünstigungen«[3]. Zu Vergünstigungen zählen z. B. »Ehrenamtskarten«, die einen Ausdruck von Wertschätzung sowie Anerkennung für die ehrenamtliche Arbeit darstellen.[4] Jedoch zeigen aktuelle Studien zum freiwilligen Engagement auf, dass nicht alle Bevölkerungsgruppen in gleichem Maße daran partizipieren können.[5] Es besteht die Gefahr einer Marginalisierung.[6] So lautet auch ein zentrales Ergebnis des Forschungsprojekts *Evaluation von Servicestellen Engage-*

1 | Vgl. Julia Simonson; Nadiya Kelle; Corinna Kausmann; Clemens Tesch-Römer, Einleitung: Zwanzig Jahre Deutscher Freiwilligensurvey, in: dies. (Hg.), Freiwilliges Engagement in Deutschland. Der Deutsche Freiwilligensurvey 2019, Wiesbaden 2022, 11–28, 14ff.

2 | Vgl. ebd., 16; vgl. auch Christine Krüger; Claudia Vogel; Alberto Lozano Alcántara; Franziska Rämänen, Marginalisierte Gruppen im Engagement. Engagementförderung für Menschen mit erschwerten Zugängen, Neubrandenburg 2023, 5.

3 | Krüger et al. 2023, 5.

4 | Vgl. z. B. Stadt Köln, Ehrenamtskarte NRW, https://www.stadt-koeln.de/artikel/64985/index.html (letzter Aufruf: 13.02.2024).

5 | Vgl. Julia Simonson; Nadiya Kelle; Corinna Kausmann; Clemens Tesch-Römer, Unterschiede und Ungleichheiten im freiwilligen Engagement, in: dies. (Hg.), Freiwilliges Engagement in Deutschland. Der Deutsche Freiwilligensurvey 2019, Wiesbaden 2022, 67–94, 67ff.

6 | Vgl. Krüger et al. 2023, 5.

ment im Erzbistum Köln, dass insbesondere marginalisierte Gruppen vermehrt in den Fokus einer Engagementförderung rücken sollten.[7]

Ziel dieses Beitrags ist es, marginalisierte und vom ehrenamtlichen Engagement verstärkt ausgeschlossene Gruppen in den Blick zu nehmen sowie Empfehlungen zur Stärkung von Diversität im Rahmen einer Engagementförderung zu geben und entsprechende Maßnahmen vorzuschlagen. Darüber hinaus wird Bezug auf die Ergebnisse der Studie *Evaluation von Servicestellen Engagement im Erzbistum Köln* genommen und betrachtet, welche Strukturen innerhalb der *Servicestellen Engagement* Diversität fördern bzw. erschweren. Eine Auseinandersetzung mit diversitätssensibler Engagementförderung trägt dazu bei, eine chancengerechtere Gesellschaft zu schaffen, Partizipation zu fördern und heterogene, bereichernde Perspektiven und Ideen ins Ehrenamt einzubringen.

Diversität wird in diesem Beitrag als macht- sowie ungleichheitssensibler Ansatz verstanden, dessen Ziel nicht nur die Schaffung eines Bewusstseins für Differenzen ist, sondern auch die Förderung einer gerechteren gesellschaftlichen Teilhabe. Dieser Ansatz von Diversität hat »nicht nur [...] den Anspruch, die vielfältigen Differenzverhältnisse als Diskriminierungsverhältnisse wahrzunehmen, sondern [...] diese Machtverhältnisse auch ändern zu wollen.«[8] Neben der Anerkennung und Wertschätzung von Vielfalt ist es daher auch erforderlich, sich kritisch mit strukturellen sowie institutionellen Kontexten auseinanderzusetzen, die zu einer Benachteiligung führen. Zu Differenzkategorien zählen beispielsweise Geschlecht, Ethnizität, Klasse, Religion, Behinderung, Alter sowie sexuelle Identität. In diesem Zusammenhang ist immer auch eine intersektionale Perspektive notwendig, die das Zusammenwirken und die Verschränkung unterschiedlicher Differenzkategorien berücksichtigt.[9]

7 | Vgl. Bernd Hillebrand; Annika Klages, Abschlussbericht. Evaluation von Servicestellen Engagement im Erzbistum Köln, Freiburg i. Br. 2023, 50.

8 | Melanie Plößer, Diversity, in: Vierteljahresschrift für Heilpädagogik und ihre Nachbargebiete 82 (2013), 60–63, 62.

9 | Vgl. hierzu z. B. Carolin Küppers, Intersektionalität, https://www.gender-glossar.de/post/intersektionalitaet (letzter Aufruf: 10.02.2024).

1. Ungleichheiten und Unterschiede im ehrenamtlichen Engagement

Durch das *Deutsche Freiwilligensurvey,* eine repräsentative Studie zum ehrenamtlichen Engagement in Deutschland, lassen sich differenzierte Aussagen über die Entwicklung des Ehrenamts in Deutschland treffen. Die Daten des Freiwilligensurveys aus dem Jahr 2019 zeigen, dass sich in Deutschland rund 28,8 Millionen Menschen ehrenamtlich engagieren, was einem Bevölkerungsanteil von fast 40% entspricht.[10] Im Rahmen der Studie werden auch verschiedene Bevölkerungsgruppen in den Blick genommen und miteinander verglichen. Ein zentrales Ergebnis des Freiwilligensurveys ist, dass es systematische Unterschiede im ehrenamtlichen Engagement zwischen verschiedenen Bevölkerungsgruppen gibt. Daher kann darauf geschlossen werden, dass nicht alle Menschen in gleicher Weise am ehrenamtlichen Engagement partizipieren können.[11] Die Daten des Freiwilligensurveys zeigen auf, dass unter den ehrenamtlich Engagierten ein hohes Bildungsniveau herrscht.[12] Zu diesem Ergebnis kommt ebenfalls die Studie zur Evaluation von *Servicestellen Engagement.*[13]

Die Daten des Freiwilligensurveys legen darüber hinaus u.a. dar, dass sich arbeitslos gemeldete Personen, Menschen mit geringem Einkommen, Personen über 65 Jahre sowie Menschen mit eigener Zuwanderungserfahrung vergleichsweise weniger engagieren.[14] Dafür können unterschiedliche Gründe verantwortlich sein. Julia Simonson und die Mitautor:innen weisen darauf hin, dass dies ein Resultat sozialer Ungleichheit sein könne, welches sich in ungleichen Partizipationsmöglichkeiten zeige. Sie führen fehlende Ressourcen sowie verschiedene Gelegenheitsstrukturen als mögliche Erklärungen auf:

> »Faktoren, die den Zugang zum freiwilligen Engagement erleichtern oder erschweren, können in persönlichen Ressourcen liegen (gesundheitliche Lage, bildungsbezogene Ressourcen, Einkommen, Sprachkenntnisse), aber auch in unterschiedlichen Gelegenheits-

10 | Vgl. Julia Simonson; Nadiya Kelle; Corinna Kausmann; Clemens Tesch-Römer, Zentrale Ergebnisse des Deutschen Freiwilligensurveys 2019, in: dies. (Hg.), Freiwilliges Engagement in Deutschland. Der Deutsche Freiwilligensurvey 2019, Wiesbaden 2022, 1–7, 1.

11 | Vgl. Simonson et al. 2022, 90f.

12 | Vgl. ebd., 80f.

13 | Vgl. Hillebrand; Klages 2023, 39.

14 | Vgl. Simonson et al. 2022, 67ff.

> strukturen begründet sein (unterschiedliche Anknüpfungspunkte für freiwilliges Engagement über die Erwerbstätigkeit oder die Familie, unterschiedliche Rahmenbedingungen für Engagement in den Regionen).«[15]

Die Analysen des Deutschen Freiwilligensurvey decken unterschiedliche gesellschaftliche Bereiche ab, in denen sich Ehrenamtliche engagieren. Insgesamt geben ca. 4,9 Millionen Menschen – d. h. fast 7 % der Bevölkerung – an, sich im Rahmen von Religion und Kirche zu engagieren.[16] Die Ergebnisse im Evaluationsprojekt zu den *Servicestellen Engagement* weisen darauf hin, dass sich ein Großteil der ehrenamtlich Engagierten in einem Bereich bzw. Projekt innerhalb der Kirchengemeinde engagieren. Es findet eine starke Identifikation der ehrenamtlich Engagierten mit der jeweiligen Kirchengemeinde statt.[17] Die Befragten im Rahmen des Forschungsprojekts vertreten ein gemeindeorientiertes, jedoch auch gemeindeoffenes Kirchenbild, also ein Kirchenbild, das menschenorientiert sowie milieu- als auch religionsoffen ist. Dennoch werden im Rahmen der *Servicestellen Engagement* im Erzbistum Köln überwiegend Personen aus dem binnenkirchlichen Raum angesprochen.[18] Menschen außerhalb dieser Strukturen werden vergleichsweise weniger erreicht, was eine umfassende Umsetzung einer diversitätssensiblen Engagementförderung erschwert. Darüber hinaus werden im Rahmen von kirchlichem Ehrenamt nicht alle Diversitätskategorien im gleichen Maße angesprochen. So »ist die Kirche bei der Diversitätskategorie ›Religion‹, ja Konfession, eher oder sehr homogen ausgerichtet.«[19] Bestimmte Tätigkeiten innerhalb des ehrenamtlichen Engagements werden von Personen ausgeführt, die dem christlichen bzw. katholischen Glauben angehören.

15 | Ebd., 90f.

16 | Vgl. Corinna Kausmann; Christine Hagen, Gesellschaftliche Bereiche des freiwilligen Engagements, in: Julia Simonson; Nadiya Kelle; Corinna Kausmann; Clemens Tesch-Römer (Hg.), Freiwilliges Engagement in Deutschland. Der Deutsche Freiwilligensurvey 2019, Wiesbaden 2022, 95–124, 109.

17 | Vgl. Hillebrand; Klages 2023, 39.

18 | Vgl. ebd., 50f.

19 | Regina Laudage-Kleeberg, »Wer zu allen Seiten offen ist …«. Diversity Management beim kirchlichen Arbeitgeber, in: Zeitschrift für Pastoraltheologie 37: Umgang der Kirche mit Diversitäten (2017), 129–141, 136.

Dies betrifft beispielsweise pastorale, liturgische und katechetische Aufgabenbereiche.[20]

2. *Maßnahmen zur Förderung von Diversität im ehrenamtlichen Engagement*

Menschen mit erschwertem Zugang zum ehrenamtlichen Engagement werden im Rahmen einer Engagementförderung häufig noch zu wenig berücksichtigt: »Es gibt in Deutschland kaum praxisrelevante Konzepte, die sich mit der Engagementförderung marginalisierter Gruppen beschäftigen.«[21] Engagementförderung orientiert sich häufig nicht ausreichend an den Bedürfnissen und Ressourcen dieser Bevölkerungsgruppen. Dabei ist die Förderung von Engagement sogar in verschiedenen Sozialgesetzbüchern zu finden, worauf Christine Krüger et al. aufmerksam machen.[22] Obwohl in der Engagementförderung oftmals eine Sensibilität für die Ausgrenzung von Menschen im ehrenamtlichen Engagement vorhanden sei, gestalte sich eine gezielte Förderung für Fachkräfte aufgrund mangelnder zeitlicher und finanzieller Ressourcen sowie unzureichender Arbeitsbedingungen als herausfordernd.[23] Die Ergebnisse des Evaluationsprojekts zu den *Servicestellen Engagement* zeigen ebenfalls, dass Ressourcen und Bedingungen für eine erfolgreiche Engagementförderung erforderlich sind. Dazu gehören u.a. zeitliche und finanzielle, aber auch personelle Ressourcen sowie die Unterstützung aus der Kirchengemeinde.[24] Fehlen diese Bedingungen, wird auch eine diversitätssensible Engagementförderung erschwert.

Bedeutend für eine diversitätssensible Engagementförderung ist darüber hinaus eine respektvolle, inklusive und diversitätssensible Kommunikation und Sprache, sei es z.B. mittels Texten oder Bildern, die verschiedene Bevölkerungsgruppen adressieren und miteinbeziehen. Dadurch wird eine zugleich wertschätzende als auch einladende Ansprache ver-

20 | Vgl. hierzu z.B. Erzdiözese Freiburg, Statut für ehrenamtliches Engagement in der Erzdiözese Freiburg, Freiburg i.Br. 2023, 2.
21 | Krüger et al. 2023, 8.
22 | Hierzu vgl. ebd., 9.
23 | Vgl. ebd., 8f.
24 | Vgl. Hillebrand; Klages 2023, 21ff.

schiedener Menschen ermöglicht.[25] Hinzu kommt der Aspekt der Barrierefreiheit: »Barrierefreiheit (Accessibility) bedeutet, dass Räume, Informationsangebote und Kommunikationsformate für alle Menschen ohne zusätzliche Einschränkung zugänglich sind.«[26] Dies umfasst beispielsweise Menschen mit Einschränkungen der Mobilität, psychischen Beeinträchtigungen oder Seh- sowie Hörbeeinträchtigungen.

Simonson et al. erläutern individuelle Bedingungen, die maßgeblich dafür sind, ob eine Person sich für ein ehrenamtliches Engagement entscheidet. Förderlich ist zunächst, wenn die Person ausreichend in die Gesellschaft integriert und vernetzt ist, um einen Zugang zum ehrenamtlichen Engagement zu erhalten. Darüber hinaus bedarf es ausreichend freier Zeit und des erforderlichen Know-hows für die jeweiligen Aufgabenbereiche des Ehrenamts.[27] Im Kontext jeder Zielgruppe ist es von großer Bedeutung, ein besonderes Augenmerk auf die Phase der Engagementvermittlung und Beratung von Interessierten zu legen. Ein guter Beratungsprozess zeichnet sich u. a. durch flexible Bürozeiten aus und orientiert sich an den Ressourcen, Kompetenzen und Bedürfnissen der Engagementinteressierten. Zudem sollte Transparenz über die Aufgabenfelder, Anforderungen und Kosten des Ehrenamts gewährleistet sein.[28]

Die Engagementförder:innen der *Servicestellen Engagement* vertreten einen Ansatz, der die Wünsche und Bedürfnisse der ehrenamtlich Engagierten bzw. Interessierten in den Fokus rückt. Die Engagementförder:innen handeln charismenorientiert.[29] Ein charismenorientierter Ansatz legt den Blick auf die individuellen Kompetenzen, Stärken und Potenziale der Menschen. Insbesondere in den letzten Jahren sowie Jahrzehnten hat sich in unterschiedlichen kirchlichen Kontexten eine Entwicklung in diese Richtung vollzogen. Viele (Erz-)Diözesen beschäftigen sich mit Perspektiven für eine zukunftsfähige Kirche, die auch die Themen *Vielfalt und*

25 | Vgl. Regionale Arbeitsstellen für Bildung, Integration und Demokratie (RAA) e. V., Diversitätsorientierte Organisationsentwicklung: Grundsätze und Qualitätskriterien, Berlin 2017, https://raa-berlin.de/wp-content/uploads/2018/12/raa-berlin-do-grundsaetze.pdf (letzter Aufruf: 12.02.2024), 12.

26 | Bündnis für Demokratie und Toleranz – gegen Extremismus und Gewalt, Begeistert engagiert, Menschen gewinnen und motivieren, Berlin 2021, 20.

27 | Vgl. Simonson et al. 2022, 69.

28 | Vgl. Krüger et al. 2023, 11.

29 | Vgl. Hillebrand; Klages 2023, 18.

gesellschaftliche Pluralität berücksichtigen.[30] Regina Laudage-Kleeberg erläutert aufbauend auf den Ansätzen und Empfehlungen zur Charismenorientierung im Rahmen einer Engagementförderung: »Die Kirche und die Theologie sind reich an diversitätssensiblen Perspektiven. Diversitätsförderung lässt sich exegetisch und pastoraltheologisch begründen.«[31] Konzepte zur Charismenorientierung nehmen in der Engagementförderung zunehmend eine bedeutende Rolle ein.[32] Neben den Studien zur Evaluation der *Servicestellen Engagement* kommt auch das Forschungsprojekt *Kirchliches Ehrenamtsmanagement: Die Dimension der Motivation* u.a. zu dem Ergebnis, dass es eine wichtige Kompetenz Hauptamtlicher ist, die Charismen ehrenamtlich Engagierter zu entdecken und zu fördern. Im Rahmen des Forschungsprojekts wurde ein Kompetenzmodell für Hauptamtliche zur Förderung ehrenamtlichen Engagements in der Gemeindepastoral entwickelt.[33] Neben den Charismenentdeckungskompetenzen nennen Theresa Reinke und Christine Zimmerhof auch die Diversitätskompetenzen als eine weitere zentrale Fähigkeit, die für die Zusammenarbeit mit ehrenamtlich Engagierten von Bedeutung ist.[34] In Bezug auf die Diversitätskompetenzen schreiben die Autorinnen:

> »Aufgrund der pluralen Formen gesellschaftlichen Lebens ist es unabdingbar, dass die hauptberuflichen pastoralen Mitarbeiterinnen und Mitarbeiter über aktuelle Kenntnisse der Milieu- und Lebensweltforschung verfügen, Instrumente der Sozialraumorientierung und Sozialraumanalyse anwenden können sowie unterschiedlichen Kirchenbildern pluralitätssensibel gegenüberstehen.«[35]

30 | Vgl. Laudage-Kleeberg 2017, 137. Diese Entwicklungen spiegeln sich auch in Maßnahmen zur Engagementförderung wider, wie beispielsweise im Statut für ehrenamtliches Engagement der Erzdiözese Freiburg, das einen eigenen Abschnitt zum Thema »Vielfalt im ehrenamtlichen Ehrenamt« enthält, vgl. Erzdiözese Freiburg 2023, 2.

31 | Laudage-Kleeberg 2017, 139.

32 | Zur charismenorientierten Ehrenamtsentwicklung vgl. Michaela Tholl, Großzügig – pragmatisch – demütig. Charismenorientierte Ehrenamtsentwicklung als Kirchenentwicklung, in: Gabriele Denner (Hg.), Hoffnungsträger, nicht Lückenbüßer. Ehrenamtliche in der Kirche, Ostfildern 2015, 16–24.

33 | Vgl. Theresa Reinke; Christine Zimmerhof, Ein Kompetenzmodell für Hauptamtliche als Beitrag zur Förderung ehrenamtlichen Engagements in der Gemeindepastoral im Bistum Speyer. Abschlussdokumentation des Kooperationsprojektes mit dem Bistum Speyer (November 2014–Dezember 2016), Bochum 2016, 26ff.

34 | Neben den Charismenentdeckungs- und Diversitätskompetenzen nennen die Autorinnen ebenfalls die Professions-, Leitungs- und Engagementmanagementkompetenzen, die für eine erfolgreiche Zusammenarbeit mit Ehrenamtlichen benötigt werden, vgl. ebd. 26ff.

35 | Ebd., 28.

Dazu gehört auch, dass Hauptamtliche gezielt auf Personen aus verschiedenen Milieus zugehen (können).[36] Dies ist ebenfalls eine entscheidende Kompetenz, welche die Engagementförder:innen, die in den *Servicestellen Engagement* tätig sind, benötigen. Die Ergebnisse des Evaluationsprojekts zeigen auf, dass die Engagementförder:innen überwiegend aus einer gehobeneren sozialen Schicht stammen.[37] Daher ist es erforderlich, dass die Engagementförder:innen an verschiedene Bevölkerungsgruppen herantreten und ihr eigenes Milieu bzw. das vertraute Umfeld der Kirchengemeinde verlassen. Darüber hinaus sollte ein sozialraumorientierter, partizipativer und niedrigschwelliger Ansatz nicht nur in Bezug auf Nutzer:innen des ehrenamtlichen Engagements, sondern auch bei der Suche neuer ehrenamtlich Engagierter angewandt werden.

Häufig gibt es den Wunsch und das Interesse marginalisierter Bevölkerungsgruppen, ein ehrenamtliches Engagement aufzunehmen.[38] Die Interessierten zögern jedoch oftmals, ihr Interesse zu äußern, z. B. aus Angst vor Stigmatisierung.[39] Zum Teil werden Personen selbst nicht als potenzielle Engagierte wahrgenommen, sondern ausschließlich als »Empfänger:innen« des ehrenamtlichen Engagements. Rudolf Speth untersuchte im Rahmen einer Studie das ehrenamtliche Engagement Geflüchteter. Er formuliert in Bezug auf eine Engagementförderung die Handlungsempfehlung, Geflüchtete als eigenständig handelnde Personen zu betrachten, »die nicht primär passiv Hilfe entgegennehmen.«[40] Vielmehr sollten Unterstützungsangebote für Geflüchtete darauf abzielen, ihre individuellen Fähig- und Fertigkeiten zu fördern und sie in ihrer Selbstwirksamkeit zu stärken. Es geht also im Rahmen einer professionellen Engagementförderung auch »um Stärken und Befähigen«[41]. Speth betont die Notwendigkeit, den Geflüchteten Raum für eigenes Engagement und eigene Ideen zu geben. Eine Sensibilisierung und eine Refle-

36 | Vgl. ebd., 32.

37 | Vgl. Hillebrand; Klages 2023, 34.

38 | Vgl. Krüger et al. 2023, 11.

39 | Vgl. Simonson et al. 2022, 81.

40 | Rudolf Speth, Engagiert in neuer Umgebung: Empowerment von geflüchteten Menschen zum Engagement, Berlin 2018, 53.

41 | Bernd Hillebrand, Aufbruch zu einer gastlichen Kirche, Haltungswechsel durch »Servicestellen-Engagement«, in: Die Diözesen Aachen, Hildesheim, Köln und Osnabrück (Hg.), Pastoralblatt für die Diözesen Aachen, Berlin, Hildesheim, Köln und Osnabrück, 74. Jg., Erftstadt 2022, 3–10, 6.

xion des eigenen Handelns der ehrenamtlich Engagierten könne beispielsweise durch Weiterbildungen, Workshops etc. gelingen.[42]
Die erfolgreiche Förderung von Diversität setzt voraus, dass sie aktiv angestrebt wird. Es ist erforderlich, Räume zu schaffen, in denen sich Menschen willkommen und nicht ausgeschlossen oder fremd fühlen.[43] Formen der Diskriminierung, sei es z. B. durch Sexismus, Rassismus, Klassismus, Ableismus oder Queerfeindlichkeit, muss entgegengewirkt werden. Notwendig sind ebenfalls qualifizierte und vertrauliche Anlaufstellen, deren Mitarbeiter:innen für Diversität sensibilisiert sind und die Beratung sowie Unterstützung für Personen, die von Diskriminierung betroffen sind, bieten können.[44] Eine diversitätssensible Engagementförderung benötigt immer auch eine diskriminierungskritische Haltung. Mit dem Ziel der diskriminierungskritischeren Kirche beschäftigt sich beispielsweise auch das Erzbistum Freiburg. In diesem Kontext wurde ein E-Learning mit dem Titel *Die Welt ist bunt. Gott sei Dank! Vielfalt in der Kirche entdecken und leben* entwickelt.[45] Dieses E-Learning hat u. a. zum Ziel, exkludierende Strukturen aufzuzeigen, über Diversität zu informieren und die Teilnehmenden zur Reflexion ihrer eigenen Privilegien anzuregen.

3. *Schlussbetrachtung*

Die Studie *Evaluation von Servicestellen Engagement im Erzbistum Köln* hat gezeigt, dass die *Servicestellen Engagement* gastliche Orte sind, an denen verschiedene Menschen miteinander in Kontakt treten. Sie können Zusammenhalt fördern und Gemeinden lebendiger und vielfältiger ma-

42 | Vgl. Speth 2018, 53.
43 | Vgl. Bündnis für Demokratie und Toleranz – gegen Extremismus und Gewalt 2021, 12.
44 | Vgl. Regionale Arbeitsstellen für Bildung, Integration und Demokratie (RAA) e. V. 2017, 10.
45 | Das E-Learning besteht aus insgesamt fünf inhaltlichen Modulen: »Vielfalt entdecken«, »Vorurteilsbewusst werden«, »Privilegien und Diskriminierungen erkennen«, »Teilhabe gestalten« und »Anregungen für die Praxis«. Mittels kurzer Videoclips, Fragestellungen sowie Übungen können eigene Denkmuster reflektiert und das Wissen über Diversität erweitert werden. Vgl. Erzdiözese Freiburg, E-Learning »Die Welt ist bunt. Gott sei Dank!« Vielfalt in der Kirche entdecken und leben, https://www.ebfr.de/erzdioezese-freiburg/erzbischoefliches-seelsorgeamt/erwachsenenpastoral-abt-3/e-learning-die-welt-ist-bunt-gott-sei-dank/ (letzter Aufruf: 23.01.2024).

chen.[46] Dennoch ist ein zentrales Ergebnis des Projekts, dass insbesondere im Rahmen einer Engagementförderung marginalisierte Gruppen noch zu wenig berücksichtigt werden.[47] Ein Mitglied des Pastoralteams einer Kirchengemeinde im Erzbistum Köln betont in einem Interview, das im Rahmen des Evaluationsprojekts geführt wurde, dass die *Servicestellen Engagement* zu Orten werden sollen, an denen sich alle Menschen unabhängig von z. B. ihrer Konfession oder Herkunft willkommen fühlen: »Was wir glaub ich entwickeln müssen ist, dass wir deutlich machen können, wir sind ein Ort, an dem alle Altersgruppen, alle sozialen Schichten und Menschen unterschiedlicher Herkunft willkommen sind«.[48]

Wichtig ist die Reflexion der momentanen Gegebenheiten: Wie divers sind die ehrenamtlich Engagierten aufgestellt, beispielsweise hinsichtlich sozialer Herkunft, Alter, Geschlecht, Migrationsgeschichte und unterschiedlichen Erfahrungen sowie Lebenssituationen? Wie kann Partizipation für verschiedene Bevölkerungsgruppen im Rahmen einer Engagementförderung umgesetzt werden? Welche Rahmenbedingungen benötigt es hierfür, z. B. im Hinblick auf Barrierefreiheit?

Eine diversitätssensible Engagementförderung kann dazu beitragen, eine vielfältige, menschenorientierte und inklusive Gesellschaft zu fördern und zu stärken. So können Orte geschaffen werden, an denen sich Menschen *bedingungslos* anerkannt fühlen. Durch die Berücksichtigung sozialer, kultureller und individueller Hintergründe kann das Ehrenamt von verschiedenen Perspektiven und Fähigkeiten profitieren.

Für eine diversitätssensible Engagementförderung ist es entscheidend, diskriminierende und ausschließende Strukturen zu erkennen und zu reflektieren. Diversität muss als etwas Wertvolles betrachtet werden, das es zu fördern lohnt. Es bedarf eines Ortes, der »Personen in ihrer Unterschiedlichkeit fördert, Reflexionsprozesse ermutigt und gesellschaftlichen Benachteiligungen entgegenwirkt«[49] – eines Ortes, an dem ein wertschätzender, menschenfreundlicher Umgang herrscht. Um eine diversitätssensible Engagementförderung zu unterstützen, sind Kenntnisse über ausschließende Strukturen sowie über Diskriminierungs- und

46 | Vgl. Hillebrand; Klages 2023.
47 | Vgl. ebd., 50.
48 | Zitiert aus dem Interview »06_P, Pos. 57«, vgl. hierzu ebd., 25.
49 | Regionale Arbeitsstellen für Bildung, Integration und Demokratie (RAA) e. V. 2017, 9.

Machtverhältnisse notwendig. Passende (externe) Weiterbildungen, Workshops etc. können hierfür sensibilisieren.

Die Kirche und die Theologie bieten zahlreiche diversitätssensible Perspektiven.[50] Entwicklungen innerhalb der (Erz-)Diözesen zeigen auf, dass sich die Engagementförderung zunehmend hin zur Charismenorientierung entwickelt. Dieser stark charismenorientierte Ansatz zeigt sich auch in den *Servicestellen Engagement*. Die Engagementförder:innen beraten Interessierte orientiert an den individuellen Bedürfnissen, Interessen, Stärken und Kompetenzen. Engagementförder:innen »fördern Charismen und handeln innovativ«[51], heißt es in dem abschließenden Projektbericht der Evaluation. *Servicestellen Engagement* sind Orte, die durch eine herzliche und gastliche Atmosphäre geprägt sind. Dennoch sind sie noch stark binnenkirchlich orientiert, was sich auch auf die Förderung von Diversität auswirkt. Durch eine Öffnung der *Servicestellen Engagement* in die säkulare Welt könnten auch verstärkt Pluralität und Diversität ermöglicht werden. Die *Servicestellen Engagement* haben dabei eine »Gatekeeper-Funktion«[52] inne. Sie können Zugänge schaffen, aber auch verwehren. Sie besitzen Strukturen, auf die eine stärkere diversitätssensiblere Engagementförderung aufbauen kann, allerdings sind auch sie »im Sprung gehemmt«[53].

Literaturverzeichnis

Bündnis für Demokratie und Toleranz – gegen Extremismus und Gewalt, Begeistert engagiert. Menschen gewinnen und motivieren, Berlin 2021.

Erzdiözese Freiburg, E-Learning »Die Welt ist bunt. Gott sei Dank!« Vielfalt in der Kirche entdecken und leben, https://www.ebfr.de/erzdioezese-freiburg/erzbischoefliches-seelsorgeamt/erwachsenenpastoral-abt-3/e-learning-die-welt-ist-bunt-gott-sei-dank/ (letzter Aufruf: 23.01.2024).

Erzdiözese Freiburg, Statut für ehrenamtliches Engagement in der Erzdiözese Freiburg, Freiburg i. Br. 2023.

Hillebrand, Bernd; Klages, Annika, Abschlussbericht. Evaluation von Servicestellen Engagement im Erzbistum Köln, Freiburg i. Br. 2023.

Hillebrand, Bernd, Aufbruch zu einer gastlichen Kirche. Haltungswechsel durch »Servicestellen-Engagement«, in: Pastoralblatt für die Diözesen Aachen, Berlin, Hildesheim, Köln und Osnabrück 74 (2022), 3–10.

Kausmann, Corinna; Hagen, Christine, Gesellschaftliche Bereiche des freiwilligen Engagements, in: Julia Simonson; Nadiya Kelle; Corinna Kausmann; Clemens

50 | Vgl. hierzu z. B. Laudage-Kleeberg 2017.
51 | Hillebrand; Klages 2023, 34.
52 | Mehr hierzu vgl. Simonson et al. 2022, 69.
53 | Hillebrand; Klages 2023, 52.

Tesch-Römer (Hg.), Freiwilliges Engagement in Deutschland. Der Deutsche Freiwilligensurvey 2019, Wiesbaden 2022, 95–124.

Krüger, Christine; Vogel, Claudia; Lozano Alcántara, Alberto; Rämänen, Franziska, Marginalisierte Gruppen im Engagement. Engagementförderung für Menschen mit erschwerten Zugängen, Neubrandenburg 2023.

Küppers, Carolin, Intersektionalität, https://www.gender-glossar.de/post/intersektionalitaet (letzter Aufruf: 10.02.2024).

Laudage-Kleeberg, Regina, »Wer zu allen Seiten offen ist …«. Diversity Management beim kirchlichen Arbeitgeber, in: Zeitschrift für Pastoraltheologie 37: Umgang der Kirche mit Diversitäten (2017), 129–141.

Plößer, Melanie, Diversity, in: Vierteljahresschrift für Heilpädagogik und ihre Nachbargebiete 82 (2013), 60–63.

Regionale Arbeitsstellen für Bildung, Integration und Demokratie (RAA) e. V., Diversitätsorientierte Organisationsentwicklung: Grundsätze und Qualitätskriterien, Berlin 2017, https://raa-berlin.de/wp-content/uploads/2018/12/raa-berlin-do-grundsaetze.pdf (letzter Aufruf: 12.02.2024).

Reinke, Theresa; Zimmerhof, Christine, Ein Kompetenzmodell für Hauptamtliche als Beitrag zur Förderung ehrenamtlichen Engagements in der Gemeindepastoral im Bistum Speyer. Abschlussdokumentation des Kooperationsprojektes mit dem Bistum Speyer (November 2014–Dezember 2016), Bochum 2016.

Simonson, Julia; Kelle, Nadiya; Kausmann, Corinna; Tesch-Römer, Clemens, Zentrale Ergebnisse des Deutschen Freiwilligensurveys 2019, in: dies. (Hg.), Freiwilliges Engagement in Deutschland. Der Deutsche Freiwilligensurvey 2019, Wiesbaden 2022, 1–7.

Simonson, Julia; Kelle, Nadiya; Kausmann, Corinna; Tesch-Römer, Clemens, Einleitung: Zwanzig Jahre Deutscher Freiwilligensurvey, in: dies. (Hg.), Freiwilliges Engagement in Deutschland. Der Deutsche Freiwilligensurvey 2019, Wiesbaden 2022, 11–28.

Simonson, Julia; Kelle, Nadiya; Kausmann, Corinna; Tesch-Römer, Clemens, Unterschiede und Ungleichheiten im freiwilligen Engagement, in: dies. (Hg.), Freiwilliges Engagement in Deutschland. Der Deutsche Freiwilligensurvey 2019, Wiesbaden 2022, 67–94.

Speth, Rudolf, Engagiert in neuer Umgebung. Empowerment von geflüchteten Menschen zum Engagement, Berlin 2018.

Stadt Köln, Ehrenamtskarte NRW, https://www.stadt-koeln.de/artikel/64985/index.html (letzter Aufruf: 13.02.2024).

Tholl, Michaela, Großzügig – pragmatisch – demütig. Charismenorientierte Ehrenamtsentwicklung als Kirchenentwicklung, in: Gabriele Denner (Hg.), Hoffnungsträger, nicht Lückenbüßer. Ehrenamtliche in der Kirche, Ostfildern 2015, 16–24.

Compassion
Schlüssel zum Verständnis christlichen Engagements

Lothar Kuld

1. Christliches Engagement in Zeiten der Kirchenkrise

Den Kirchen geht es nicht gut. Die Zahl der Kirchenaustritte steigt. 2022 traten über 520.000 Menschen aus der katholischen und rund 380.000 aus der Evangelischen Kirche aus. Für das Jahr 2022 verzeichnet allein das Erzbistum Köln 51.345 Kirchenaustritte (2021: 40.772).[1] Zwei Drittel der heute Austrittswilligen sind nach Auskunft des Religionsmonitors der Bertelsmannstiftung Katholik:innen. Unter den Menschen mit festem Austrittswillen seien 57 % Katholik:innen. Unter den katholischen Kirchenmitgliedern ohne Austrittsabsicht sagten 84 %, dass man auch ohne Kirche Christ:in sein könne.[2] Das gleiche Bild zeichnet die 6. Kirchenmitgliedschaftsuntersuchung der Evangelischen Kirche Deutschlands, an der auch die katholische Kirche mitgewirkt hat, vertreten durch die Deutsche Bischofskonferenz.[3] Nach dieser Untersuchung tendieren »zwei Drittel der evangelischen und drei Viertel der katholischen Kirchenmitglieder […] zum Kirchenaustritt.«[4] »Katholik:innen (vertrauen) der evangelischen Kirche mehr als ihrer eigenen Kirche.«[5] Kurz gesagt:

1 | Vgl. Erzbistum Köln, Kirchenstatistik 2022 für das Erzbistum Köln veröffentlicht, Köln 2022, https://www.erzbistum-koeln.de/news/Kirchenstatistik-2022-fuer-das-Erzbistum-Koeln-veroeffentlicht/ (letzter Aufruf: 20.02.2024).

2 | Vgl. Felix Neumann, Religionsmonitor compact 2023 – Kurzfassung, Gütersloh 2022, katholisch.de (letzter Aufruf: 28.06.2023).

3 | Vgl. Evangelische Kirche in Deutschland, 6. Kirchenmitgliedschaftsuntersuchung, Leipzig 2023, https://kmu.ekd.de (letzter Aufruf: 20.02.2024).

4 | Evangelische Kirche in Deutschland, Vertrauen. KMU 6, Hannover 2024, https://kmu.ekd.de/kmu-themen/vertrauen (letzter Aufruf: 20.02.2024).

5 | Ebd.

Ungläubig Gewordene wie gläubig Gebliebene ergreifen gleichermaßen die Flucht. Eine Umkehr des Trends ist nicht abzusehen. Bedenkt man den Mitgliederschwund allein aufgrund der demografischen Entwicklung und das faktische Ende der religiösen Sozialisation in den meisten Familien, dann ist der »Kipppunkt«[6], der das Ende der Volkskirche besiegelt, eingetreten.

Die Lage der Kirche in Deutschland ist mithin ein Desaster. Die Mehrheit der Kirchenmitglieder hat das Vertrauen in die Kirchenleitungen verloren. Reformbemühungen der Bischöfe wie der sogenannte synodale Weg wurden von der römischen Kurie ausgebremst. Weitere Menschen werden die katholische, aber auch die evangelische Kirche verlassen. Die Kirchen schrumpfen schneller, als das Freiburger Forschungszentrum Generationenverträge (FZG) in seiner Studie zur Entwicklung der Kirchenmitgliedschaft und des Kirchensteueraufkommens 2018 für das Jahr 2060 noch annahm. Diese Studie prognostizierte, dass sich die Zahl der Kirchenmitglieder (Stand 2018) bis zum Jahr 2060 um 49 % verringern wird. Diese Projektion beruhte auf demografischen (Überalterung der Gesellschaft) und institutionellen (Taufen, Kirchenaustritte) Annahmen, die inzwischen überholt erscheinen.[7] Der Schwund der Kirchen kommt schneller als erwartet. Darüber kann niemand, der zur Kirche steht, glücklich sein, und auch nicht, wer von Kirchen noch etwas erwartet. Das ist in großen Teilen der Bevölkerung ja noch der Fall, wie ein Blick auf die Wertschätzung von Diakonie und Caritas zeigt.[8] Laut Mitgliedschaftsstudie stehen Caritas und Diakonie im Vertrauensranking gleich hinter Universitäten und Justiz an dritter Stelle, während die Kirchen als Institutionen deutlich abgeschlagen am unteren Rand liegen. Die von Caritas und Diakonie geleistete qualifizierte und effektive Unterstützung von Menschen, die Hilfe benötigen, unabhängig von ihrer Konfession oder Religionszugehörigkeit, wird weithin anerkannt. Man kann völlig zu Recht sagen, solche Unterstützung leisten nicht-konfessionelle Wohl-

6 | EKD 2023, 53.

7 | Vgl. Evangelische Kirche in Deutschland; Deutsche Bischofskonferenz (Hg.), Langfristige Projektion der Kirchenmitglieder und des Kirchensteueraufkommens in Deutschland. Eine Studie des Forschungszentrums Generationenverträge an der Albert-Ludwig-Universität Freiburg 2019, Freiburg 2019, https://www.dbk.de/fileadmin/redaktion/diverse_downloads/dossiers_2019/2019-05-02_Projektion-2060_EKD-VDD_FactSheets_final.pdf.pdf (letzter Aufruf: 23.02.2024).

8 | Vgl. EKD 2023, 40f.

fahrtsverbände und Hilfsorganisationen auch. Dennoch werden Diakonie und Caritas gebraucht. Diakonie und Caritas gehören zu den größten Arbeitgebern in Deutschland.[9] Zu den Hauptamtlichen hinzu kommen Freiwillige und Ehrenamtliche. Es ist schwer vorstellbar, dass es ihr Engagement in der Pflege, Betreuung und Begleitung von Menschen eines Tages nicht mehr gibt. Deshalb finden auch nicht kirchlich eingestellte Menschen es durchaus gut, dass die Kirchen da sind, gleichsam als Agenturen von Mitgefühl und Mitleidenschaft, ohne die es jene Menschen nicht gäbe, die sich für Menschen am Rande der Gesellschaft, die Armen, die Kranken, hilfsbedürftige Kinder und Jugendliche, Menschen am Ende des Lebens und in prekären Lebenslagen, engagieren.

Im Selbstverständnis der Kirchen gehört das diakonische Handeln zu ihrem Selbstvollzug. Deshalb stehen die Kirchen in ihren besten Momenten immer am Brennpunkt der weltweiten Krisen. Kirchen sind nicht für sich selbst da. Der Impuls, Mitgefühl und Mitleidenschaft (*compassion*) zu empfinden und aus dieser Haltung heraus zu handeln, gehört zum Ursprung des Christentums. Johann Baptist Metz (1928–2019) nannte *compassion* das »Schlüsselwort des Christentums«.[10]

2. Theologie der compassion (Metz)

Das Engagement für Menschen, die auf Unterstützung und Hilfe angewiesen sind, für Menschen in Not, das Engagement für Frieden, Gerechtigkeit und Bewahrung der Schöpfung führt Christinnen und Christen unweigerlich an die Front gegenwärtiger Konflikte. Es verändert ihren Blick auf die Welt und auch ihre Theologie. Das ist der Kern der politischen Theologie von Johann Baptist Metz, die er auch ›Theologie mit dem Gesicht zur Welt‹ genannt hat. Es lohnt sich, diese Theologie von Metz im

9 | Vgl. Diakonie Deutschland, Einrichtungsstatistik 2022, Berlin 2023, https://www.diakonie.de/informieren/infothek/2023/september/032023-einrichtungsstatistik-2022 (Basis Daten vom 01.01.2022); Deutscher Caritasverband e. V., Millionenfache Hilfe – Die Caritas in Zahlen, Freiburg 2023, https://www.caritas.de/diecaritas/wir-ueber-uns/die-caritas-in-zahlen/statistik-2022 (Basis Daten vom 31.12.2020) (letzter Aufruf: 20.02.2024).

10 | Ganz ähnlich nennt Walter Kasper »Barmherzigkeit« den »Grundbegriff des Christentums« und »Schlüssel christlichen Lebens«. Vgl. Walter Kasper, Barmherzigkeit. Grundbegriff des Evangeliums – Schlüssel christlichen Lebens, Freiburg i. Br. 2012, erweiterte Auflage 2019.

Blick auf das Konzept der Engagementförderung kurz zu memorieren. Metz ging generationsbedingt von einer natürlich ganz anderen biografischen Erfahrung aus, als wir sie heute kennen. Metz hat davon wiederholt erzählt. Er war in den letzten Monaten des zweiten Weltkriegs als Flakhelfer eingesetzt, und als er eines Tages zu seiner Stellung zurückkam, waren alle Kameraden tot. Die Frage, die sich Metz stellte, war nicht, was mit ihm nun ist, sondern was mit denen ist, die unschuldig getötet worden waren. Sein Ausgangspunkt ist dieser Blick auf die unschuldig Leidenden. Menschheitsgeschichte sei Leidensgeschichte. In ihr gebe es viel unabgegoltenes Leid. Die Frage, die Metz beschäftigt, lautet dabei: Was ist mit denen, die ungerecht leiden mussten, die verloren gingen, die übersehen und an den Rand gedrängt wurden? Theologie, die so fragt, sei Theologie eingedenk fremden Leids. Sie sei *memoria passionis* und »gefährliche Erinnerung« (Metz), welche die Mentalität einer Gesellschaft, die die Opfer einfach vergisst, die Mentalität einer Siegergesellschaft, durchkreuzt. Solidarität mit den Verlorenen, Übersehenen und an den Rand Gedrängten heiße, nicht nur das eigene Leid, sondern auch das Leid der anderen, auch das des Feindes zu sehen und nicht nur ihre Verfehlungen. Was wäre, hat Metz einmal gefragt, wenn im Konflikt zwischen Israelis und Palästinensern die jeweils eine Seite auch das Leid der anderen sehen und in das eigene Denken einbeziehen würde?

In der Tat: Auch religiöse Menschen und Kirchenleute werden ja gern moralisch und sie urteilen wie Priester und Levit in der Samariterparabel (Lk 10,25–37) nach »rein« und »unrein« und vergessen darüber, sagt Metz, jene elementare Mitmenschlichkeit und Leidempfindlichkeit, die von ihnen in der Begegnung mit Menschen, hier: dem Überfallenen, gefordert gewesen wäre. Religion, kann man daran sehen, ist kein Garant für Mitmenschlichkeit. Mitmenschlich agiert in dieser Geschichte der Samariter, der Außenseiter, der religiöse Bedenken (Tote galten als »unrein«) nicht kennt und sich anrühren lässt von dem, was er sieht (dazu im nächsten Abschnitt mehr). Jesus wurde nicht müde, Frömmigkeit ohne *compassion* als Tor zur Heuchelei anzuklagen. »Die Sünde war ihm nicht zuletzt Verweigerung der Teilnahme am Leid der Anderen, war ihm Weigerung, über den dunklen Horizont der eigenen Leidensgeschichte hinauszudenken.«[11] Diese elementare Empfindlichkeit für das Leid der anderen – bis hin zum Leid der Feinde – sei die Botschaft des Christentums. Die christliche Gottesrede sei »im Kern eine leidempfindliche Gottesrede«[12]. Sie führe »die Christen an die Front der politischen, der sozialen und kulturellen Konflikte in der heutigen Welt«[13]. Was wäre, fragt Metz, wenn in den politischen Konflikten unserer Zeit die Parteien jeweils auch das Leid der Feinde sähen und in ihrem Handeln in Betracht zögen? Was wäre eine Globalisierung, die nicht auf Kosten der von den globalen Märkten marginalisierten und ausgegrenzten Menschen und Kontinente voranschritte? Was wäre die Parole von der Gleichheit aller Menschen für ein Gewinn, wenn sie auch die heute schon unter den Folgen der Klimakrise Leidenden und die kommenden Generationen einschließen würde?[14] Die Leidempfindlichkeit christlicher Gottesrede dränge zu diesen Fragen. Sie dränge zu einer »Mystik der offenen Augen«[15]. Ihr Imperativ laute: »Aufwachen. Die Augen öffnen!« Und weiter schreibt Metz:

> »Das Christentum ist kein blinder Seelenzauber. Es lehrt nicht eine Mystik der geschlossenen, sondern eine Mystik der offenen Augen. Im Entdecken, im Sehen von Menschen, die im alltäglichen Gesichtskreis unsichtbar bleiben, beginnt die Sichtbarkeit Gottes, öffnet sich seine Spur.«[16]

Diese elementare Empfindlichkeit für das Leid der anderen sei »das Schlüsselwort« des Christentums und seine »Mitgift für ein sittliches Weltprogramm in diesem Zeitalter der Globalisierung«[17].

Ob man so viel Empathie von Politik erwarten kann? Metz weiß es nicht. Aber er hat die biblische Botschaft einer »gerechtigkeitssuchende(n) Compassion«[18] auf seiner Seite. In der Gerichtsparabel Matthäus 25

11 | Johann Baptist Metz, Memoria passionis. Ein provozierendes Gedächtnis in pluralistischer Gesellschaft, Freiburg i. Br. 2006, 163.

12 | Ebd., 162.

13 | Ebd., 168.

14 | Vgl. ebd., 171.

15 | Ebd., 164.

16 | Johann Baptist Metz, Die Autorität der Leidenden. Compassion – Vorschlag zu einem Weltprogramm des Christentums, in: Süddeutsche Zeitung 296 (14.12.1997), 57; vgl. Johann Baptist Metz; Lothar Kuld; Adolf Weisbrod (Hg.), Compassion. Weltprogramm des Christentums. Soziale Verantwortung lernen, Freiburg i. Br. 2000, 17; Metz 2006, 177.

17 | Metz u. a. 2000, 15.

18 | Ebd., 12.

stellte »Jesus die gesamte Menschheitsgeschichte [...] unter die Autorität der Leidenden«[19] und mit der Parabel vom barmherzigen Samariter habe er sich gleichsam ins Menschheitsgedächtnis hineinerzählt.[20]

3. Biblische Referenztexte einer Theologie der compassion

Die Gerichtsparabel in Matthäus 25 ist in den Versen 35–45 in der Tat ein einziger Aufruf zur Solidarität mit den Leidenden. Die Parabel vom barmherzigen Samariter (Lk 10,25–37) hat eine lange Auslegungsgeschichte, die hier nicht referiert werden kann. Passend zur Frage der Engagementförderung scheint mir die Interpretation von Gerd Theißen zu sein, der die Samariterparabel einmal im Blick auf die Krise des Helfens ausgelegt hat.[21] Soziales Engagement, so Theißen, sei in der Gegenwart mit drei Einwänden konfrontiert: 1. Hilfe sei Selbstausbeutung. Der Helfer könne sich nicht richtig vom Hilfsbedürftigen abgrenzen, er habe eine Art Helfersyndrom. 2. Mitleid und Barmherzigkeit hätten mit Macht zu tun. Der Helfer helfe nur sich selbst. 3. Hilfsbereitschaft sei letztlich egoistisch. Sie diene nur den eigenen Nachkommen oder soziobiologisch formuliert: dem Fortbestand der eigenen Gene.

Es lohnt sich, mit diesen Argumenten die Parabel vom barmherzigen Samariter zu lesen. Dann zeigt sich ein Modell mitleidigen Handelns, das vom Samariter zu tun verlangt, was er leisten kann, nicht mehr und nicht weniger. Er hat ganz offensichtlich kein Helfersyndrom und er beutet sich nicht aus. Er verabschiedet sich nämlich von dem Überfallenen, sobald er den zweiten Helfer, der den Verletzten übernimmt, gefunden hat. Die Zuwendung des Samariters bleibt also zeitlich begrenzt. Er kann sich offenbar gut lösen. Er bleibt nicht, bis er selbst nichts mehr hat, sondern setzt seinen Weg alsbald fort.

Vielleicht aber genießt er die Macht, einen so hilflosen Menschen vor sich zu haben? Er ist der Starke, und dort ist der Schwache? Um hier

19 | Ebd., 16.

20 | Metz 2006, 164.

21 | Vgl. Gerd Theißen, Die Bibel diakonisch lesen. Die Legitimitätskrise des Helfens und der barmherzige Samariter, in: Gerhard K. Schäfer; Theodor Strohm (Hg.), Diakonie – biblische Grundlagen und Orientierungen, Heidelberg [3]1998, 376–393; Lothar Kuld, Compassion – Raus aus der Ego-Falle, Münsterschwarzach 2003.

weiterzukommen, muss man den Unterschied zwischen Barmherzigkeit und Nächstenliebe im antiken Umfeld beachten. In der orientalischen Antike war Barmherzigkeit ein Gnadenerweis der Mächtigen. So denkt auch die Bibel die Barmherzigkeit Gottes. Barmherzigkeit war ein Geschehen unter grundsätzlich Ungleichen. Die Mächtigen und Reichen, die auf gesellschaftliches Ansehen Wert legten, rühmten sich ihrer Barmherzigkeit. Barmherzigkeit war eine Statusfrage und hatte ihren Platz in einer autoritären Gesellschaft mit ausgeprägten Standesunterschieden. Dagegen war die Nächstenliebe ein Konzept der Beziehung unter Gleichen. Es taucht ebenfalls in der (römischen) Antike schon auf und ist wie Freundschaft nur unter Gleichgestellten und Gleichberechtigten denkbar. Nächstenliebe in dieser Bedeutung einer Beziehung zwischen Menschen, die sich als gleich und ebenbürtig erachten, ist symmetrisch. Nächstenliebe gibt es nur zwischen Menschen, die sich gegenseitig als gleichwertig akzeptieren. Der »Nächste« ist immer nur der, der mir gleich ist und den ich als mir gleich akzeptiere. Der Nächste ist der mir gleiche Mensch. Wenn es am Ende der Zehn Gebote heißt: »Du sollst nicht begehren das Haus deines Nächsten. Du sollst nicht begehren das Weib deines Nächsten, noch seinen Knecht, noch seine Magd, noch sein Rind, noch seinen Esel, noch irgendetwas, was deinem Nächsten gehört.« (Exodus 20,17), dann ist mit dem »Nächsten« der vermögende Nachbar gemeint, nicht irgendein mittelloser und hilfsbedürftiger Mensch, Tagelöhner oder Sklave. Die Liebe zum Nächsten gibt es in der Antike nur unter Gleichen. Jedes Machtgefälle muss ausgeschlossen sein.

In der Parabel vom barmherzigen Samariter treffen zwei aus der Gesellschaft ausgeschlossene Menschen aufeinander. Der Überfallene ist ausgeschlossen aufgrund seines bösen Geschicks, der Samariter aufgrund seiner Außenseiterrolle auf jüdischem Gebiet. Zwischen beiden Menschen besteht in dieser Hinsicht Symmetrie, und sie begegnen sich auf dieser Ebene als Gleiche. Ein Machtgefälle besteht kaum. Und einen Vorteil kann der Samariter aus seiner Hilfsbereitschaft auch nicht ziehen. Es ist sehr unwahrscheinlich, dass der Überfallene die gleichen Gene hat. Es ist unklar, ob der »halbtot« daliegende Mann tatsächlich überlebt. Nicht abzusehen ist, ob der Überfallene dem Samariter mit Gleichem vergelten kann. Das würde z. B. auch voraussetzen, dass zwischen beiden nun eine lange Beziehung entsteht. Der Samariter aber geht weiter, nachdem er erste Hilfe geleistet hat.

Alle Erwägungen, ob der Samariter nicht doch nur an sich gedacht haben könnte, greifen bei dieser Geschichte also nicht. Und es kommt noch eine Schwierigkeit hinzu, die sich erst am Ende der Geschichte auflöst: Der Samariter ist nicht von vornherein »der Nächste«. Das wird er erst durch die Frage und den Kommentar, den Jesus seiner Geschichte anfügt. »Welcher von diesen dreien (Priester, Levit, Samariter) scheint dir der Nächste geworden zu sein, dem, welcher unter die Räuber fiel?« (Lukas 10,36) Die Fragestellung ist entscheidend. Jesus fragt nicht: »Wer ist der Nächste gewesen?«, sondern: »Wer ist der Nächste geworden?« Darum geht es: Wie wird ein Mensch zum Nächsten? Im griechischen Text liegt hier ein kleines Wortspiel vor. Frei übersetzt fragt Jesus nämlich: »Welcher von diesen dreien scheint dir dem, welcher unter die Räuber fiel, nahe gekommen zu sein?« Das ist offensichtlich und ganz handfest der Samariter. Der »Nächste« ist der, der sich auf das Opfer zubewegt und ihm dadurch »der Nächste« wird. Das erscheint banal, ist aber für das Verständnis, wer im christlichen Ethos einem Menschen der Nächste ist, entscheidend. Der Nächste ist nicht jener, der aufgrund seines Status als Familienmitglied oder aufgrund der Rechtslage Anspruch auf Hilfe hat. Das macht ihn noch nicht zum Nächsten. Der Nächste ist der, den und dem wir uns zum Nächsten machen, dem wir uns nähern, um Hilfe leisten zu können. Dabei kommen wir ihm unwillkürlich »nahe«. In christlichem Verständnis ist »Bruder« und »Schwester« dann nicht nur der Mensch, mit dem man genetisch oder aufgrund eines Rechtsstatus verwandt ist, sondern prinzipiell jeder Mensch.

Von hier aus erschließt sich das Streitgespräch am Anfang der Geschichte. Für Priester, Levit und Samariter war der Überfallene »halbtot«. Die Frage, ob es sich lohnt, noch zu helfen, musste sich allen dreien stellen. Nimmt man an, dass der Überfallene Jude war (das wird nicht ausdrücklich gesagt), müssten Priester und Levit ihm als einem Volksgenossen am nächsten stehen und am ehesten helfen. Sie geben ihn jedoch auf. Er ist aus ihrem Leben herausgefallen. Diesem Verlorenen, Aufgegebenen und Aussortierten wendet sich der Samariter zu. Der Verlorene, Aufgegebene, Aussortierte ist sein »Bruder« und gehört zu jenen »Geringsten«, mit denen sich der Weltenrichter in der großen Gerichtsrede des Matthäusevangeliums selbst identifiziert (Matthäus 25,31–46). Am

Ende der Samariterparabel hat man fast vergessen, dass sie im Anschluss an die theologische Frage nach dem »ewigen Leben« erzählt wird. Das »ewige Leben« erlangt, wer das Doppelgebot der Liebe erfüllt, sagt der Gesetzeslehrer, und Jesus stimmt ihm ausdrücklich zu. Er sagt ihm: »Tu das, und du wirst leben.« (Lukas 10,28) Was heißt hier »leben«?
Die christliche Rede vom Jüngsten Gericht, vom Weltenrichter und ewigen Leben ist ein wenig aus der Mode gekommen. Man kann dieser Mythologie in der Regel wenig abgewinnen. Dennoch sollte man den Impuls, der in diesen Bildern vom Endgericht und in der Sehnsucht nach »ewigem Leben« steckt, nicht vergessen. Endgericht meint, dass jedes Leben wichtig ist, keines verloren geht und gerade das übergangene, aufgegebene, aussortierte und weggeworfene Leben von Gott angeschaut wird und vor Gott Wert hat. Ewiges Leben in diesem Sinne ist mehr als biologisches Leben. In biologischer Sicht unterliegt das Leben des Menschen der Selektion. Mit der modernen Reproduktionsmedizin und Biopolitik beginnt der Mensch, die Selektion selbst in die Hand zu nehmen. Das beschädigte Leben, in das zu »investieren« unendliche Mühe kostet, wird immer früher erkannt und kann aussortiert werden. Um der biologisch und evolutionär notwendigen Auslese willen nimmt der Mensch den Tod in Kauf. Das ist das Leben. »Ewiges Leben« beginnt, wenn die Selektion des verloren gegebenen Lebens aufhört. Der Imperativ der Samariterparabel lautet: Rette das Verlorene! Der christlichen Nächstenliebe, schreibt Theißen, werden die Argumente für das Helfen schnell ausgehen, »solange man nur von einem Leben im biologischen Sinne spricht und Hilfe dadurch begründen will, was biologisch (und evolutionär) funktional ist«; und zwar »gerade dort, wo christliche Nächstenliebe immer ihre besondere Aufgabe gesehen hat: bei den zerstörten, zerrütteten, hilflosen Menschen, die oft nur noch ein Schatten ihrer selbst sind.«[22]

22 | Theißen 1998, 393.

4. Engagementförderung ohne Engagement? Lehren aus pädagogischen Engagements auf Zeit

Engagement kommt nicht von allein. Wer sich engagiert, will auch etwas davon haben. Nicht immer enden Engagements in einer win-win-Situation. Man macht in Engagements auch die Erfahrung von Undankbarkeit. Warum sollen sich Menschen dennoch engagieren? Wofür und für wen? Wenn nicht für die Kirche, was bezweckten kirchliche *Servicestellen* für Engagementförderung dann? Auf der Suche nach ihrem Profil könnten kirchliche Engagementförder:innen von Erfahrungen im pädagogischen Bereich zur Engagementförderung lernen. Pädagogische Initiativen der Engagementförderung haben unterschiedliche Profile, damit sind sie erfolgreich. Und sie sind Initiativen auf Zeit. Man darf nach dem Engagement wieder gehen und ist zu nichts verpflichtet. Das könnte auch für Kirchen interessant sein. Exemplarisch sei auf drei Initiativen verwiesen: das Compassion-Projekt der Katholischen Freien Schulen, die Projekte diakonischen Lernens an evangelischen Schulen und das Service Learning.[23]

Das *Compassion-Projekt* beruht auf einer Initiative der Katholischen Freien Schulen in Deutschland. Ziel des Projekts ist die Entwicklung sozial verpflichteter Haltungen wie Solidarität, Kooperation und Kommunikation mit Menschen, die aus welchen Gründen auch immer auf die Hilfe anderer angewiesen sind. Zu diesem Zweck gehen die Schülerinnen und Schüler der Projektschulen während des Schuljahres in der Regel zwei Wochen lang in eine soziale Einrichtung: Altenheime, Behinderteneinrichtungen, Kindergärten, Bahnhofsmissionen u. a. Die Lehrerinnen und Lehrer begleiten die Praktika in ihrem Fachunterricht, der informierend, reflektierend und bewertend auf Erfahrungen in den Praktika vorbereitet bzw. nachträglich darauf eingeht. Die Praktika sind an Compassion-Schulen verpflichtend. Alle Schülerinnen und Schüler einer Klassenstufe sind einbezogen. Pädagogischer Kerngedanke des Projekts ist die Überzeugung, dass die erlebnispädagogische Maßnahme eines Sozialpraktikums in Verbindung mit Unterricht auf längere Sicht zu ver-

23 | Vgl. Lothar Kuld, Soziales Lernen, in: Rudolf Englert u. a. (Hg.), Jahrbuch der Religionspädagogik (JRP) 31, Neukirchen-Vluyn 2015, 175–183; Michael Fricke; Lothar Kuld; Anne Sliwka (Hg.), Konzepte sozialer Bildung an der Schule. Compassion – Diakonisches Lernen – Service Learning, Münster 2018.

änderten Verhaltensbereitschaften und Haltungen im Bereich des Sozialen führen kann.

Das Compassion-Projekt hat verschiedene Dimensionen, eine erlebnispädagogische und eine moralpädagogische. In spiritueller Hinsicht ist Johann Baptist Metz der mächtige Impulsgeber für eine theologische Fundierung des Compassion-Projekts. Diese theologische Sinngebung ist für Schulen in katholischer Trägerschaft ein starkes Motiv, aber sie muss nicht notwendig mit dem Compassion-Projekt an Schulen verbunden werden. Die Initiatoren des Compassion-Projekts sagen, dass die Zuwendung zu Menschen und Hilfsbereitschaft im Sozialen keine katholische Spezialtugend sei, sondern prinzipiell jedem Menschen zugemutet werden könne. Die unterrichtliche Begleitung sei deshalb nicht nur eine Sache des Religionsunterrichts. Auch das Projekt selbst könne also grundsätzlich an allen Schultypen durchgeführt werden. Die breite Rezeption des Projekts an staatlichen wie freien Schulen gibt den Initiator:innen recht.

Diakonische Praktika haben an evangelischen Schulen Tradition. Organisatorisch sind sie mit dem Compassion-Projekt vergleichbar. Im Unterschied zum Compassion-Projekt sind die Organisation, Begleitung und Reflexion der Praktika konzeptionell an den Religionsunterricht angebunden. Damit wird die religiöse Sinngebung diakonischen Lernens deutlich gemacht. Theologisch betrachtet ist diakonisches Lernen Einübung in tätige Nächstenliebe. Das ist etwas anderes als bürgerschaftliches Engagement oder Daseinsvorsorge einer Gesellschaft, zu der eben auch das Engagement für Kinder, Kranke, Obdachlose und alte Menschen gehört. Huldreich David Toaspern beschreibt die theologische Sinngebung diakonischen Lernens in folgender Weise:

- Schöpfungstheologisch entspreche Nächstenliebe dem Wesen des Menschen. Die sozialen Beziehungen und die Gottesbeziehung des Menschen gehörten zusammen. Im diakonischen Lernen werde ein »soziales Verhalten eingeübt, das dem Wesen des Menschen« entspreche.
- Diakonisches Lernen schärfe »das Bewusstsein für den Zusammenhang zwischen Liebe, die von Gott empfangen, und Liebe, die den Nächsten gegeben wird.«
- Die biblische Identifikation des Hilfsbedürftigen mit Christus (Mt 25) begründe im diakonischen Lernen die Rolle des Helfenden

wie des Hilfsbedürftigen von Christus her. Anders gesagt: Im Hilfsbedürftigen scheint auf, was Metz die Autorität der Armen und Leidenden genannt hat.

- Diakonisches Lernen idealisiere nicht die Wirklichkeit, sondern wende sich dem konkreten Menschen zu.
- Das Gute kann nur in Freiheit getan werden. Diakonisches Lernen wolle »die Freiheit zur helfenden Tat entdecken lassen«.
- Diakonisches Lernen erschließe Diakonie als kirchliches Handeln.
- Diakonisches Lernen mache die Einheit von christlichem Glauben und Nächstenliebe praktisch erfahrbar.[24]

Pädagogisch wird diakonisches Lernen als praktisches Lernen modelliert. Die konkrete Situation, nicht vorgegebene Instruktionen, leitet den Wissenserwerb und die Einsicht in das, was zu tun ist. Im Zentrum diakonischen Lernens steht daher das praktische Tun an diakonischen Orten, »da tätiger Glaube eingeübt werden muss«[25]. Nächstenliebe muss gelernt werden. Das ist der Zweck diakonischen Lernens.
Das *Service Learning* kommt aus den USA und verbindet akademische Ausbildung mit sozialem Engagement. Es ist ein für Studierende an Hochschulen und Universitäten entwickeltes Konzept und wurde von Anne Sliwka und anderen in Deutschland für die Schule adaptiert.[26]
Kurz gefasst geht es im Service Learning darum, dass junge Erwachsene im Rahmen eines Projekts ihre Kompetenzen z. B. als angehende Ingenieur:innen, Verwaltungskräfte, Landschaftsgärtner:innen, Finanzleute, Sozialarbeiter:innen usw. einer kommunalen Einrichtung oder zivilgesellschaftlichen Organisation zur Verfügung zu stellen, um in einer Realsituation konkrete Probleme zu lösen, professionelle Hilfen zu leisten und fachlich kompetent zu beraten. Studierende der Ingenieurwissenschaft und des Landschaftsbaus planen etwa zusammen mit Verwaltungskräften einen Kinderspielplatz, Studierende der Finanzverwaltung ordnen die Finanzen eines Kindergartens. Die jungen Erwachsenen sammeln dabei Praxiserfahrungen, die für ihre berufliche Entwicklung gut

24 | Vgl. Huldreich David Toaspern, Diakonisches Lernen. Modelle für ein Praxislernen zwischen Schule und Diakonie, Göttingen 2007, 43–45.

25 | Ebd., 50.

26 | Vgl. Anne Sliwka, Service Learning: Verantwortung lernen in Schule und Gemeinde, Berlin 2004, https://www.pedocs.de/volltexte/2008/258/pdf/Sliwka.pdf (letzter Aufruf: 10.04.2024).

sind. Im Gegenzug geben sie einer gemeinnützigen Einrichtung mit echtem, nicht künstlichem Unterstützungs- und Beratungsbedarf Hilfen, die gratis sind. So profitieren im Idealfall beide Seiten voneinander. Service Learning ist Einsatz für andere im Rahmen der eigenen Ausbildung.

> »Die Grundidee dabei ist weniger die soziale Wohlfahrt als vielmehr Reziprozität in Dingen des Gemeinwohls, also die Idee, dass Bürger in einem freien Staat auf die wechselseitige Übernahme von Verantwortung angewiesen und dass demokratische Rechte ohne entsprechende Pflichten nicht tragfähig sind.«[27]

Service Learning ist damit Teil einer *civic education*, d. h. eines zivilgesellschaftlichen Lernens und Handelns, das bürgerschaftliches Engagement als Teil demokratischer Erziehung versteht und jede/n Bürger:in unabhängig von Hautfarbe, Herkunft, Geschlecht, Religion und Weltanschauung im Einsatz für das Allgemeinwohl mit dem Ganzen der Zivilgesellschaft verbindet. Dieses normativ kommunitaristische Element des Service Learning wäre zu diskutieren. Unverkennbar ist die Herkunft des Konzepts aus dem amerikanischen Pragmatismus (John Dewey, William Kilpatrick u. a.). Danach geschieht demokratische Erziehung durch Projektarbeit im Team und die Übernahme von Verantwortung in der Bearbeitung realer Probleme und Bedürfnisse des Gemeinwesens. Als erlebnispädagogisches Konzept lebt es von dem starken Eindruck der Realsituation, welche in Kontrast als künstlich und »kognitiv« und daher defizitär zum empfundenen Studien- und Schulalltag gebracht wird.
Zusammengefasst: Im Service Learning geht es um den Einsatz für andere im Rahmen der eigenen Ausbildung. Es geht um studienspezifische Kompetenzerprobung, die en passant auch Gutes für andere tut. Wenn das klappt, ist Service Learning eine echte win-win-Situation, die so in einem Projekt wie Compassion und im diakonischen Lernen nicht eingeplant werden kann. Dort geht es um Begegnungen mit Menschen, von denen man nicht immer im Vorhinein schon weiß, was man von ihnen hat, und von denen man Dank bekommt und manchmal auch Undank. Damit umzugehen, ist für junge Menschen nicht leicht und ein Wagnis, das eine sorgfältige Begleitung braucht.

27 | Sliwka 2004, 5.

Kommen wir von hier zurück zum Konzept der Engagementförderung im Erzbistum Köln. Diese Initiative kommt in Zeiten abnehmender Kirchenmitgliedszahlen. Man kann fragen, was die Kirche davon hat. Die Antwort ist ungewiss. *Servicestellen* für Engagementförderung bringen keine Menschen in die Kirche zurück, das wäre blauäugig. Sie sind eigentlich nur als eine Form von anonymer Diakonie zu verstehen. Es könnte sein, dass auf dem Weg der Engagementförderung neue und vergessene Felder christlich inspirierten Engagements entdeckt werden. Wenn diese Einschätzung stimmt, sind kirchliche *Servicestellen,* die Engagement im öffentlichen Raum fördern, ohne zu fragen, was die Kirche davon zu erwarten hat, eine genuin christliche Initiative.

Bleibt zum Schluss wieder die Frage: Warum lässt sich der eine von der Not anderer Menschen anrühren und tut etwas und der andere nicht? Warum zeigen die einen Mitgefühl (*compassion*) und andere nie? Hier kommen wir an den Punkt, dass das Engagement für andere weder naturwüchsig ist noch in der Regel allen gilt, sondern zumeist nur jenen, die man kennt. Christliches Engagement aus dem Geist der Nächstenliebe, die grundsätzlich jedem Menschen gilt, also auch den Fremden und Menschen am Rand der Gesellschaft einbezieht, ja diese Menschen in die Mitte stellt, muss also gelernt werden, und offensichtlich schafft es die Beziehungsqualität kirchlicher Gruppen, dass auffallend viele christlich motivierte Menschen im Engagement über die eigene Familie hinaus zu finden sind. Dieses Engagement aus christlicher Motivation wird zwangsläufig weniger werden, wenn es weniger Christ:innen gibt, die zum Engagement für andere anstiften. Ohne Verstärkung kommt die Motivation zum Engagement jedoch schnell an ihre Grenzen. Die Isolation der Individuen in der Masse ist bekanntlich die Strategie totalitärer Systeme. Der Einzelne ist schnell erledigt, Menschen in Solidargemeinschaften kann man nicht so schnell entmutigen. Es braucht also Solidargemeinschaften und Engagementförder:innen, wenn man Engagement will. Hier setzt das Projekt des Bistums Köln zur Engagementförderung an.

Engagementförder:innen repräsentieren Kirche, wo keine mehr ist. Dieser Gedanke legt sich nahe, weil sie, wie die Evaluation des Projekts durch Bernd Hillebrand und Annika Klages[28] zeigt, von außen sehr wohl mit Kirche identifiziert werden. So entsteht eine neue Struktur neben den Gemeinden, in der die Kirche vorkommt, ohne Kirche zu sein. Ob darin ein neues Modell von Kirche sich zeigt, muss sich noch erweisen.

Literaturverzeichnis

Baltes, Anna Maria; Hofer, Manfred; Sliwka, Anne (Hg.), Studierende übernehmen Verantwortung. Service Learning an deutschen Universitäten, Weinheim 2007.

Bertelsmann Stiftung, Die Zukunft der Kirchen – zwischen Bedeutungsverlust und Neuverortung in einer vielfältigen Gesellschaft. Ergebnisse des Religionsmonitors 2023 – eine Vorschau, Gütersloh 2022.

Deutscher Caritasverband e. V., Millionenfache Hilfe – Die Caritas in Zahlen, Freiburg i. Br. 2023, https://www.caritas.de/diecaritas/wir-ueber-uns/die-caritas-in-zahlen/statistik-2022 (Basis Daten vom 31.12.2020) (letzter Aufruf: 20.02.2024).

Diakonie Deutschland, Einrichtungsstatistik 2022, Berlin 2023, https://www.diakonie.de/informieren/infothek/2023/september/032023-einrichtungsstatistik-2022 (Basis Daten vom 01.01.2022) (letzter Aufruf: 20.02.2024).

Erzbistum Köln, Kirchenstatistik 2022 für das Erzbistum Köln veröffentlicht, Köln 2022, https://www.erzbistum-koeln.de/news/Kirchenstatistik-2022-fuer-das-Erzbistum-Koeln-veroeffentlicht/ (letzter Aufruf: 20.02.2024).

Evangelische Kirche in Deutschland; Deutsche Bischofskonferenz (Hg.), Langfristige Projektion der Kirchenmitglieder und des Kirchensteueraufkommens in Deutschland. Eine Studie des Forschungszentrums Generationenverträge an der Albert-Ludwig-Universität, Freiburg 2019, https://www.dbk.de/fileadmin/redaktion/diverse_downloads/dossiers_2019/2019-05-02_Projektion-2060_EKD-VDD_FactSheets_final.pdf.pdf (letzter Aufruf: 23.02.2024).

Evangelische Kirche in Deutschland, 6. Kirchenmitgliedschaftsuntersuchung, Leipzig 2023, https://kmu.ekd.de (letzter Aufruf: 20.02.2024).

Evangelische Kirche in Deutschland, Wie hältst du's mit der Kirche? Zur Bedeutung der Kirche in der Gesellschaft. Erste Ergebnisse der 6. Kirchenmitgliedschaftsuntersuchung, Leipzig 2023.

Evangelische Kirche in Deutschland, Vertrauen. KMU 6, Hannover 2024, https://kmu.ekd.de/kmu-themen/vertrauen (letzter Aufruf: 20.02.2024).

Fricke, Michael; Kuld, Lothar; Sliwka, Anne (Hg.), Konzepte sozialer Bildung an der Schule. Compassion – Diakonisches Lernen – Service Learning, Münster 2018.

Hillebrand, Bernd; Klages, Annika, Evaluation von Servicestellen Engagement im Erzbistum Köln, Freiburg i. Br. 2023, https://www.kh-freiburg.de/pdf/de/forschung/abschlussbericht_evaluation-von-servicestellen-engagement-im-erzbistum-koeln.pdf (letzter Aufruf: 20.03.2024).

Kasper, Walter, Barmherzigkeit. Grundbegriff des Christentums – Schlüssel christlichen Lebens, Freiburg 2012, erweiterte Auflage 2019.

Kuld, Lothar, Compassion – Raus aus der Ego-Falle, Münsterschwarzach 2003.

28 | Bernd Hillebrand; Annika Klages, Evaluation von Servicestellen Engagement im Erzbistum Köln, Freiburg i. Br. 2023, https://www.kh-freiburg.de/pdf/de/forschung/abschlussbericht_evaluation-von-servicestellen-engagement-im-erzbistum-koeln.pdf (letzter Aufruf: 20.03.2024).

Kuld, Lothar, Soziales Lernen, in: Rudolf Englert u. a. (Hg.), Jahrbuch der Religionspädagogik (JRP) 31, Neukirchen-Vluyn 2015, 175–183.

Metz, Johann Baptist, Die Autorität der Leidenden. Compassion – Vorschlag zu einem Weltprogramm des Christentums, in: Süddeutsche Zeitung 296 (14.12.1997), 57.

Metz, Johann Baptist, Memoria passionis. Ein provozierendes Gedächtnis in pluralistischer Gesellschaft, Freiburg i. Br. 2006.

Metz, Johann Baptist; Kuld, Lothar; Weisbrod, Adolf (Hg.), Compassion. Weltprogramm des Christentums. Soziale Verantwortung lernen, Freiburg i. Br. 2000.

Sliwka, Anne; Frank, Susanne (Hg.), Service Learning: Verantwortung lernen in Schule und Gemeinde, Weinheim – Basel 2004.

Sliwka, Anne, Service Learning: Verantwortung lernen in Schule und Gemeinde, Berlin 2004, https://www.pedocs.de/volltexte/2008/258/pdf/Sliwka.pdf (letzter Aufruf: 10.04.2024).

Theißen, Gerd, Die Bibel diakonisch lesen. Die Legitimitätskrise des Helfens und der barmherzige Samariter, in: Gerhard K. Schäfer; Theodor Strohm (Hg.), Diakonie – biblische Grundlagen und Orientierungen, Heidelberg [3]1998, 376–393.

Toaspern, Huldreich David, Diakonisches Lernen. Modelle für ein Praxislernen zwischen Schule und Diakonie, Göttingen 2007.

Ermöglichen und vernetzen
Die Servicestellen Engagement als pastorale »Orte« der Erneuerung

Alfred Lohmann

> »Die Ergebnisse der Evaluation konnten zeigen, dass die Servicestellen ein Laboratorium innovativer Kirche darstellen, aber in einer noch starken binnenkirchlichen Abhängigkeit von den Kirchengemeinden im Sprung gehemmt sind.«[1]
> »Insgesamt kommt die Studie zu dem Ergebnis, dass in den *Servicestellen Engagement* ein großes Potential für eine zukünftige Kirche liegt, die auch außerhalb von Kirche mit Menschen in Kontakt tritt und dort ihren Auftrag sucht. Die Herausforderung der Stellen liegt allerdings darin, deutlicher ein eigener Kirchort zu sein, der mit der Kirchengemeinde im Kontakt steht, sich aber stärker am jesuanischen Auftrag außerhalb von Kirche orientiert.«[2]

So lautet das sehr treffend formulierte Fazit der von Hillebrand und Klages vorgelegten Evaluationsstudie. Sie werfen zugleich die Frage auf, »wie sie strukturell und inhaltlich freier werden und einen eigenen Stand erhalten könnten, den die Pfarrgemeinden den Servicestellen als geisterfüllte Orte freigeben«[3]. Wie also könnte es gelingen, dass *Servicestellen* zunehmend ihr eigenes kirchliches Profil realisieren und nicht der Gefahr erliegen, innerkirchlich aufgesogen zu werden?
Die Studie nimmt zur Beantwortung dieser brisanten Frage bereits eine wichtige Weichenstellung vor, der sehr zuzustimmen ist: Die *Servicestel-*

1 | Bernd Hillebrand; Annika Klages, Evaluation von Servicestellen Engagement im Erzbistum Köln, Freiburg 2023, 4.
2 | Ebd., 5; vgl. auch ebd. 33 und 52.
3 | Ebd., 45.

len sollen sich – deutlicher als bisher – als Orte einer unbedingten (!) Gastfreundschaft verstehen, die an der *bedingungslosen* Zuwendung Gottes zum Menschen Maß nimmt, und ihr Ausdruck verleihen im eigenen Helfen und in der Beratung, in der eigenen Haltung und Kultur, in der Begegnung und im Dialog mit dem Gast. Dies könnte die Gastgeber selbst verändern, ein gegenseitiges Annehmen und ein neues Lernen ermöglichen.[4]

Auch die in sechs Optionen hergeleiteten Empfehlungen[5] sollten Zustimmung erfahren und auf dem weiteren Entwicklungsweg der *Servicestellen* zu eigenprofilierten Praxisorten berücksichtigt werden.

Im Folgenden möchte ich die Perspektiven einer Ermöglichungspastoral aufzeigen, um Bestärkungen oder auch Ergänzungen zu den Empfehlungen der Studie zu identifizieren. Das Vernetzungshandeln der *Servicestellen* wird darauf aufbauend unterschiedlichen Netzwerktypen zugeordnet. Schließlich bringt die Skizze einer praktischen Geisttheologie die Dimension des Heiligen Geistes ein und führt zu der Frage: Könnten sich die *Servicestellen* in ihrer Praxis der Gastfreundschaft zugleich auch als geistgewirkte Orte der Erneuerung verstehen?

1. Von Anfang an voller Dynamik

Ein Freitagabend im Jahr 2013. Da sind sie: die Frauen und Männer der sechs Dreier-Teams; einige werden von einem Mitglied ihres Pastoralteams begleitet; insgesamt 22 Personen. Der erste Basiskurs »Neues Ehrenamt« beginnt. Carola und Oliver Reifenhäuser von der Beratergruppe

4 | Vgl. ebd., 46f.

5 | Vgl. ebd., 48–52: 1. Option: »Servicestellen als Brückenorte zwischen Kirche und Welt« mit der Empfehlung, die Erwartungen zwischen Kirchengemeinde und Servicestelle zu klären, damit Servicestellen stärker säkular wirken können. 2. Option: »Servicestellen sind sozial-diakonische Orte der Gastlichkeit« mit der Empfehlung, dass sich *Servicestellen* auch zukünftig am Prinzip der Gastlichkeit orientieren sollen. 3. Option: »Engagementförder:innen stehen in Spannungsverhältnissen« mit der Empfehlung von Coaching und Supervision. 4. Option: »Engagementförder:innen sind Motor und Gesicht einer Kirche von morgen« mit der Empfehlung, bei Neuanstellung auf Milieupluralität zu achten und marginalisierte Gruppen stärker zu berücksichtigen. 5. Option: »Engagierte brauchen Unterstützung und Verantwortung« mit der Empfehlung, ehrenamtlich Engagierten mehr Verantwortung zu übertragen. 6. Option: »Servicestellen werden als Einrichtung der Kirchengemeinde wahrgenommen« mit der Empfehlung, mehr Distanz gegenüber Binnenkirchlichem einzunehmen, damit *Servicestellen* sich primär außerkirchlich vernetzen.

Ehrenamt in Berlin[6] ermöglichen den Teilnehmer:innen auf aktivierende Weise, sich individuell selbstgestaltend Wissenswertes zum Ehrenamt in der Bürgergesellschaft anzueignen und zugleich neuartige Methoden und Praxisrelevantes (z. B. Erstgespräche, Formate für eine Wertschätzungs- und Verabschiedungskultur) zur Gestaltung einer engagementfreundlichen Kultur zu erlernen. In einer von mir gestalteten Arbeitseinheit geht es um das weite Kirchenbild des Zweiten Vatikanischen Konzils, um Charismen und den Heiligen Geist. Die vier Wochenenden des Basiskurses enden jeweils mit einer Ideensammlung, wie jedes Team das Gehörte und Erfahrene vor Ort konkret ausprobieren und anwenden könnte. Die Teilnehmenden reagieren begeistert: »Sind das tolle Perspektiven, etwas zu verändern und neu zu entwickeln!«
Einige Monate später geht es dann im Aufbaukurs um strategische Elemente zum Aufbau einer neuen Engagementkultur, um Freiwilligenmanagement und Netzwerkarbeit.[7] Eine Abschlussarbeit und das Initiieren eines Projektes vor Ort gehören zu den Kurszielen. »Kollegiale« Beratung wird zu einer geschätzten Arbeitsform. Jedes Team kann Praxisbegleitung durch Bistumsreferent:innen in Anspruch nehmen. Die Präsentation der sechs Projekte zum Kursabschluss wird zum absoluten Highlight, das bei den ehrenamtlich Engagierten enorme Kräfte freisetzt und die Lust zur Gestaltung von Initiativen und Projekten weckt. Mit dieser Kurzbeschreibung der Ausbildung zum/zur Engagementkoordinator:in und Freiwilligenmanager:in ist – im Wesentlichen – das Grundanliegen der Engagementförderung markiert: Mündige Christinnen und Christen lassen sich motivieren, ermutigen, befähigen und ermächtigen, aus eigener – auch christlicher – Motivation relevante Engagementformate, Projekte, Initiativen etc. zu realisieren und auf diese Weise Verantwortung zu übernehmen. Die Fortbildungen wurden und werden bis heute stark nachgefragt und werden in veränderter Form[8] jährlich – mindestens einmal – angeboten.

6 | Vgl. www.beratergruppe-ehrenamt.de/ (letzter Aufruf: 24.03.2024).

7 | Scharrenberg hat mit Engagierten als Konkretion ein Handbuch der Engagementförderung für den Seelsorgebereich Bonn-Duisdorf erstellt. Vgl. Hannah Scharrenberg, Wie Engagementförderung gelingt, in: Pastoralblatt für die Diözesen Aachen, Berlin, Hildesheim, Köln und Osnabrück (2022/1), 10–13.

8 | Seit einigen Jahren ist die Akademie für Ehrenamtlichkeit Deutschland in Berlin Kooperationspartnerin für die Fortbildung und auch für die Ausbildung von einigen Engagementförder:innen, die als Trainer:innen die Basis- und Aufbaukurse leiten. Vgl. https://www.ehrenamt.de/ (letz-

Schon bald zeigte sich, dass die ehrenamtlichen Teams hauptberufliche Unterstützung benötigen. Also wurden in einigen Pfarrgemeinden Engagementkoordinator:innen befristet angestellt. Die Resonanz war so positiv, dass ab 2017 in ca. 55 Seelsorgebereichen Projektstellen (50 %) für Engagementförder:innen eingerichtet wurden. Ab 2021 wurden schließlich die Projektstellen in feste Anstellungsverhältnisse übergeleitet und aktuell gibt es 45 Engagementförder:innen im Erzbistum Köln.[9] Ein neuer kirchlicher Beruf ist entstanden!

Nun galt es eine Form zu finden, wie die Engagementförder:innen und das ehrenamtliche Team sich innerkirchlich und vor allem in den sozialen und kommunalen Räumen als Ansprechpersonen positionieren und wie sie zudem ihre Arbeit strukturiert organisieren können: Die Idee der *Servicestelle Engagement* wurde geboren. Ein kreativer Prozess zur inhaltlichen, konzeptionellen, organisatorischen und medialen Errichtung und Ausgestaltung von – durchaus heterogenen – *Servicestellen* beginnt. Von 2021 an bis heute gibt es 33 *Servicestellen* im Erzbistum Köln. Ein neues kirchenentwicklerisches Konstrukt ist entstanden!

Ein Dienstagnachmittag im Februar 2024: Bernd Hillebrand spricht bei einer Tagung mit den Engagementförder:innen über seine Evaluation der *Servicestellen Engagement*. Und wieder geht es um Erfahrungsaustausch und Reflexion, um strategisches Ausrichten und weitere Schritte, um Motivation und Ermutigung und um theologische Orientierung. Erneut entsteht eine Ideensammlung; jetzt zu der Frage, wie sich *Servicestellen* stärker als Kirchort für die säkulare Welt weiterentwickeln können.

2. *Ermöglichen – riskant und beziehungsstark*

Warum dieser Rückblick auf die Anfänge und die Strukturentwicklungen in der Engagementförderung? Aus mehreren Gründen: Der Wunsch, dass die Kirche sich verändert, und der Grundimpuls, hierbei konkret

ter Aufruf: 24.3.2024). Die Inhalte des Basiskurses werden inzwischen im »Riesenrad der Engagementförderung« dargestellt.

9 | Für eine ausführlichere Beschreibung dieses Prozesses, der inhaltlichen Ausrichtung und interessanten Wirkungen vgl. Alfred Lohmann, Engagementförderung als Instrument für lokale Kirchenentwicklung, in: Pastoralblatt für die Diözesen Aachen, Berlin, Hildesheim, Köln und Osnabrück (2022/12), 372–376.

mitzuwirken, hat die Teilnehmenden aus allen Kursen verbunden ebenso wie die Bereitschaft, sich persönlich im eigenen Christsein verändern zu lassen. Hieraus speisen sich die hohe intrinsische Motivation, die Zuwendungsbereitschaft und der Mut, eigene Grenzen zu verschieben und selbst Neues praktisch zu erproben. Neben diesen Stärken finden sich im Anfang auch bereits die »Schwächen«, die in der Studie ebenfalls durchgehend thematisiert werden: Trotz der beeindruckenden Bereitschaft, paternalistische Strukturen aufzubrechen und aus funktionalen Zusammenhängen herauszutreten, bleiben die meisten Engagierten letztlich gemeindeverbunden und -orientiert; allerdings: »[…] gemeindeoffen, nicht exklusiv, milieu- und religionsoffen, […] stark diakonisch und veränderungsbereit«[10]. Dies bestätigt sich auch beim Blick in die Projektdatenbank der Engagementförderung[11] und die Broschüre der Engagementförderung »Voller Dynamik«.[12] Der Anlass und die Motivation zur Bildung von *Servicestellen* haben keine innerkirchlichen oder institutionellen, sondern eher handlungspraktische Gründe, um für das Empowerment von konkreten Personengruppen auch einen organisatorischen Rahmen zu schaffen.

So wie die Evaluation lebt auch diese pastoraltheologische Reflexion vom Blick auf Sichtbares, Erlebbares, bereits Entstandenes und damit also auf konkrete Personen – Engagierte und Engagementförder:innen. Sie bestimmen Inhalt, Maß, Tempo und Gestalt ihres Engagements. Sie lassen sich nicht verplanen, lassen sich aber vielleicht auf gemeinsame Schritte ein. Sie prägen und gestalten, was entsteht. *Sie machen möglich und ermöglichen!* Sie entscheiden, was geht und was nicht. Sie sorgen für den guten Geist, die Leidenschaft und den Dienst in ihrem Tun. Sie schaffen, gestalten, verantworten, vertiefen und deuten die Beziehungen. Sie ermessen den Grad von Freiheit, Verantwortung und Bindung. Sie prägen eine Kultur gegenseitiger Wertschätzung. Sie helfen einander, denken und handeln vernetzt. Sie sind die Autor:innen, »Hauptpersonen«, Suchenden, Interessierten, entscheidenden Akteure ihres dienen-

10 | Hillebrand; Klages 2023, 50.

11 | Vgl. https://www.eee.koeln/start/#projekte (letzter Aufruf: 24.03.2024).

12 | Vgl. die 156-seitige Broschüre »Voller Dynamik«, die für den Fachtag Engagementförderung 2019 erstellt wurde: Erzbistum Köln, Projekt Engagementförderung im Erzbistum Köln. Voller Dynamik – Engagementförderung forciert kirchliche Erneuerungen, Köln 2019, https://www.eee.koeln/export/sites/eee/.galleries/download-veroeffentlichung/25-Buch-zur-Engagementfoerderung-Voller-Dynamik-160-Seiten.pdf (letzter Aufruf: 24.03.2024).

den Engagements. Sie bieten sich nicht an für Modellhaftes, Generalisierbares, Vorhersehbares. In all diesem Personhaften liegen die Grenzen, aber auch das unermessliche Potential für herzliches, leidenschaftliches Engagement und dessen kritische Reflexion.

Ermöglichen ist zu einem pastoralen Schlüsselwort geworden. Rolf Arnold und Ingeborg Schüßler[13] entwickeln eine ausdifferenzierte Ermöglichungsdidaktik, die selbstgesteuertes Lernen fördern will. Die herkömmliche Belehrungsdidaktik mit ihrer sogenannten Planungstheorie (kleine Lernschritte bilden) setzt auf geeignete Vermittlungsmethoden und fokussiert die Lehrenden auf Lehren, Erklären, Vermitteln, Führen. Demgegenüber favorisiert die Ermöglichungsdidaktik die sogenannte Situationstheorie, die den Fokus der Lehrenden auf Lernen, Aneignung, Selbsttätigkeit der Lernenden hin verschiebt. Die Lehrenden schaffen Lernarrangements und begleiten subjektsensibel die Lernenden, damit diese situativ und bedürfnisorientiert Hilfen und methodische Unterstützung zur Erweiterung ihres Wissens in Anspruch nehmen können. Dies erfordert bei den Lehrenden einen grundlegenden Rollenwechsel.

Analog hierzu entwickelt Ernst Leuninger[14] eine *Ermöglichungspastoral*, deren Subjekt und Träger:innen nicht nur die hauptberuflichen pastoralen Dienste sind, sondern das ganze Volk Gottes. Zu den Eckpunkten dieser Pastoral gehört es, die Subjekthaftigkeit der Christ:innen zu fördern, die Erfahrung von Freiheit und Solidarität zu ermöglichen, die Identitätsbildung des gläubigen Menschen als einen lebenslangen selbstorganisierten Prozess zu verstehen und Räume zur Entfaltung der Charismen und für Mitbestimmung zu schaffen.[15] Als das zentrale Instrument einer solchen Ermöglichungspastoral identifiziert schließlich Joachim Eckart die *Praxisbegleitung*,[16] die bei den Erwartungen der teilnehmenden Akteur:innen anzusetzen hat und auf deren Kompetenzerwerb und Ermächtigung im praktischen Tun abzielt. Hier zeichnet sich bereits ab, dass sich für *Servicestellen* das Modell der *ermöglichenden Praxisbegleitung* nahelegt. Sie bieten Unterstützungsarrangements und eine

13 | Vgl. Rolf Arnold; Ingeborg Schüßler (Hg.), Wandel der Lernkulturen, Darmstadt 1998; sowie dies., Ermöglichungsdidaktik, Hohengehren 2003.

14 | Vgl. Ernst Leuninger, Die Entwicklung der Gemeindeleitung, St. Ottilien 1996.

15 | Vgl. Joachim Eckart, Ermöglichungspastoral, Norderstedt 2004, 256.

16 | Vgl. ebd., 299–312.

persönliche Begleitung, damit Erwachsene ihr Engagement in Selbstständigkeit entwickeln und gestalten können.

Für Valentin Dessoy macht im pastoralen Feld das Fokussieren auf eine *professionelle Begleitung* durch pastorale Dienste eine Veränderung des Führungsverhaltens erforderlich. »Führung stellt sich auf diesem Hintergrund anders dar als bisher: Es geht um eine neue Balance zwischen vertikaler und horizontaler Führung.«[17] Mit vertikaler Führung und Steuerung bezeichnet er das funktional-aufgabenbezogene Zugehen auf, Qualifizieren von und Arbeiten mit Engagierten, das sich in der Gemeindekirche in eine hohe inhaltlich-fachliche und organisatorische Komplexität aufgefächert hat (Katechese, Familienpastoral, Altenpastoral, diakonische Pastoral, Frauenpastoral usw.). Demgegenüber ist perspektivisch – so Dessoy – die horizontale Führung zu bevorzugen, die durch professionelles Begleiten ehrenamtlich Engagierte dabei unterstützt, ihr Engagement, ihre Qualifizierungs- und Entwicklungsvorhaben sowie die Übernahme von Verantwortung in einem deutlich höheren Maße selbst zu gestalten. Für den pastoralen Dienst bedeutet dies eine Änderung des Selbstverständnisses und des Rollenverhaltens, um als Ermöglicher:in – von Dessoy in Anlehnung an Steinebach als »Coach« bezeichnet – tätig zu sein.[18] In diesem Punkt haben es die Engagementförder:innen als professionelle Begleiter:innen in der Engagemententwicklung deutlich einfacher: Das Begleiten, Fördern und Unterstützen Ehrenamtlicher gehört zu ihrem beruflichen Selbstverständnis und ist ihre berufliche Kernkompetenz und ihr Auftrag. Die Studie belegt differenziert,[19] dass Engagementförder:innen sensibel in ihrer Wahrnehmung sind, aus einer situativ personenbezogenen Rollenvielfalt heraus handeln und sich in ihrer Begleitung an Bedürfnissen und Charismen orientieren. Hierfür erfahren sie eine positive Resonanz und Wertschätzung. Als Mitglieder im Pastoralteam sind sie daher – ebenso wie die *Servicestellen* – prädestiniert dafür, die Entwicklung einer Ermöglichungspastoral kollegial, fachlich und kooperativ zu unterstützen.

17 | Valentin Dessoy, Kirche braucht Profis – keine Gemeindereferenten, in: Das Magazin, Bundesverband Gemeindereferent:innen (2017/4), 6, https://www.kairos-cct.de/wp-content/uploads/2018/03/Dessoy-2017-Kirche-braucht-Profis-final-1.pdf (letzter Aufruf: 24.03.2024).

18 | Vgl. dazu die Grafik »Rollenwechsel«: www.alfredlohmann.de (letzter Aufruf: 24.03.2024).

19 | Vgl. z. B. Hillebrand; Klages 2023, 17f.

Dorothea Steinebach beschreibt drei »Wirkmechanismen« oder Ausdrucksformen jener *Haltung*, die in der Ermöglichungspastoral einzunehmen ist, – und bestätigt damit die Ausführungen in der Studie: »(1) die grundsätzliche Wertschätzung jedes Menschen,[20] (2) das [subjektsensible, A. L.] Eingehen auf die Menschen mit einer Vielfalt an Rollen und Interaktionsformen[21] und (3) die ›Selbst-Zurücknahme‹ im Umgang mit ihnen«.[22] Dieser dritte Punkt, den man auch als *Ermöglichungskompetenz* bezeichnen könnte,[23] scheint mir besondere Aufmerksamkeit zu verdienen. Die Brisanz und Herausforderung liegen darin, von sich selbst absehen zu können, um das Wohl des anderen zu fördern. Jesus bleibt nicht auf gleicher Augenhöhe, sondern stellt sich quasi unter sein Gegenüber.[24] Es geht ihm unbedingt um die Würde und das Wohlergehen des Menschen. Die Orientierung am Beispiel Jesu kann den Engagementförder:innen helfen, ihre starke (Zentral-)Position[25] im Engagementfeld immer mehr aufzugeben, indem sie die Haltung des »Sich-Selbst-Zurücknehmens« als Ausdruck ihrer Ermöglichungskompetenz einnehmen. So würden sie in ihrer Stärke mehr innere Freiheit gewinnen.[26] Durch eine solche – hinsichtlich der Zielerreichung riskante – Selbstbe-

20 | Diese konkretisiert sich in einer Kultur der Wertschätzung und – wie in der Studie ausgeführt – in den Orten einer unbedingten Gastfreundschaft. Vgl. Hillebrand; Klages 2023, 24 und 46.

21 | Vgl. ebd., 17; sowie Dorothea Steinebach, Kirche im Werden – auf die Haltung kommt es an, in: Valentin Dessoy; Gundo Lames; Martin Lätzel; Christian Hennecke (Hg.), Kirchenentwicklung, Trier 2015, 450: Das Rollenverhalten ist situations- und persönlichkeitsorientiert an Menschen auszurichten. Man soll interessiert sein »an *diesen Menschen* und daran, was sie bewegt und was sie als *Subjekte* der Seelsorge bereits in sich tragen: an ihren Ideen und Kompetenzen, ihren religiösen Überzeugungen oder Suchbewegungen, ihren Fragen und Ängsten – und so die Chance zu nutzen, *voneinander und miteinander* zu lernen.«

22 | Steinebach 2015, 447f.

23 | Steinebach spricht von »Kenosiskompetenz«; vgl. ebd., 451. Vgl. hierzu Hillebrand; Klages 2023, 13f.: »Es ist eine hingebende Haltung, die den anderen *bedingungslos* anerkennt. Diese Haltung, von der Jesu Wort und Handeln gezeichnet ist, drückt sich verdichtet im Philipperhymnus (Phil 2,6–11) aus. Der Hymnus ist von einer geistlich-kenotischen Haltung und Handlungsweise geprägt. Die Inkarnation Jesu beginnt mit seiner Entäußerung, seiner Kenosis, und der Annahme der menschlichen Natur, der Physis. So ist sein Leben von der Hingabe für die Menschen gekennzeichnet, die von der Fülle, von der Beziehung zum Vater, getragen ist. Diese geistlich-kenotische (hingebende, freigebende) Haltung zieht sich durch die Reich-Gottes-Botschaft Jesu bis zu seinem Tod.« Steinebach spricht in diesem Zusammenhang von der Selbstentäußerung (der pastoralen Akteure) im Sinne des Sich-Zurücknehmens und einer inneren Distanz zur eigenen Macht – bis in unvorteilhafte Situationen hinein. Es geht nicht mehr um Kontrolle und Steuerung von Einzelnen und Gruppen, sondern um Loslassen und Sich-steuern-Lassen. Das sind die »innerlichen Voraussetzungen« einer ermöglichungspastoralen Haltung (vgl. Steinebach 2015, 451).

24 | Er wurde wie ein »Sklave« (Phil 2,7).

25 | Vgl. Hillebrand; Klages 2023, 46.

26 | Vgl. ebd., 48: »[…] wie stark die Engagementförder:innen in die Pfarrgemeinden involviert sind und innerlich in ihrem Handeln von ihnen nicht frei sind.«

grenzung würden Engagierte eingeladen und gefordert sein, mehr Verantwortung zu übernehmen. Auch würden Gruppen, Projekte und Initiativen, an deren Gründung Engagementförder:innen beteiligt waren, konsequenter zur Verselbständigung angeregt, mit dem Ziel des eigenverantwortlichen Handelns. Solche Prozesse der Verselbständigung sind komplex und können bis zu drei Jahre dauern. Verselbständigte Projekte wiederum könnten sich auch »strukturell« mit der *Servicestelle* vernetzen. Exemplarisch hat dies Birgit Lennarz[27] mit dem Projekt »Einfach da« in Leverkusen beschrieben. Die *Servicestellen* haben also die Chance, die Haltung der Ermöglichung als das »Gesicht« ihrer Praxis zu etablieren.

Hillebrand macht darauf aufmerksam, dass »ein wertschätzendes Erkunden subjektiver Bedürfnisse in sozialräumlichen Kontexten *dialogisch-verstehend* erfolgen muss.«[28] »Die Herausforderung liegt im Anderen und im Fremden, darin, wie es gelingt, Unterschiedliches gegenseitig zu inkludieren und zu interkulturieren.«[29] Er führt aus, dass die/der Fremde nicht ausgeschlossen werden darf, weil sie/er Teil meiner Existenz und *meines* Lebenssinns ist.

> »Diese existenzielle Überzeugung hat für das Sein und die Haltung gegenüber dem anderen eine nachhaltige Konsequenz. Bereits in der Begegnung darf und kann, aufgrund von existenzieller Notwendigkeit, dem/der Fremden, dem/der anderen nicht ausgewichen werden. Sie sind ein Teil der eigenen Bedeutungsexistenz, auch von Kirche.«[30]

Unter Bezugnahme auf die Theologie von Certeau zeigt er auf, dass gerade der Fremde die grundsätzliche Ent-Grenzungsnotwendigkeit alles Begrenzten in Erinnerung ruft.

> »Aus der Begegnung mit ihm entwickelt sich eine Weitung in eine Einheit in Verschiedenheit. Dadurch kommt es in der Begegnung zum Austausch des Glaubens, des Lebens und der Verschiedenheit, und dieser Austausch kann in eine Theologie der Verschiedenheit münden. Somit öffnet Certeau mit seinem Ausgangspunkt im Frem-

27 | Vgl. Birgit Lennarz, Eigenverantwortetes Engagement in »Einfach da«, in: Pastoralblatt für die Diözesen Aachen, Berlin, Hildesheim, Köln und Osnabrück (2022/7), 14f.

28 | Bernd Hillebrand; Jürgen Sehring, Soziale Arbeit und Pastoral – neu verbunden, Ostfildern 2023, 96.

29 | Ebd., 97.

30 | Ebd., 98.

den den Blick dafür, dass Kirche ›nicht ohne die anderen‹ kann, auch nicht ohne die Nichtgläubigen und auch nicht ohne die Andersgläubigen und erst recht nicht ohne die Mitgläubigen.«[31]

Hiermit ist die Begründung aufgezeigt, warum die beschriebene Ermöglichungspastoral sich in einer *Kultur der Verschiedenheit* auszugestalten hat. Ihr Ort ist in sozialräumlichen – jedenfalls nicht zunächst in binnenkirchlich-gemeindlichen[32] – Kontexten zu finden. Dies bedeutet für die *Servicestellen* zugleich Herausforderung und Maß für ihre Begegnungsorientierung und für ihre Praxis.

Abschließen möchte ich diese Überlegungen zur *Servicestelle* als Ort einer Ermöglichungspastoral mit einem Blick auf die *Deutungskompetenz* in Glaubensfragen bei Engagierten und bei Engagementförder:innen. Für das Gespräch über Spiritualität, Religiöses und auch explizit Christliches, das in den *Servicestellen* zunehmend gesucht wird, sind die Ausführungen von Saskia Wendel bedeutsam. Sie zeigt auf, dass religiöse Selbst- und Weltdeutungen nicht nur mentale Vollzüge sind:

> »Denn die Vermögen des Bewusstseins, die jene Deutungen hervorbringen, existieren […] stets in der Koinzidenz mit Physischem, existieren somit verkörpert. Im Zentrum religiöser Deutungen stehen folglich nicht allein Überzeugungen, sondern habituelle Einstellungen, Emotionen, Erfahrungen, und Handlungen, die mit Überzeugungen einhergehen. So verfasst sind religiöse Selbst- und Weltdeutungen wesentlich verkörperte Deutungs*praxen*, und als diese sind sie […] immer auch Teil und Moment unterschiedlicher kulturell und gesellschaftlich wirkmächtiger Diskurse, die sich in Geist, Gefühle und Körper einschreiben und so wiederum unterschiedliche Haltungen, Handlungen, Überzeugungen mit hervorbringen, material bestimmen und mit politischer Bedeutung versehen.«[33]

31 | Ebd.

32 | Vgl. die entsprechende Problemanzeige in der Evaluationsstudie: »Dennoch besteht in einigen Servicestellen verstärkt eine inter- und innerkirchliche Vernetzung. So berichtet beispielsweise eine Engagementförderin, dass sie hauptsächlich mit kirchlichen Trägern vernetzt sei.« (Hillebrand; Klages 2023, 18)

33 | Saskia Wendel, Christliche Selbstdeutungen im Spiegel religiöser Pluralität, in: Judith Könemann; Michael Seewald (Hg.), Wandel als Thema religiöser Selbstdeutung, Freiburg i. Br. 2021, 276.

Religiöse Pluralität hat also ihren Ort im Subjekt, ist als Signatur höchstpersönlicher Selbst- und Weltdeutung zu verstehen. Sie betrifft den persönlichen (privaten) Glauben in seiner »Doppelstruktur von *faith* und *belief,* von der vorreflexiven Glaubenshaltung des Vertrauens auf etwas oder jemanden und des reflexiven Überzeugtseins von konkreten materialen Gehalten, verknüpft mit konkreten Handlungsvollzügen.«[34] Religiös Engagierte »suchen [...] ihr Leben in Bezug auf Andere und Anderes sinngenerierend zu deuten, gelingend zu führen und dazu beizutragen, dass auch andere ihr Leben gelingend führen können.«[35] *Servicestellen* könnten – so die ergänzende Empfehlung – Orte für das religiös-praktische Gespräch sein. Es ginge dann darum, den eigenen Glauben und die eigene Glaubensperspektive dem anderen in einer ermöglichenden Weise anzubieten,[36] um mit ihr/ihm im Dialog die religiöse Unterschiedlichkeit und Pluralität einzuholen, zu konkretisieren und damit zu kultivieren.

Zwischenfazit

Die dargestellten Parameter der Ermöglichungspastoral erweisen sich hinsichtlich der *Servicestellen* als anschlussfähig. Sie sind kompatibel mit den theologischen Optionen und den Empfehlungen der Studie, verstärken und ergänzen sie. Durch die Arbeit der *Servicestellen* und der Engagementförder:innen kommen kontinuierlich neue Engagierte hinzu, die nicht aus gemeindlichen Kontexten kommen, in den Gemeinden daher nicht bekannt sind und auch nicht bekannt sein können. Sie haben kein Interesse an einem pfarrgemeindlichen Engagement. Sie verstehen ihr

34 | Ebd., 277.

35 | Ebd.

36 | Die französische Pastoraltheologie betont diese Haltung für religiöse Gespräche und beschreibt sie als »zeugende Pastoral«:»Die ›zeugende Pastoral‹ ist also zuerst jene Bewegung, von der auch eine jegliche Geste wirklicher Fürsorglichkeit beseelt ist [...]. Sie beruht grundlegend auf der Idee, dass man nichts über den Glauben des anderen weiß und nichts mit ihm vorhat. In dieser Beziehung gibt es weder einen Meister, noch einen Vater, noch einen Lehrer. [...] Es gibt das Evangelium zwischen beiden, die Gute Nachricht in ihrem Zwiegespräch und in dem, was sie darin voneinander erkennen.« (Jean-Marie Donegani, Säkularisierung und Pastoral, in: Reinhard Feiter; Hartwig Müller [Hg.], Frei Geben – Pastoraltheologische Impulse aus Frankreich, Ostfildern 2012, 70) Solche Gespräche sind Teil einer »Pastoral des Vorschlagens«: »In einer Pastoral des Vorschlagens ist daher die Achtung vor der Freiheit des Einzelnen von grundlegender Bedeutung. Andererseits bedeutet ›vorschlagen‹ nicht einfach ›ansprechbar sein‹. ›Vorschlagen‹ ist eine aktive, dynamische, pastorale Geste. Vorschlagen heißt ›die Initiative ergreifen‹.« (Philippe Bacq, Für eine Erneuerung vom Ursprung her, in: Reinhard Feiter; Hartwig Müller [Hg.], Frei Geben – Pastoraltheologische Impulse aus Frankreich, Ostfildern 2012, 37)

Engagement christlich und z. T. auch kirchlich – aber eben nicht gemeindlich. Für sie sind die Engagementförder:innen meist der einzige Kontakt zur Institution Kirche. Die Engagementförder:innen ermöglichen durch ihr subjektsensibles Zugehen diesen neu Engagierten – und auch sich selber – neue Erfahrungen im kirchlichen Kontext. Die *Servicestellen* könnten ihr eigenständiges kirchliches Profil – insbesondere für die Personengruppe der neu Engagierten – stärken, indem sie sich mit ihren diversen Begleitformaten und Beziehungsangeboten als ein ermöglichungspastoraler Ort verstehen, emanzipatorisch zu Eigenverantwortlichkeit anleiten, Projekte strategisch in die Verselbständigung führen, Gastlichkeit in einer Kultur der Verschiedenheit erlebbar machen und ihre eigene Deutungskompetenz deutlicher ins Spiel bringen. Auf diese Weise könnten die *Servicestellen* ihr Potential stärker zur Geltung bringen.

3. Agiles Vernetzen – zielorientiert und zukunftssicher

Agiles Vernetzen gehört zum Arbeitsalltag von Engagementförder:innen. Auch im Umgang mit zielorientiertem Handeln sind sie geübt. Jedoch, welches Verständnis von Netzwerk wird hier verwendet, dem eine – auch im kirchlichen Feld – sichere Zukunft zugeschrieben werden kann? Und wie lässt sich agile Netzwerkarbeit genauer fassen?

Zunächst ist es hilfreich, die im Diskurs über Kirchenverständnisse gängige Dreier-Systematik von hierarchischer Kirche, Gemeindekirche und vernetzender Kirche bzw. die Unterscheidung zwischen Institution, Organisation und Netzwerk aufzugreifen.[37] Auch wenn »Netzwerk« zur »Leitmetapher«[38] unserer digitalen Gesellschaft mit ihren Medienrevolutionen geworden ist, vernetzendes kirchliches Handeln gab es vermutlich zu allen Zeiten. Für diesen Kontext lassen sich jedenfalls – der gewählten Systematik folgend – Institutionsnetzwerke (Typ 1), Organisa-

37 | Vgl. z. B. Michael Schüßler, Den Kontrollverlust erforschen, in: Michael Seewald (Hg.), Ortskirche – Bausteine zu einer künftigen Ekklesiologie, Ostfildern 2018, 147–165. Vgl. auch die zugehörigen Grafiken in der Präsentation »Ermöglichen und vernetzen«: www.alfredlohmann.de (letzter Aufruf: 24.03.2024).

38 | Schüßler 2018, 156.

tionsnetzwerke (Typ 2) und fluide[39] Netzwerke (Typ 3) unterscheiden. Die Studie zeigt auf, dass sich die Vernetzungen der *Servicestellen* und die der Engagementförder:innen weitgehend gemeindlichen oder innerkirchlichen Organisationsnetzwerken zurechnen lassen.[40] Kooperationen finden zumeist mit innerkirchlichen Akteur:innen und Trägern statt. Die *Servicestellen* und auch die Engagementförder:innen sind in einem Segment ihres Aufgabenprofils für bereits – zum Teil seit vielen Jahren – Engagierte zuständig. Daher sind innerkirchliche Vernetzungen und Kooperationen notwendig, sinnvoll und unverzichtbar. Problematisch wird es erst, wenn die *Servicestellen* ihrer Funktion als »Brückenort zwischen Kirche und Welt«[41] nicht mehr gerecht werden (können).

In den jetzt überall entstehenden übergroßen pastoralen Einheiten werden netzwerkartige Strukturen aufgebaut. Dabei folgt die Programmatik dieser Vernetzungskonstrukte allermeist theologisch und pastoralpraktisch dem Modell der Gemeindekirche. Als Teil der lokalen Kirche sind die *Servicestellen* ein Knotenpunkt dieser innerkirchlichen Gemeindenetzwerke. Da die *Servicestellen* auch als Ansprechpartner für die gemeindlich Engagierten fungieren, sind die Teams und insbesondere die Engagementförder:innen gut informiert und gut vernetzt. Da liegt die Versuchung nahe, zur »Schaltzentrale« oder zum Motor der größer werdenden Gemeindenetzwerke und dadurch immer mehr zum/zur innerkirchlich-gemeindlichen Akteur:in zu werden. Für die anstehenden Aufbau- und Vernetzungsprozesse in den pastoralen Großräumen findet sich bei den pastoralen Diensten im Pastoralteam häufig keine Zuständigkeit. Dennoch sollten sich die Engagementförder:innen und die *Servicestellen* konsequent darauf beschränken, ein Knotenpunkt neben vielen anderen Knotenpunkten im innerkirchlichen Netz zu sein.

Zukünftig sollten die *Servicestellen* mehr in und mit Netzwerken des Typs 3 agieren, in denen die Übergänge zwischen innerkirchlicher Anbindung und säkularen Räumen fließender sind. Es sind viele pastorale Modelle für solche Netzwerke entstanden, die das vertraute und heute oft noch

39 | Vgl. Michael Schüßler, Netzwerkpastoral als »Entdeckungsparadigma des Evangeliums im Heute«, in: Newsletter Bischöfliches Generalvikariat Münster, Hauptabteilung Seelsorge (2017/7), 16, https://www.bistum-muenster.de/fileadmin/user_upload/Website/Downloads/Bistum/BGV/200-Seelsorge/2018/2018-03-200-Newsletter-Pth-Grundsatzfragen-1-2017.pdf (letzter Aufruf: 23.03.2024).

40 | Vgl. Hillebrand; Klages 2023, 18 und 51.

41 | Vgl. ebd., 48.

vorherrschende Paradigma der Gemeindepastoral bzw. des binnenkirchlichen Organisationsnetzwerkes weiten und überwinden möchten: Zum Beispiel thematisiert Matthias Sellmann »Christsein in strukturellen Löchern«[42]; Helmut Eder beschreibt »Kirche als pastorales Netzwerk«[43]; Michael Schüßler entwickelt eine »Ereignis-Netzwerk-Pastoral«[44]; Gundo Lames konzipiert »Kirche im Netzwerk«[45] und verweist auf den Vorschlag einer »Kirche als Netzwerk multipler Orte in den Lebenswelten der Menschen«[46]. Die *Servicestellen* könnten zunehmend einen Beitrag zum Aufbau solcher Netzwerke erbringen. Eine ganze Reihe von Engagementförder:innen sind bereits mit dieser Intention tätig. Eine stärkere Verbindung zu den Lebenslagen der Menschen im Sozialraum[47] und zu ihren Themen[48] bestimmen die Zielsetzung. Auch die Art der Vernetzung ist gegenüber derjenigen in Organisationsnetzwerken verändert. Sie ist flexibel, fluide, zeitlich limitierter, punktuell, ergebnisorientiert, begrenzt. Das Mitwirken in solchen neuartigen Vernetzungen ermöglicht es den Engagierten und den Engagementförder:innen stärker, »unter den Menschen« zu sein. Es hilft ihnen auch, sich einer zu starken binnenkirchlichen Vereinnahmung zu entziehen.[49] Eine *Servicestelle* wäre dann also ein Vernetzungsort, der einerseits ein (durchaus wichtiger) Knotenpunkt für innerkirchliche Vernetzungen ist und der sich andererseits – und das bevorzugt – mit sozialräumlichen, kulturellen und kommunalen Bezügen vernetzt.

42 | Vgl. Matthias Sellmann, »Christsein in strukturellen Löchern« oder: Die pastoraltheologische und pastoralplanerische Bedeutung der soziologischen Netzwerktheorie, in: Miriam Zimmer; Matthias Sellmann; Barbara Hucht (Hg.), Netzwerke in pastoralen Räumen, Würzburg 2017, 69–95.

43 | Vgl. Helmut Eder, Kirche als pastorales Netzwerk, Wien 2012.

44 | Vgl. Michael Schüßler, Qualitative Netzwerkforschung in der Theologie, in: Michael Schüßler; Teresa Schweighofer (Hg.), Kirche als Netzwerk pastoraler Orte und Ereignisse, Ostfildern 2022, 27–51.

45 | Vgl. Gundo Lames, Kirche im Netzwerk, in: Valentin Dessoy; Gundo Lames; Martin Lätzel; Christian Hennecke (Hg.), Kirchenentwicklung, Trier 2015, 345–359. Vgl. auch: ders., Innovationsfähigkeit von sozialen Netzwerken, in: Valentin Dessoy; Gundo Lames, »… Siehe ich mache alles neu« (Off 21,5), Trier 2012, 66–83.

46 | Vgl. Alfred Lohmann, Kirche als Netzwerk multipler Orte, in: Valentin Dessoy; Gundo Lames; Martin Lätzel; Christian Hennecke (Hg.), Kirchenentwicklung, Trier 2015, 503–520.

47 | Vgl. das »öffentliche« Projekt Wohlfühlmorgen: Sabrina Vermeegen, Wohlfühlmorgen für Bedürftige, in: Pastoralblatt für die Diözesen Aachen, Berlin, Hildesheim, Köln und Osnabrück (2022/10), 311ff.

48 | Vgl. das mit Kräuterkunde und Literatur verknüpfte Projekt einer »grünen Kirche«: Arianita Mölder, Engagiert für eine »grüne« Kirche und für die Bewahrung der Schöpfung, in: Pastoralblatt für die Diözesen Aachen, Berlin, Hildesheim, Köln und Osnabrück (2022/8), 239–241.

49 | Vgl. Hillebrand; Klages 2023, 48 und 51.

Ein weiterer Grund, warum sich die *Servicestellen* stärker in fluiden Netzwerken engagieren sollten, liegt in den unterschiedlichen theologischen Ausrichtungen der Netzwerke. Dies gilt es kurz zu verdeutlichen. Der Dreier-Systematik folgend lässt sich für jedes Kirchenbild und jeden Netzwerktyp die zugrundeliegende Theologie aufzeigen. Das Bild vom *hierarchischen* Leib Christi, in dem Christus das Haupt seiner Kirche ist, bestimmt das erste Modell. Hier prägt die Christologie den theologischen Schwerpunkt, der die Ausformung der hierarchischen Gestalt der Kirche vorgibt und das Verständnis der Institution Kirche begründet. Im zweiten Modell der Gemeindekirche ist die Communio-Theologie bestimmend. Es geht um die Bildung von Gemeinschaften, in denen alle aufgrund der Taufe und der Geistbegabung gleich sind. Die Vernetzungen dieser Gemeinschaften bilden den *organischen* Leib Christi: Jedes Glied dieses Leibes ist in gleicher Weise herausgerufen, zum Aufbau des Reiches Gottes in der Welt beizutragen. Die Gläubigen werden an innerkirchlichen Prozessen beratend und mitgestaltend beteiligt. Im dritten Bild der vernetzenden Kirche bildet die Geisttheologie den Schwerpunkt. Der Heilige Geist verbindet wie Christus die Gläubigen zum Volk Gottes, zu dem alle Menschen guten Willens gehören können – auch Nicht-Getaufte. Denn alle Menschen sind mit dem Geist Gottes beschenkt, der die Glaubenden in den Lebensraum des dreifaltigen Gottes führt. In ihrer theologischen Ausrichtung sind die *Servicestellen* zukünftig eher dem dritten Bild einer vernetzenden Kirche zuzuordnen. Dann müsste ihre Geist-Orientierung weitergehend entdeckt[50] und bedacht werden, um einzuholen, dass ermöglichungspastorales Handeln immer auch ein geistliches, geist-orientiertes Tun ist.

50 | Vgl. den Beitrag zu Engagementförderung und Geistorientierung von Sarah Patt, Der Geist des Herrn weht, wo er will, in: Pastoralblatt für die Diözesen Aachen, Berlin, Hildesheim, Köln und Osnabrück (2022/6), 179ff.

4. *Gottes Geist erneuert – Innovation bei den Servicestellen?*

Joh 6,63: Der Geist ist es, der lebendig macht.

Die Markierung eines praktikablen Innovationspotentials der *Servicestellen* durch eine stärkere Orientierung am Heiligen Geist ist eingebettet in die Frage, welche pastorale Gesamtkonzeption vom jeweiligen Pastoralteam verfolgt wird. Oft entscheidet die theologische und pastorale Selbstverortung des Pfarrers diese Frage. Dessen Kirchenverständnis, seine martyriale, liturgische und pastoralpraktische Ausrichtung mit der zugrundeliegenden Haltung und Beziehungskompetenz prägen mitunter die pastorale Gesamtatmosphäre, den Grad synodaler Mitbestimmung und den Motivationslevel der ehrenamtlich stark Engagierten. Die Arbeit der übrigen pastoralen Dienste bewirkt dann – über persönlich geprägte theologische Akzentsetzungen und pastorale Praxisvarianten hinaus – eine mehr oder weniger große Differenziertheit der pastoralen Gesamtausrichtung.

Zur Überwindung solcher Engführungen sollte es bei der aktuellen Organisationsentwicklung zu pastoralen Großräumen dringend zu einem (nicht nur geduldeten, sondern) konzeptionell befürworteten Nebeneinander der drei beschriebenen Kirchenverständnisse kommen. Auf diese Weise würde eine pastorale Vielfalt erreicht, die auch die unterschiedlich akzentuierte Kirchlichkeit bei pastoralen Diensten nutzt. Es geht dann weniger um Einheitlichkeit und konforme Ausrichtung, sondern stattdessen um Verschiedenheit, um divergierende Weisen der Pastoral und des Christseins. Eine solche kirchliche Kultur des theologischen Nebeneinanders würde Vielfalt praktizieren, wahrnehmbar facettenreich Pastoral gestalten, Widersprüche nicht ausschließen und die lokale Kirche programmatisch als Gemeinschaft in Unterschiedlichkeit kultivieren. Die Gläubigen könnten sich ohne Veränderungsdruck der von ihnen persönlich favorisierten Weise christlicher Lebensgestaltung zuordnen. Auch die pastoralen Dienste im Pastoralteam sollten sich persönlich, theologisch und pastoralpraktisch einem Kirchenverständnis (Volkskirche, Gemeindekirche, vernetzende Kirche) zuordnen, um dann übereinzukommen, wie und von wem welche pastoralen Felder und Themen in Unterschiedlichkeit, in mitunter divergierenden Intentionen und dennoch im Wissen umeinander gestaltet und jeweils verantwortet werden.

Ein solches Vorgehen würde auch Räume eröffnen für das dritte Modell einer Netzwerkkirche, die sich vor allem aus dem Wirken des Gottesgeistes heraus versteht. Michael Böhnke beschreibt ein in Teilen neues Verständnis des Heiligen Geistes, das zu einem erneuerten Verständnis der Kirche führt und praktische Auswirkungen für kirchliches Handeln hat.[51] Einige wenige Aspekte dieser Neubeschreibung sollen kurz aufgezeigt werden.

Geschenkte Freiheit

Aus Freiheit heraus hat Gott sich selbst dazu bestimmt, nicht ohne die Menschen Gott sein zu wollen. Das Sein in Freiheit und Handeln aus Freiheit ist auch das Konstitutivum, das die menschliche Existenz kennzeichnet. Gott wollte den Menschen als ein freies Gegenüber. Wenn Gott und Mensch einander zugetan sind, dann aus gegenseitiger Freiheit heraus. Dieses Freiheitsparadigma ist basal.[52] Es ist Maßstab und Herausforderung für das Sprechen über Gott, für jede Pastoral und für jedes Verständnis von Kirche.

Heiliger Geist im Handeln der Menschen

Gott ist Geist (Joh 3,8). Der Geist Gottes, Gott selbst, ist nicht nur im Inneren oder in der Gesinnung der einzelnen Person zu verorten. Vielmehr manifestiert sich der Geist im Handeln der Menschen und ist im Handeln wahrnehmbar.

> »Eine Handlung kann situativ vom Geist der Freundschaft geprägt sein, eine abwehrende Geste vom Geist der Feindseligkeit. Mit dem Geist einer Handlung wird die szenische Gerichtetheit einer Handlungswirklichkeit beschrieben. [...] Der Geist bewirkt die Handlung nicht, aber er bestimmt die Handlungswirklichkeit situativ im Moment der szenischen Gerichtetheit mit.«[53]

51 | Böhnke sieht die Kirche in einer Glaubenskrise und findet einen theologischen Grund dafür in einer Unterschätzung des Heiligen Geistes (Geistvergessenheit). Mit seinem neuen Verständnis des Geistes entwickelt er im Rahmen seiner Pneumatologie ein neues Verständnis der Trinität, das ohne eine hierarchische oder zeitliche Ordnung (erst der Vater, dann der Sohn und zuletzt der Heilige Geist) auskommt. In drei Büchern entwickelt er eine pneumatologische (geistbezogene) Ekklesiologie, Christologie und Eschatologie, basierend auf den Glaubenszeugnissen der Bibel.

52 | Vgl. Michael Böhnke, Gottes Geist im Handeln der Menschen, Freiburg 2017, 221.

53 | Michael Böhnke, Geist bewegte Gottes Rede, Freiburg i. Br. 2021, 49.

Der Geist ist ein das Reden, Handeln und Begegnungen mitbestimmendes Aktionsprinzip. Er ist mit seiner *operativen Präsenz ein situativ prägender Akteur.* Kraft seines Beistandes richtet er das Handeln des Menschen auf die Würde des anderen aus. So wird er in der Zuwendung zum anderen gegenwärtig. Der Geist – mit dem Menschen »kooperierend« – ist somit als der Sich-Zuwendende zu verstehen. Jesus sagt von sich: Ich bin der Weg, die Wahrheit und das Leben (Joh 14,6). Der Geist sagt nichts über sich aus, er wirkt und zeigt sich im anderen, der dank seines aktiven Bei-Seins geist-lich, geist-voll handelt.

Kirche-sein im Heiligen Geist

Die Weise Gottes, bei den Menschen zu sein, ist sein Geist. In seinem Geist ist er bei uns Menschen. Und so ist der Geist auch für die Kirche konstitutiv. Die Communio der Kirche ist als Vereinigung der Getauften eine geistliche Wirklichkeit, die sich auf soziale Weise darstellt. Aktionsprinzip dieser geistlich-sozialen Wirklichkeit ist der Geist. Die Verbindung zwischen dem unsichtbaren Grund und der sichtbaren Gestalt der Kirche vollzieht sich im Geist und verdankt sich dem Wirken des Geistes. Die Kirche ist also zugleich pneumatisch (geistlich) und institutionell verfasst (LG 8). Die Strukturen und die Ausgestaltung des kirchlichen Lebens müssen zeichenhaft das Wirken des Geistes zum Ausdruck bringen und fördern. Außerhalb des Geistes gibt es für die Kirche keine Heilsgewissheit und kein Heilswirken.

Der Geist wirkte schon in der Welt, ehe Jesus in die Welt gesandt wurde. Jesus wurde durch den Geist geheiligt. Er geht seiner Sendung voraus und bestimmt die Sendung Jesu von Anfang an. Der Geist ist es, der die Glaubenden zu Schwestern und Brüdern des Auferstandenen und zum Volk Gottes macht. Jesus hat die Kirche der Gläubigen gegründet, die im Heiligen Geist leben und darin mit Christus verbunden sind zu einem Leib. Deswegen ist der hierarchische Dienst des Wortes, der Gnade und der pastoralen Führung auch vom Heiligen Geist her – und nicht christologisch – zu begründen.

Und so ist die wichtigste Aufgabe der Kirche das Gebet der Glaubenden um die Gegenwart des Geistes Gottes, die Epiklese. Nur im Geist kann sich die Kirche der Gegenwart Gott gewiss sein. Die Bitte um den Geist Gottes wird – aufgrund der biblischen Verheißung – getragen von der Glaubensgewissheit der Bittenden, dass Gott sich ihnen zuvorkommend und unbedingt zuwendet. Hierin zeigt sich die Treue Gottes (1 Kor 1,9). Der treue Gott ist als der zu verstehen, der der für den Menschen Da-Seiende ist und dessen Treue – unabhängig vom Verhalten der Menschen – ewig andauert. Die Bitte der Glaubenden um den Geist ist die einzige Form, in der die Kirche die Autorität Gottes beanspruchen kann. Die Epiklese kennzeichnet also die Haltung der Glaubenden und bestimmt das Handeln der Kirche.

Der Heilige Geist als Person des dreifaltigen Gottes

Jede göttliche Person hat ihr Sein nur von den anderen her und auf die anderen hin; sie kann ihr eigenes Sein durch die anderen vermittelt realisieren. Das Wesen Gottes ist Liebe, die Gemeinschaft der Liebe dreier Personen; eine Liebe, die vereint und unterscheidet. Vom Vater her ist es die Unbedingtheit der Liebe, die im Sohn ihre Bestimmtheit für die Menschen erfährt und im Geist ihre einende und verwandelnde Kraft erweist. Im Geist werden Vater und Sohn ergriffen und verwandelt in eine Communio der unbedingten Liebe.[54]

Diese kurzen Andeutungen zur Geisttheologie mögen genügen, um einen Eindruck zu vermitteln, wovon sich eine Geist-orientierte Pastoral leiten lässt und welches Innovationspotential sich durch sie ergibt. In der lebendigen Weite dieser pastoraltheologischen Ausrichtung sind die *Servicestellen Engagement* zu verorten. Die intrinsische Motivation vieler Engagierter lässt sich gut in Beziehung bringen zu einer neuen Geistorientierung als zusätzlicher Perspektive. Die beschriebene Geistorientierung würde die *Servicestellen*, Engagierte und Engagementförder:innen strukturell und inhaltlich freier machen. Mit der kurz skizzierten Geisttheologie würde ein neuer – Gemeinde und Organisationsnetzwerke überschreitender – Bezugsrahmen gewählt.

5. Resümee

Die Ermöglichungspastoral bietet für die Weiterentwicklung von *Servicestellen*, Engagierten und Engagementförder:innen interessante Optionen.

54 | Vgl. Böhnke 2017, 215 ff.

Servicestellen als »Motor und Gesicht einer Kirche von morgen«[55] könnten sich unterstützen lassen vom Geist Gottes, der lebendig macht, und sich am Beispiel Jesu orientieren. Im Horizont der beschriebenen Geisttheologie ließen sich z. B. Gespräche, in denen die Glaubensperspektive als Angebot ins Wort gebracht wird, auch als Austausch über Geisterfahrungen (Wirken Gottes) verstehen und weiten. Die Optionen und Empfehlungen der Studie konnten aus ermöglichungspastoraler und geisttheologischer Perspektive bestätigt, unterstützt und erweitert werden. Die *Servicestellen* könnten sich zukünftig fokussierter als Orte einer ermöglichungspastoralen Gastfreundschaft verstehen, an denen auch die Geistdimension wahrgenommen, realisiert, aufgerufen und thematisiert wird. Der in der Studie angeregte Haltungswechsel bei den Engagementförder:innen[56] könnte mit der beschriebenen ermöglichungspastoralen geistoffenen Haltung[57] gelingen. Die *Servicestellen* ließen sich in der Tat als Orte einer – in einem weiten Sinne – sakramentalen epikletischen Praxis[58] verstehen. Solche *Servicestellen* würden neben der christologischen Dimension (unbedingte Gastfreundschaft) auch die pneumatologische Dimension des Gottesgeistes in ihrem Handeln zum Ausdruck bringen. Dann sind die *Servicestellen Engagement* mit ihrer Weise, zu ermöglichen und zu vernetzen, Orte der kirchlichen Erneuerung.

Literaturverzeichnis

Arnold, Rolf; Schüßler, Ingeborg (Hg.), Wandel der Lernkulturen, Darmstadt 1998.

Arnold, Rolf; Schüßler, Ingeborg (Hg.), Ermöglichungsdidaktik, Hohengehren 2003.

Bacq, Philippe, Für eine Erneuerung vom Ursprung her, in: Reinhard Feiter; Hartwig Müller (Hg.), Frei Geben – Pastoraltheologische Impulse aus Frankreich, Ostfildern 2012, 31–55.

55 | Hillebrand; Klages 2023, 52.

56 | »Für einen tatsächlichen Haltungswechsel bräuchte es mehr Distanz.« (Ebd.)

57 | Für die Praxis der beschriebenen Haltung lassen sich zusammenfassend folgende Kompetenzen benennen:
- Beziehungen gestalten (Beziehungskompetenz)
- wertschätzend kommunizieren (Kommunikationskompetenz)
- zielgerichtet kooperieren (Kooperationsfähigkeit)
- netzwerken (agile Netzwerkkompetenz)
- sich selbst zurücknehmen (Ermöglichungskompetenz)
- über den Glauben sprechen (Deutungskompetenz)
- aktivieren (geistliche Entwicklungskompetenz)

In einem Reflexionsbogen sind diese Kompetenzen mit kurzen Erläuterungen und Beispielen zusammengestellt, der auch bei der Fortbildung von pastoralen Diensten eingesetzt wird. Vgl. www.alfredlohmann.de (letzter Aufruf: 24.03.2024).

58 | Vgl. Hillebrand; Klages 2023, 14.

Böhnke, Michael, Kirche in der Glaubenskrise, Freiburg i. Br. 2013.
Böhnke, Michael, Gottes Geist im Handeln der Menschen, Freiburg i. Br. 2017.
Böhnke, Michael, Geist bewegte Gottes Rede, Freiburg i. Br. 2021.
Dessoy, Valentin, Kirche braucht Profis – keine Gemeindereferenten, in: Das Magazin, Bundesverband Gemeindereferenti:nnen (2017/4), https://www.kairos-cct.de/wp-content/uploads/2018/03/Dessoy-2017-Kirche-braucht-Profis-final-1.pdf (letzter Aufruf: 24.03.2024).
Donegani, Jean-Marie, Säkularisierung und Pastoral, in: Reinhard Feiter; Hartwig Müller (Hg.), Frei Geben – Pastoraltheologische Impulse aus Frankreich, Ostfildern 2012,56–80.
Eckart, Joachim, Ermöglichungspastoral, Norderstedt 2004.
Eder, Helmut, Kirche als pastorales Netzwerk, Wien 2012.
Erzbistum Köln, Hauptabteilung Seelsorge (Hg.), Projekt Engagementförderung im Erzbistum Köln. Voller Dynamik – Engagementförderung forciert kirchliche Erneuerungen, Köln 2019, https://www.eee.koeln/export/sites/eee/.galleries/download-veroeffentlichung/25-Buch-zur-Engagementfoerderung-Voller-Dynamik-160-Seiten.pdf (letzter Aufruf: 24.03.2024).

Hillebrand, Bernd; Jürgen Sehrig, Soziale Arbeit und Pastoral – neu verbunden, Ostfildern 2023.
Hillebrand, Bernd; Klages, Annika, Evaluation von Servicestellen Engagement im Erzbistum Köln, Freiburg i. Br. 2023.
Lames, Gundo, Innovationsfähigkeit von sozialen Netzwerken, in: Valentin Dessoy; Gundo Lames, »… Siehe ich mache alles neu« (Off 21,5), Trier 2012, 66–83.
Lames, Gundo, Kirche im Netzwerk, in: Valentin Dessoy; Gundo Lames; Martin Lätzel; Christian Hennecke (Hg.), Kirchenentwicklung, Trier 2015, 345–359.
Lennarz, Birgit, Eigenverantwortetes Engagement in »Einfach da«, in: Pastoralblatt für die Diözesen Aachen, Berlin, Hildesheim, Köln und Osnabrück (2022/7), 214f.
Leuninger, Ernst, Die Entwicklung der Gemeindeleitung, St. Ottilien 1996.
Lohmann, Alfred, Kirche als Netzwerk multipler Orte, in: Valentin Dessoy; Gundo Lames; Martin Lätzel; Christian Hennecke (Hg.), Kirchenentwicklung, Trier 2015, 503–520.
Lohmann, Alfred, Engagementförderung als Instrument für lokale Kirchenentwicklung, in: Pastoralblatt für die Diözesen Aachen, Berlin, Hildesheim, Köln und Osnabrück (2022/12), 372–376.
Mölder, Arianita, Engagiert für eine »grüne« Kirche und für die Bewahrung der Schöpfung, in: Pastoralblatt für die Diözesen Aachen, Berlin, Hildesheim, Köln und Osnabrück (2022/8), 239–241.
Patt, Sarah, Der Geist des Herrn weht, wo er will, in: Pastoralblatt für die Diözesen Aachen, Berlin, Hildesheim, Köln und Osnabrück (2022/6), 179–181.
Scharrenberg, Hannah, Wie Engagementförderung gelingt, in: Pastoralblatt für die Diözesen Aachen, Berlin, Hildesheim, Köln und Osnabrück (2022/1), 10–13.
Schüßler, Michael, Netzwerkpastoral als »Entdeckungsparadigma des Evangeliums im Heute«, in: Newsletter Bischöfliches Generalvikariat Münster, Hauptabteilung Seelsorge (2017/7), https://www.bistum-muenster.de/fileadmin/user_upload/Website/Downloads/Bistum/BGV/200-Seelsorge/2018/2018-03-200-Newsletter-Pth-Grundsatzfragen-1-2017.pdf (letzter Aufruf: 23.03.2024).
Schüßler, Michael, Den Kontrollverlust erforschen, in: Michael Seewald (Hg.), Ortskirche – Bausteine zu einer künftigen Ekklesiologie, Ostfildern 2018.
Schüßler, Michael, Qualitative Netzwerkforschung in der Theologie, in: Michael Schüßler; Teresa Schweighofer (Hg.), Kirche als Netzwerk pastoraler Orte und Ereignisse, Ostfildern 2022, 27–51.

Seewald, Michael, Die Einwohnung des Heiligen Geistes, in: ders. (Hg.), Gott ist Geist, Freiburg 2023, 195–221.
Sellmann, Matthias, »Christsein in strukturellen Löchern« oder: Die pastoraltheologische und pastoralplanerische Bedeutung der soziologischen Netzwerktheorie, in: Miriam Zimmer; Matthias Sellmann; Barbara Hucht (Hg.), Netzwerke in pastoralen Räumen, Würzburg 2017, 69–98.
Steinebach, Dorothea, Kirche im Werden – auf die Haltung kommt es an, in: Valentin Dessoy; Gundo Lames; Martin Lätzel; Christian Hennecke (Hg.), Kirchenentwicklung, Trier 2015, 369–381.
Vermeegen, Sabina, Wohlfühlmorgen für Bedürftige, in: Pastoralblatt für die Diözesen Aachen, Berlin, Hildesheim, Köln und Osnabrück (2022/10), 311–313.
Wendel, Saskia, Christliche Selbstdeutungen im Spiegel religiöser Pluralität, in: Judith Könemann; Michael Seewald (Hg.), Wandel als Thema religiöser Selbstdeutung, Freiburg i. Br. 2021, 272–285.

»Lass mich dich lernen«
Engagementförderung als strategischer Ort einer in der Begegnung lernenden Kirche

Theresa Reinke

> *»Lass mich dich lernen, dein Denken und Sprechen, dein Fragen und Dasein, damit ich daran die Botschaft neu lernen kann, die ich dir zu überliefern habe.«*[1]
>
> *(Klaus Hemmerle)*

Kirchliche Engagementförderung, wie sie mit den *Servicestellen Engagement* im Erzbistum Köln verfolgt wird, wird im folgenden Beitrag als strategischer Ort einer lernenden Kirche betrachtet. Es soll dargestellt werden, inwiefern Maßnahmen der Engagementförderung Chancen für eine von den Menschen her lernende Kirche bieten können und sich darin zugleich eine strategische Gelegenheit für die Entwicklung der Pastoral zeigt. In Anleihe an das Zitat des früheren Aachener Bischofs Dr. Klaus Hemmerle (1929–1994) können die lernende Begegnung mit den einzelnen engagierten Menschen und das Interesse an ihrem Engagement dabei der Ausgangspunkt für eine Vergewisserung über den kirchlichen Auftrag in der Gesellschaft sein.[2]

1 | Klaus Hemmerle, Was fängt die Jugend mit der Kirche an? Was fängt die Kirche mit der Jugend an?, in: Internationale Katholische Zeitschrift 12 (1983), 306–317, https://www.klaus-hemmerle.de/de/werk/was-faengt-die-jugend-mit-der-kirche-an-was-faengt-die-kirche-mit-der-jugend-an.html#/reader/1/1 (letzter Aufruf: 20.02.2024).

2 | Wesentliche Anregungen für die folgenden Ausführungen verdanke ich dem Gespräch mit meiner Kollegin Simone Althoff, die als Pädagogin und Systemische Organisationsberaterin das Arbeitsfeld Engagementförderung und -beratung im Bistum Münster mitaufgebaut hat.

1. Im Fokus: Die engagierte Person und ihr Engagement

Aus pastoralentwicklerischer Perspektive fällt auf, dass professionelle Engagementförderung genuin nicht die Entwicklung von Pastoral oder Kirche an sich anstrebt. Wenn es beim Ziel von Engagementförderung darum geht, dass Menschen in ein Engagement finden und es gern ausüben, stehen die engagierte Person und ihr Engagement sowie dessen Nutzer:innen notwendigerweise im Zentrum jeglicher Maßnahmen. Von den (potentiell) Engagierten gilt es zu lernen, was diese als hilfreich empfinden, um sich gut engagieren zu können. In der Begegnung mit ihnen bleibt individuell und immer wieder neu zu lernen, welche Maßnahmen als dienlich erlebt werden oder was gute Rahmenbedingungen für das jeweilige freiwillige Engagement ausmacht. Wenn dabei mit Engagement immer eine auf die Nutzer:innen bzw. ihren Bedarf ausgerichtete Tätigkeit gemeint ist, wird zugleich die Gefahr institutionellen Selbsterhalts bzw. Eigennutzens vermieden. In dieser Perspektive stellt auch eine professionelle kirchliche Engagementförderung die engagierten Personen und ihr bedarfsorientiertes Engagement ins Zentrum aller Anstrengungen. Pastoralentwicklerische Effekte stellen sich dann in einem zweiten Schritt ein.

2. Verschiedene Typen von Engagierten und spezifische Bedürfnisse

Engagementförder:innen begegnen dabei unterschiedlichen Typen von Engagierten. Sowohl in einzelnen Engagementfeldern als auch in der Vielfalt kirchlichen Engagements zeigen sich in der individuellen Begegnung mit den jeweiligen Engagierten ihre unterschiedlichen Prägungen, Motivationen und Bedürfnisse. Das Wissen um die Heterogenität von Engagementmustern und -typen sensibilisiert für passgenaue Schritte der Begleitung und Unterstützung. Gerade mit Blick auf die Breite der Möglichkeiten, sich in kirchlicher Trägerschaft ehrenamtlich zu engagieren, können vielfältige Typen, die ganz diverse Merkmale aufweisen, entdeckt werden. Den für viele auf den ersten Blick scheinbar »klassischen Ehrenamtlichen«, der sich kirchengemeindezentriert engagiert, kennzeichnen dabei spezifische Merkmale, die sich in Motivation und

Selbstverständnis, Dauer und Umfang des Engagements, Bedarfen und Wünschen in anderen Feldern von anderen Typen freiwillig Engagierter teils massiv unterscheiden.[3] Wie die Untersuchung der *Servicestellen* unterstreicht, kollidieren dann zwangsläufig auch die Erwartungen, die an eine kirchliche Engagementförderung durch die unterschiedlichen Typen gestellt werden. Die *Servicestellen* sind in ihrer Positionierung herausgefordert, gerade bzgl. der in Kirchengemeinden vorherrschenden und von den Verantwortlichen, die sich für eben diese engagieren, getragenen Logiken und dem gleichzeitigen Bestreben, andersartige Engagementformen zu stärken. Die Muster anderer Engagementformen und die konkreten Ansprüche anderer Typen mögen dabei die in Kirchengemeinden lange Zeit selbstverständlich geteilten Werte und Vorstellungen davon, wie sich ehrenamtliches Engagement im gemeindlichen Leben zeigt, deutlich anfragen.

Mancherorts dominieren unter den kirchengemeindezentriert Engagierten Erfahrungen von zunehmender Frustration oder auch von erlebtem Unverständnis gegenüber dem eigenen Einsatz. Einzelne Gruppierungen sind durch Überalterung oder auch Konflikte geprägt. Angesichts dieser Wahrnehmungen mag sich wenig Entwicklungspotenzial für Belebungsmaßnahmen oder neue Aufbrüche zeigen. Eine Förderung derartig Engagierter kann dann vielmehr einem gleichsam palliativen Ansatz folgen: Der Wert von Begleitung kann gerade darin liegen, Hilfestellung zu geben, Abschied und Ende eines zuvor erfüllenden Engagements wertschätzend zu gestalten. Professionelle Engagementförderung zeichnet es dann aus, angesichts gesellschaftlicher und kirchlicher Transformation realistisch zu bleiben und auch keine falschen Erwartungen an den vermeintlich wiederbelebenden Erfolg von Ehrenamtsentwicklung zu schüren. Gleichzeitig kann professionelle Engagementförderung den Eigenwert freiwilligen Engagements gerade dort aufzeigen, wo die Perspektive vorherrscht, Ehrenamtsentwicklung diene der Befähigung, dass nun Laien Aufgaben übernehmen, die zuvor Profis vorbehalten waren.

Unterdessen lassen sich in anderen Feldern und mit anderen Typen, vielleicht auch an anderen Orten, frische Aufbrüche und erfolgversprechende

3 | Vgl. Theresa Reinke; Christine Zimmerhof, Ehrenamtliches Engagement im Bistum Speyer: Eine Typologie zu Motivation, Merkmalen und Rahmenbedingungen, Bochum 2016, https://www.zap-bochum.de/wp-content/uploads/2024/07/zap_workingpaper_6_reinke_zimmerhof.pdf (letzter Aufruf: 23.07.2024).

Entwicklungen beobachten. Dafür stellen die »Kirchen in vielfältiger Weise Gelegenheitsstrukturen zur Verfügung, […] innerhalb derer sich gesellschaftliches Engagement leicht entfalten kann«[4]. Für den Aufbau neuer Initiativen ist die Unterstützung durch professionelle Engagementförder:innen, ihr Netzwerk und die kirchliche Infrastruktur sicherlich ebenso hilfreich wie für das offene Angebot von fachlichen Qualifizierungsmaßnahmen. Kirchliche Engagementförderung kann diesbezüglich eine explizite Investition darstellen, gerade auch für die Menschen, die als Christ:innen ihrem Ruf folgen und in den Logiken von Kirchengemeinden keinen Zugang (mehr) finden. Insofern stellt Engagementförderung eine zunehmend relevante Dimension jeglicher pastoralen Arbeit dar, in allen kirchlichen Einrichtungen und gemeindlichen Orten, wo sich Menschen engagieren können und sollen. Gerade hauptberufliche Seelsorger:innen können von Ansätzen und Instrumenten professioneller Engagementförderung lernen, um in ihrer pastoralen Verantwortung als Engagementbereiter:innen zu fungieren. Im Wissen um den Wert kirchlicher Infrastruktur für zivilgesellschaftliches Engagement können auch Kirchengemeinden ihre lokale Funktion neu entdecken.

Mit Blick auf die in der Studie als uneindeutig wahrgenommene Verortung der *Servicestellen* gegenüber den Kirchengemeinden scheint eine klare Positionierung sowohl für die betroffenen Personen als auch in Bezug auf das Profil ihrer Arbeit anzustreben zu sein. Trotz der diözesanen Trägerschaft sind die *Servicestellen* durch die explizite Anbindung an die Pastoralteams und Pfarrgemeinderäte mit den Kirchengemeinden eng verwoben. Vielleicht mag in der engen Verbindung die Chance liegen, ein Verständnis gemeinsamer Ziele zur Stärkung jeglicher Engagierter in ihrem solidarischen Engagement zu entwickeln und wechselseitig voneinander zu profitieren? Wenn die *Servicestellen* jedoch als »Außenort« strategisch gestärkt werden sollen, kann es angezeigt sein, diese nicht nur durch den konkreten Standort, sondern auch strukturell von den Kirchengemeinden weiter zu lösen. Eine diözesane Anbindung – auch als »Brückenort zwischen Kirche und Welt«[5] – könnte alternativ

4 | Evangelische Kirche in Deutschland, Wie hältst du's mit der Kirche? Zur Bedeutung der Kirche in der Gesellschaft. Erste Ergebnisse der 6. Kirchenmitgliedschaftsuntersuchung, Leipzig 2023b, 91f.

5 | Bernd Hillebrand; Annika Klages, Evaluation von Servicestellen Engagement im Erzbistum Köln, Freiburg 2023, 15.

z. B. auch über kirchliche Bildungshäuser, caritative Einrichtungen oder geistliche Zentren möglich sein.
Wo immer dann die jeweiligen Akteure gemeinsame Ziele teilen, mag sich eine fruchtbare Kooperation im Einzelfall entwickeln. Die Bereitschaft zum Lernen von den Menschen, deren Bedürfnisse wir erkennen, stellt dazu eine wesentliche Voraussetzung dar. Die Leidenschaft der Engagmentförder:innen in den *Servicestellen* macht den Erfolg ihrer Arbeit diesbezüglich sicherlich wesentlich aus. Eine derartige für die lernende Begegnung offene Haltung ist darüber hinaus wohl aber in jeglicher Konstellation für eine gewinnbringende Zusammenarbeit mit freiwillig Engagierten und ebenso untereinander erforderlich. Insofern ist kirchlicher Engagementförderung insgesamt zu wünschen, dass sie nicht allein auf die explizite Investition in Ehrenamtentwickler:innen angewiesen ist: Wo auch immer Menschen sich engagieren (wollen), erscheint es lohnend, gemeinsam mit ihnen zu entdecken, wie das Engagement entwickelt werden kann, damit die Engagierten sich als Menschen mit ihrem individuellen Beitrag gut einbringen können. Eine engagementfreundliche Kultur in Initiativen, Einrichtungen oder Gemeinden wird dabei ebenso von anderen haupt- und ehrenamtlich Verantwortlichen getragen, damit die engagierten Menschen ihren Beitrag zum Nutzen anderer gut in das konkrete Engagementfeld einbringen können.

3. Um welches Engagement geht es kirchlicher Engagementförderung?

Angesichts der diskutierten Ausgestaltung der *Servicestellen* als kirchliche Orte lässt sich fragen, welche Engagementfelder oder welche Personen durch die Arbeit kirchlicher Engagementförder:innen unterstützt werden sollen? Nimmt eine Engagementförderung in katholischer Trägerschaft allein oder vorwiegend das Engagement in den jeweiligen katholischen Einrichtungen und Gemeinden in den Blick, ggf. in ökumenischer Kooperation? Wie lässt sich die Zielgruppe kirchlicher Engagementförderung definieren? Bildet das Katholischsein oder eine christliche Motivation der Engagierten (ggf. als »Getaufte«) ein relevantes Kriterium?

Kann kirchliche Engagementförderung auch für Menschen, die sich bewusst außerhalb kirchlicher Strukturen engagieren, relevant sein?
Wie die Studie darstellt, ist ein Großteil der von den *Servicestellen* erreichten Personen Mitglied der katholischen Kirche und identifiziert sich stark mit der lokalen Kirchengemeinde. Doch ist auch konzeptionell intendiert, dass die Engagementförderung der Weiterentwicklung gemeindlichen Engagements dienen soll? Durch die strukturell enge Anbindung der *Servicestellen* an die Kirchengemeinden scheint ein positiver Effekt auf das kirchengemeindliche Engagement mindestens erhofft zu sein.[6]
Doch allgemein gefragt: Braucht es ein spezifisches Kriterium für eine kirchliche Engagementförderung, ggf. im Unterschied zu einer Engagementförderung in anderer Trägerschaft? Worum kann es kirchlicher Engagementförderung gehen, wenn die Förderung des Engagements ja, wie dargestellt, nicht primär der Entwicklung von Kirche gelten soll?
Gemeinsam ist den freiwillig Engagierten in ihrem meist caritativ und sozial geprägten Engagement der Einsatz zum Wohl anderer Menschen: Sie engagieren sich dort, wo sie eine konkrete Not in ihrem Umfeld wahrnehmen, sie setzen sich für Solidarität und Gerechtigkeit ein, um die Lebensumstände anderer zu verbessern, und gestalten so das Zusammenleben in der Gesellschaft. Das derartige solidarische Engagement zu unterstützen, sollte primäres Kriterium einer kirchlich getragenen Engagementförderung sein – an welchem Ort, in welcher Trägerschaft oder aus welcher, vielleicht gläubig artikulierten, Motivation heraus, mag dann zweitrangig sein. Insofern teilt kirchliche Engagementförderung die wesentlichen Ziele ebenso wie die konkreten Ansätze und Instrumente zivilgesellschaftlicher Engagementförderung. Gleichzeitig wird ein in theologischer Deutung wertvoller, vielleicht kirchenspezifischer Beitrag geleistet: die einzelnen begabten Menschen in der erfüllenden Ausgestaltung ihrer Talente *bedingungslos* zu unterstützen und so in ihrem Einsatz christlicher Nächstenliebe zu stärken. Mit der Frage nach der Motivation zum freiwilligen Engagement stellt sich heraus, wie relevant das Engagement für die Erfahrung von Selbstwirksamkeit und zur Subjektwerdung der Einzelnen ist.

6 | Vgl. Hillebrand; Klages 2023, 62.

4. *Als Kirche die eigene Botschaft neu lernen*

Die aktuelle Kirchenmitgliedschaftsuntersuchung hebt den im gesamtgesellschaftlichen Vergleich erhöhten Anteil von ehrenamtlich Engagierten unter den Kirchenmitgliedern hervor. Zivilgesellschaftlich wird sich der Rückgang der Kirchenbindung in Deutschland insofern prognostisch auch auf die Bereitschaft, ehrenamtlich Verantwortung zu übernehmen und das demokratische Zusammenleben zu gestalten, auswirken.[7] Der christlichen Prägung oder religiösen Motivation zum ehrenamtlichen Engagement nachzugehen, kann insofern sowohl persönlich interessant sein als auch strategische Relevanz für das Verhältnis von Kirche und Gesellschaft entwickeln.

Eine spezifische Möglichkeit kirchlicher Engagementförderung könnte darin liegen, dass die Option, die eigenen Erfahrungen vor dem Hintergrund des christlichen Glaubens zu deuten, wahrscheinlicher ist. Die eigenen Erlebnisse im Engagement zu reflektieren, ggf. vor dem Hintergrund christlicher Deutungsmuster eine persönliche Sprachfähigkeit zu entwickeln, mag für manche, vielleicht gerade für gemeindlich gebundene, Engagierte eine wertvolle Erfahrung bedeuten. Dieses Bestreben gilt es wiederum bedarfsorientiert mit den Engagierten auszutarieren. Theologische Bilder mögen dabei dann hilfreich sein, wenn sie von den Einzelnen als anschlussfähig erlebt und mit eigenen Erfahrungen gesättigt werden können. Pastoralentwicklerisch besonders interessant erscheint hier die lernende Begegnung zwischen einander vermeintlich fremden Typen zu sein. Doch bei allem pastoraltheologischen Interesse muss einschränkend gleichzeitig konstatiert werden, dass die religiösen Überzeugungen nicht als zentraler Faktor für den Zusammenhang von freiwilligem Engagement und Kirchenbindung angesehen werden.[8] Auch angesichts der professionellen Qualifikation der Engagementförder:innen sollte diese mögliche Dimension kirchlicher Engagementförderung in der Praxis sicherlich sorgsam bearbeitet werden.

7 | Vgl. Evangelische Kirche in Deutschland, Historikerin sieht in Rückgang der Kirchenbindung eine »Zeitenwende«. Bericht über die Einschätzung der Historikerin Hedwig Richter auf einer Tagung zur Kirchenmitgliedschaftsuntersuchung im November 2023, Berlin 2023a, https://www.ekd.de/reformation-und-politik/historikerin-rueckgang-der-kirchenbindung-zeitenwende-81817.htm (letzter Aufruf: 10.12.2023).

8 | Vgl. Evangelische Kirche in Deutschland 2023b.

Mit Hemmerle theologisch gesprochen, könnte die Chance kirchlicher Engagementförderung jedoch gerade darin liegen, so die eigene Botschaft als christliche Gemeinschaft und kirchliche Organisation neu zu lernen. In der individuellen Begegnung mit den einzelnen engagierten Personen kann neu entdeckt werden, wofür es sich hier und heute ganz konkret einzusetzen lohnt. Dies lernen die Engagierten wiederum in ihrer konkreten Aufgabe von den Nutzer:innen, deren Bedürfnisse sie erkennen. Durch die Wahrnehmung, in welcher Breite sich Menschen freiwillig engagieren, sich für Solidarität und Gerechtigkeit einsetzen und so einen wesentlichen Beitrag für das gesellschaftliche Zusammenleben leisten, können dann die kirchliche Funktion als Organisation in der Zivilgesellschaft und eine zeitgemäße Rolle von Christ:innen als Mitbürger:innen identifiziert werden. Die Engagierten fungieren insofern zugleich als Seismographen dafür, wie sich »Freude und Hoffnung, Trauer und Angst der Menschen von heute, besonders der Armen und Bedrängten aller Art« (GS 1) zeigen.

5. Aus der Begegnung mit engagierten Menschen über Gestaltung und Verantwortung lernen

Zunächst lernen Engagementförder:innen in der Begegnung mit den (potentiell) freiwillig Engagierten, worin ihre Unterstützung für diese konkret bestehen kann. Das vielfältige Aufgabenprofil der Stelleninhaber:innen in den *Servicestellen* belegt dies.[9] Einrichtungsbezogen bzw. spezifisch je Engagementfeld kann von und mit den jeweiligen Engagierten in einem zweiten Schritt gelernt werden, wie förderliche Rahmenbedingungen zu gestalten sind, um eine »engagementfreundliche Kultur« zu entwickeln. Dass sich durch einen derartigen Einsatz für förderliche Rahmenbedingungen und eine engagementfreundliche Kultur in kirchlicher Trägerschaft auch das pastorale Handeln verändert, ist dann ein sich ebenfalls einstellender Effekt. So verstanden kann Engagementförderung ein Motor für eine sich verändernde Kirche sein, muss diese aber nicht primär anzielen.

9 | Vgl. Hillebrand; Klages 2023, 46.

Engagementförderung steht per se, bürgerschaftlich wie kirchlich, für ein Lernfeld von gelingender Partizipation: Teilhabe, Begegnung auf Augenhöhe, Selbstbestimmung und gestalterische Verantwortung. Neben dem neuen Entdecken der eigenen Botschaft und der Funktion in der Zivilgesellschaft wird die Kirche als Organisation hinsichtlich anstehender Rollenveränderungen im etablierten Machtgefüge herausgefordert: Ganz im Sinne der Subjektwerdung der Einzelnen lädt der Fokus auf die *bedingungslose* Begegnung von und mit engagierten Menschen alle kirchlichen Ebenen zum Lernen über menschenfreundliche Zusammenarbeit und solidarischen Einsatz ein. Voraussetzung dafür ist eine entsprechende lernende Haltung: »Lass mich dich lernen, damit ich daran neu lernen kann, was ich zu tun habe.« Diese Chance zum gemeinsamen Lernen und daraus das Miteinander in Kirche und Gesellschaft verantwortlich zu gestalten, gilt es zu nutzen – sowohl für haupt- und ehrenamtlich Aktive im konkreten Engagementfeld als auch für Amtsträger:innen oder Mitarbeitende der kirchlichen Verwaltung. Viele Konflikte von und mit ehrenamtlich Engagierten bezeugen dies konkret, gerade in kirchengemeindlich etablierten Strukturen von Macht und Kommunikation. Mit diesen kommt Engagementförderung dann wiederum zwangsläufig an ihre systemischen Grenzen, sofern die erforderliche Grundhaltung von den Beteiligten nicht geteilt und geltende Rahmenbedingungen nicht weiterentwickelt werden.

6. Erkenntnisse der Engagementförderung strategisch nutzbar machen

Aus kirchenentwicklerischer Perspektive vielleicht besonders kritisch mag der dritte Schritt sein: die beobachteten Entwicklungen zu reflektieren und strategische Konsequenzen zu ziehen. Für die Zukunft der *Servicestellen* ist den Akteur:innen zu wünschen, dass aus den Erkenntnissen gute Entscheidungen folgen, damit die Chancen weiter genutzt werden können und die systemischen Herausforderungen nicht nur von Einzelpersonen bearbeitet werden müssen.

Doch auch auf andere kirchliche Handlungsfelder hin kann von professioneller Engagementförderung strategisch gelernt werden. Aus den konkreten Erfahrungen lassen sich weitere Erkenntnisse ableiten, die auch für andere anstehende Entscheidungen Relevanz entfalten können: Die Erfahrungen der *Servicestellen* könnten vertiefend ebenso analysiert werden als Lernfeld für multiprofessionelle Zusammenarbeit im Pastoralteam, bzgl. kirchengemeindlicher Kooperationen im Sozialraum, der Wirkung von kirchlichen Gebäuden oder auch der Frage nach der Funktion kirchlicher Infrastruktur für die Zivilgesellschaft.

Zentral sind die Erkenntnisse über kirchliche Engagementförderung aber insbesondere bezogen auf die in fast allen kirchlichen Entwicklungsprozessen relevanten Stakeholder: freiwillig Engagierte als Menschen, die Verantwortung übernehmen und Zusammenleben gestalten. Der Begriff der »*Servicestelle*« mag für diese daher vielleicht weniger im Titel einer Einrichtung relevant sein. Als Zuschreibung für ein geteiltes Selbstverständnis pastoralen Handelns scheint er allerdings erstrebenswert: Derartiges kirchliches Wirken zeichnet dann aus, in Begegnung auf Augenhöhe service-orientiert zu lernen, wie der Einsatz in und für das solidarische Zusammenleben stetig ausgestaltet und gefördert werden kann.

Literaturverzeichnis

Evangelische Kirche in Deutschland, Historikerin sieht in Rückgang der Kirchenbindung eine »Zeitenwende«. Bericht über die Einschätzung der Historikerin Hedwig Richter auf einer Tagung zur Kirchenmitgliedschaftsuntersuchung im November 2023, Berlin 2023a, https://www.ekd.de/reformation-und-politik/historikerin-rueckgang-der-kirchenbindung-zeitenwende-81817.htm (letzter Aufruf: 10.12.2023).

Evangelische Kirche in Deutschland, Wie hältst du's mit der Kirche? Zur Bedeutung der Kirche in der Gesellschaft. Erste Ergebnisse der 6. Kirchenmitgliedschaftsuntersuchung, Leipzig 2023b.

Hemmerle, Klaus, Was fängt die Jugend mit der Kirche an? Was fängt die Kirche mit der Jugend an?, in: Internationale Katholische Zeitschrift 12 (1983), 306–317, https://www.klaus-hemmerle.de/de/werk/was-faengt-die-jugend-mit-der-kirche-an-was-faengt-die-kirche-mit-der-jugend-an.html#/reader/1/1 (letzter Aufruf: 20.02.2024).

Hillebrand, Bernd; Klages, Annika, Evaluation von Servicestellen Engagement im Erzbistum Köln, Freiburg i. Br. 2023.

Reinke, Theresa; Zimmerhof, Christine, Ehrenamtliches Engagement im Bistum Speyer: Eine Typologie zu Motivation, Merkmalen und Rahmenbedingungen, Bochum 2016, https://www.zap-bochum.de/wp-content/uploads/2024/07/zap_workingpaper_6_reinke_zimmerhof.pdf (letzter Aufruf: 23.07.2024).

Autor:innen

Michael N. Ebertz, Dr. rer. soc. habil., Dr. theol., ist em. Professor für Sozialpolitik, Freie Wohlfahrtspflege und kirchliche Sozialarbeit an der Katholischen Hochschule Freiburg.

Bernd Hillebrand, Dr. theol. habil., ist Professor für Pastoraltheologie an der Katholisch-Theologischen Fakultät der Universität Graz.

Annika Klages, M.A. Forschung in der Sozialen Arbeit, ist Wissenschaftliche Mitarbeiterin an der Euro-FH; zuvor Akademische Mitarbeiterin am IAF der KH Freiburg im Projekt »Evaluation von Servicestellen Engagement im Erzbistum Köln«.

Lothar Kuld, Dr. theol. habil., ist em. Professor für Katholische Theologie/Religionspädagogik an der Pädagogischen Hochschule Weingarten.

Alfred Lohmann, Dipl. theol., ist Referent zu den Themen Engagement und Kirchenentwicklung; zuvor Leiter der Engagementförderung im Erzbistum Köln.

Theresa Reinke, Dipl. theol., ist Referentin für Diözesane Pastoralentwicklung und theologische Grundsatzfragen im Bistum Münster; zuvor Wissenschaftliche Mitarbeiterin am ZAP Bochum.